RENMINJIANCHAYUAN
XINGZHENGJIANCHA ANLIXUAN

人民检察院
行政检察案例选

行政非诉执行监督典型案例专辑

最高人民检察院第七检察厅◎编

中国检察出版社

《人民检察院行政检察案例选》
——行政非诉执行监督典型案例专辑
编辑委员会

主　　编：张相军

编　　委：张步洪　田　力　齐占洲　张立新　罗　箭
　　　　　韩成军　胡文正　杨冬梅　冯孝科　闫俊瑛
　　　　　陈建强　李　强　汤德意　张红霞　刘金龙
　　　　　王　岩　刘长征　何艳敏　周合星　俞　炜
　　　　　赵　杰　吴世东　龚永斌　宋燕敏　王和平
　　　　　王　磊　陈秋华　马谨斌　王　冰　陈　煦
　　　　　朱　刚　吴华斌　吴　柯　桂　蕾　唐　凯
　　　　　肖立波　陈冰如　刘建志　白　玉　石　钰
　　　　　赵　毅　刘　勇

执行主编：张立新

编写人员：张立新　张　敏　魏声然　崔　晔　高鹏志
　　　　　马　睿　聂　影

前 言

法律的生命力在于实施,法律的权威也在于实施。行政强制执行制度是国家行政管理活动中必不可少的制度,对保障法律法规的顺利实施,行政权力的有效运作乃至社会秩序、公共利益的维护都具有重要作用。我国的行政强制执行包括行政机关自行强制执行和申请人民法院强制执行。行政机关作出行政行为后,有强制执行权的行政机关可以自行强制执行;没有强制执行权的行政机关申请人民法院强制执行,人民法院对行政机关申请强制执行的行政行为进行受理、审查、裁定和实施,这就是通常所讲的行政非诉执行活动。行政非诉执行旨在阻止违法行政行为进入执行程序,避免行政相对人的合法权益在没有提起诉讼的情况下受到严重侵害,同时保障没有强制执行权的行政机关所作出的行政行为得以实现。

中国特色社会主义进入新时代,人民群众的民主意识、权利意识、法治意识日益增强,对公平正义的需求在行政案件包括非诉执行案件中得到越来越多的体现。人民检察院作为国家法律监督机关,加强对行政非诉执行的监督是适应全面依法治国新要求,践行以人民为中心发展思想,发挥行政检察"一手托两家"功能作用的客观需要,有利于促进人民法院依法履职,确保行政行为确定的内容得到有效执行,有利于维护行政权威,促进行政机关依法行政,对于维护国家利益、社会公共利益和行政相对人合法权益,都具有重要意义。

为充分发挥行政非诉执行检察监督典型案例的示范、引领、指导作用,推进行政非诉执行检察监督工作向纵深发展,我们对全国检察机关行政非诉执行监督专项活动中各地办理的案件进行筛选梳理和编写,并以多种形式予以印发,指导办案实践,本书所选的 29 件案例就是其中的一部分。这 29 件案例按照服务保障民营企业发展、打赢污染防治攻坚战、根治农民工欠薪、加强耕地保护、助力脱贫攻坚以及涉新冠肺炎疫情六部分进行编排，内容上除案例外，还提供了每个案件办理所依据的法律法规、部分案件的检察建议书，具有较强的实用价值和理论价值。同时，本书收录了部分地区有关行政非诉执行监督工作的规范性文件，具有参考价值。

  一个案例胜过一打文件。期冀本书的编辑出版，能进一步推动检察机关行政非诉执行监督工作深入、规范开展，推动行政非诉执行案件依法执行、规范执行，为全面推进依法治国贡献行政检察力量！

本书编辑组

2020 年 9 月

目 录

服务保障民营企业发展典型案例

湖北某洗衣有限公司环境违法行政处罚非诉执行监督案 …………… 3
湖北某房地产开发公司欠缴易地建设费行政处罚非诉执行监督案 …… 11
河南某公司安全生产事故行政处罚非诉执行监督案 ………………… 15
山东某机械有限责任公司违法用地行政处罚非诉执行监督案 ………… 20

打赢污染防治攻坚战典型案例

江苏某金属制品有限公司等 17 家企业环境违法行政处罚非
  诉执行监督系列案 ……………………………………………… 29
广东某市某混凝土搅拌中心环境违法行政处罚非诉执行监督案 ……… 35
湖北某混凝土有限公司某分公司环境违法行政处罚非诉执行
  监督案 …………………………………………………………… 49
江苏某养殖场环境违法行政处罚非诉执行监督案 …………………… 54
黑龙江某汽车维修站环境违法行政处罚非诉执行监督案 …………… 59
北京某食府有限公司环境违法行政处罚非诉执行监督案 …………… 62

根治农民工欠薪典型案例

浙江某房地产开发公司拖欠 619 名农民工工资行政非诉执行
监督案 69
云南某旅游公司拖欠 111 名农民工工资行政非诉执行监督案 73
江西桂某某拖欠 7 名农民工工资行政非诉执行监督案 77
湖北某劳务有限公司拖欠李某某等工资行政非诉执行监督案 83
河南某文化传播公司拖欠王某某等工资行政非诉执行监督案 87
贵州某扶贫搬迁工程涉农民工讨薪事件行政检察监督案 90
云南某旅游装饰工程公司拖欠邹某某等工资行政检察监督案 96
福建某路桥建设公司拖欠 57 名农民工工资行政检察监督案 99

加强耕地保护典型案例

云南胡某某等三人非法占用耕地行政非诉执行监督案 107
江苏齐某某等 28 人非法占用耕地行政非诉执行监督案 110
河北刘某某非法占用基本农田行政非诉执行监督案 116
湖北某房地产开发公司非法占用耕地行政非诉执行监督案 119
江西某畜牧发展有限公司非法占用基本农田行政非诉执行监督案
.... 130
山东季某某非法占用耕地行政非诉执行监督案 136

助力脱贫攻坚典型案例

河南某页岩砖有限公司拖欠贫困户农民工工资行政非诉执行
监督案 141
安徽汤某某与某县民政局信息公开行政裁判执行依职权监督案
.... 148

广西张某某与某市人力资源和社会保障局行政确认裁判结果
　　监督案 ·· 156

涉新冠肺炎疫情典型案例

江苏省某市环境保护局行政处罚非诉执行监督案 ·················· 163
上海市某区生态环境局行政处罚非诉执行监督案 ·················· 165

附录1：行政非诉执行监督工作文件

山东省检察机关行政非诉执行监督工作指南（试行）··············· 169
上海市人民检察院环保领域行政非诉执行案件检察监督指引 ······ 184
广东省检察机关行政非诉执行监督办案指引（节选）··············· 196
陕西省铜川市人民检察院行政非诉执行监督要点 ·················· 246
广东省人民检察院　广东省自然资源厅关于加强行政检察与
　　自然资源行政执法衔接工作的若干意见 ·························· 261
广东省人民检察院　广东省司法厅关于加强行政检察与行政
　　执法监督衔接工作的规定（试行）································ 264
福建省高级人民法院　省人民检察院关于加强行政执行活动
　　法律监督的若干意见（试行）····································· 267
福建省人民检察院　福建省自然资源厅关于建立自然资源行政
　　执法与行政检察相衔接工作机制的意见 ·························· 270
内蒙古自治区检察院　内蒙古自治区司法厅行政检察与行政
　　执法监督衔接办法 ··· 274
甘肃省人民检察院　省市场监督管理局关于在行政非诉执行
　　工作中加强协作配合的暂行办法 ·································· 276
中共青岛市委办公厅　青岛市人民政府办公厅关于印发支持
　　检察机关依法开展行政非诉执行监督工作的意见 ··············· 279
青岛市依法治市委员会办公室　青岛市中级人民法院　青岛市
　　人民检察院　青岛市司法局关于构建完善行政非诉执行联动
　　机制的实施方案 ·· 282

贵州省铜仁市人民检察院　铜仁市自然资源局关于加强行政
　检察与自然资源行政执法衔接工作的若干意见 …………… 287
山东省滨州市人民检察院　滨州市司法局关于加强行政检察
　与行政执法监督衔接工作的意见（试行） ………………… 290

附录2：行政非诉执行监督要点索引

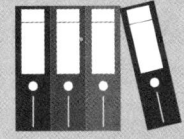

服务保障民营企业发展典型案例

湖北某洗衣有限公司环境违法行政处罚非诉执行监督案

——监督法院裁定不予执行违法决定,督促政府部门依法行政,保护民营企业正常发展

基本案情

2016年8月24日,湖北省某市环境保护局对湖北某洗衣有限公司(系民营企业,以下简称洗衣公司)下达《责令改正违法行为决定书》(环责改字〔2016〕22号)、《行政处罚事先告知(听证)书》(环罚告(听)字(2016)第66号),责令该公司立即改正未按要求配套建设废水预处理设施及间接排放污水超标的违法行为,对其环境违法行为处以55320元罚款,并告知该公司有陈述、申辩及3日内提出听证申请的权利。8月31日,某市环保局对洗衣公司作出环罚决字(2016)第59号《行政处罚决定书》,要求洗衣公司立即停止违法行为并处以罚款55320元。9月1日,某市环保局对洗衣公司下达《责令停产整治决定书》(环责停字(2016)22号)。9月18日,市环保局以复查发现洗衣公司不遵守《责令改正违法行为决定书》《责令停产整治决定书》等要求,擅自恢复生产、继续违法排放污染物为由,作出环连罚字(2016)02号《按日连续处罚决定书》,对洗衣公司处以罚款885120元,未告知洗衣公司有陈述与申辩权及提出听证申请权。12月21日,洗衣公司缴纳了环罚决字(2016)第59号《行政处罚决定书》规定的罚款55320元。

因洗衣公司一直未履行环连罚字(2016)02号《按日连续处罚决定书》规定的罚款义务,也未申请行政复议或提起行政诉讼,某市环保局于2017年6月16日向某市人民法院申请强制执行,要求洗衣公司缴纳罚款885120元、滞纳金885120元,共计1770240元。某市人民法院于2017年6

月20日作出（2017）鄂0984行审28号、（2017）鄂0984行审28－2号两份《行政裁定书》，分别裁定准予强制执行环罚决字（2016）第59号《行政处罚决定书》和环连罚字（2016）02号《按日连续处罚决定书》。

检察机关监督情况

洗衣公司认为某市人民法院办理市环保局非诉执行一案存在违法情形，向某市人民检察院申请监督。2019年4月10日，某市人民检察院决定受理。

某市人民检察院经采取阅卷等调查方式，核实查明：（1）洗衣公司在2016年12月21日已经缴纳了环罚决字（2016）第59号《行政处罚决定书》规定的罚款55320元；某市环保局未向法院申请执行该行政处罚决定。（2）某市环保局对洗衣公司作出《按日连续处罚决定书》未告知其有陈述权与申辩权及有权提出听证申请。（3）洗衣公司已经建造了污水处理厂。

某市人民检察院经审查认为：某市人民法院在审查某市环保局与洗衣公司行政非诉执行申请一案中存在以下违法情形：（1）认定事实错误，超申请人申请范围裁定。本案中，某市环保局仅对洗衣公司未履行环连罚（2016）第02号《按日连续处罚决定书》一案申请行政强制执行，并未对环罚决字（2016）第59号《行政处罚决定书》申请行政强制执行。某市人民法院在办理本案的过程中，未依法查明案件事实，作出（2017）鄂0984行审28号《行政裁定书》，裁定对环保局作出的环罚决字（2016）第59号《行政处罚决定》准予强制执行，超越申请人申请强制执行的范围，损害被执行人的合法权益与司法权威及公平公正。（2）对《按日连续处罚决定书》裁定准予执行错误。某市环保局作出的环连罚字（2016）02号《按日连续处罚决定书》，是在未告知行政相对人有陈述与申辩权及有权提出听证申请的前提下，未经听证程序直接作出的处罚决定，明显违反法定程序，损害洗衣公司合法权益。某市人民法院对存在明显违法情形并损害被执行人合法权益的行政行为，未进行合法性审查，未尽到必要的审查义务。

2019年5月5日，某市人民检察院向市人民法院发出检察建议，建议法院加强对行政非诉执行案件中行政机关申请强制执行的具体行政行为的合法性审查，对存在明显违法情形且损害被执行人合法权益的行政强制执行申请应当裁定不予执行；依法行使裁量权，以维护被执行人的合法权益和司法的公正权威，并防止此类情形的再次发生。同时，针对环保部门在对洗衣公司作出《按日连续处罚决定书》前未告知其有陈述与申辩权及有权提出听证申请等程序问题，向某市环保部门提出改进工作检察建议。

某市人民法院先后于 2019 年 7 月 18 日、11 月 17 日作出（2019）鄂 0984 行监 1 号、2 号行政裁定，裁定撤销（2017）鄂 0984 行审 28 号、28-2 号《行政裁定书》；不准予执行环连罚字（2016）02 号《按日连续处罚决定书》。某市环保局书面回复采纳检察建议，并采取召开业务知识专题培训会、岗位培训等方式提高执法水平，推进生态环境系统依法履职。洗衣公司于 2016 年 11 月中旬已建成污水处理厂，经环保部门审查同意，于 2016 年 12 月开工投入使用，鉴于洗衣公司已缴纳罚款并完成了整治工作，故对该公司在环保部门下达《责令改正违法行为决定书》《责令停产整治决定书》后，擅自恢复生产、继续违法排放污染物的行为，环保部门不予行政处罚。

指导意义

1. 检察机关在办理涉及民营企业的行政非诉执行监督案件时，应当对案件进行全面审查，既审查行政处罚是否得到执行，也审查行政机关作出的行政行为是否合法，依法保护民营企业的合法权益。我国经济发展能够创造中国奇迹，民营经济功不可没。鼓励、支持、引导非公有制经济发展，为非公有制经济发展营造良好环境，是党和国家的一贯方针。《中华人民共和国行政处罚法》第六条规定"公民、法人或者其他组织对行政机关所给予的行政处罚，享有陈述权、申辩权；对行政处罚不服的，有权依法申请行政复议或者提起行政诉讼。……"第四十二条第一款规定"行政机关作出责令停产停业、吊销许可证或者执照、较大数额罚款等行政处罚决定之前，应当告知当事人有要求举行听证的权利；当事人要求听证的，行政机关应当组织听证。……"本案的申请人是一家民营企业，某市环保局作出《按日连续处罚决定书》，未告知相对人有陈述、申辩、申请听证等权利，明显违反法定程序，损害洗衣公司合法权益。该公司因一纸错误裁定面临高额罚款，严重影响了企业的正常经营，甚至面临关停倒闭的危险。检察院通过对该案的监督，践行服务和保障民营经济健康发展的理念，秉持客观公正立场，对案件进行全面审查，既及时纠正了法院的违法行为，又指出了环保局作出的按日连续处罚决定的违法之处，促使法院纠正了错误的裁定，维护了民营企业的合法权益。

2. 在行政非诉执行监督中，检察机关发现法院超越行政机关申请强制执行范围进行裁定的，应当依法进行监督。行政非诉执行是行政机关对公民、法人和其他组织作出具体行政行为后，行政相对人既不申请复议也不起诉，又不自动履行或不完全履行义务，行政机关申请人民法院强制执行，人民法院作出相应裁定以实现具体行政行为的制度。即法院只能对行政机关提出强制执行申请的行政处罚等作出裁定。本案中，法院在环保局只对一份处罚决定提出申请的情况下，超越申请人申请强制执行的范围进行裁定，属于超越裁量权的行为，不仅损害被执行人的合法权益，也有损司法权威及公平公正。

3. 对于法院裁定准予执行存在明显违法情形且损害被执行人合法权益的行政决定的，检察机关应当依法进行监督。检察机关在行政非诉执行监督中，应当审查人民法院对于行政机关的强制执行申请是否尽到必要的合法性审查义务。根据《最高人民法院关于执行〈中华人民共和国行政诉讼法〉若干问题的解释》（法释［2000］8号，已失效）第九十五条规定，"被申请执行的具体行政行为有下列情形之一的，人民法院应当裁定不准予执行：……（三）其他明显违法并损害被执行人合法权益的"。本案中，行政机关作出的《按日连续处罚决定书》未告知行政相对人有陈述申辩权、听证申请权，存在明显违法并损害被执行人合法权益的情形，法院未进行合法性审查、未尽到必要的审查义务，裁定准予执行错误。检察机关在监督过程中，通过审查行政决定实体内容是否合法，监督法院纠正错误裁定，维护被执行人合法权益。

相关法律规定

1. 《中华人民共和国行政处罚法》（2009年修正）

该法已于2017年被修订，修订后的《中华人民共和国行政处罚法》

于 2018 年 1 月 1 日实施。

第六条 公民、法人或者其他组织对行政机关所给予的行政处罚，享有陈述权、申辩权；对行政处罚不服的，有权依法申请行政复议或者提起行政诉讼。

公民、法人或者其他组织因行政机关违法给予行政处罚受到损害的，有权依法提出赔偿要求。

第四十二条 行政机关作出责令停产停业、吊销许可证或者执照、较大数额罚款等行政处罚决定之前，应当告知当事人有要求举行听证的权利；当事人要求听证的，行政机关应当组织听证。当事人不承担行政机关组织听证的费用。听证依照以下程序组织：

（一）当事人要求听证的，应当在行政机关告知后三日内提出；

（二）行政机关应当在听证的七日前，通知当事人举行听证的时间、地点；

（三）除涉及国家秘密、商业秘密或者个人隐私外，听证公开举行；

（四）听证由行政机关指定的非本案调查人员主持；当事人认为主持人与本案有直接利害关系的，有权申请回避；

（五）当事人可以亲自参加听证，也可以委托一至二人代理；

（六）举行听证时，调查人员提出当事人违法的事实、证据和行政处罚建议；当事人进行申辩和质证；

（七）听证应当制作笔录；笔录应当交当事人审核无误后签字或者盖章。

当事人对限制人身自由的行政处罚有异议的，依照治安管理处罚法有关规定执行。

2.《最高人民法院关于执行〈中华人民共和国行政诉讼法〉若干问题的解释》（法释〔2000〕8号） *

* 该司法解释现已失效，现行有效的为《最高人民法院关于适用〈中华人民共和国行政诉讼法〉的解释》（法释〔2018〕1号，2018年2月8日实施）

第九十五条 被申请执行的具体行政行为有下列情形之一的，人民法院应当裁定不准予执行：

（一）明显缺乏事实根据的；

（二）明显缺乏法律依据的；

（三）其他明显违法并损害被执行人合法权益的。

该条现已修改为：

第一百六十一条 被申请执行的行政行为有下列情形之一的，人民法院应当裁定不准予执行：

（一）实施主体不具有行政主体资格的；

（二）明显缺乏事实根据的；

（三）明显缺乏法律、法规依据的；

（四）其他明显违法并损害被执行人合法权益的情形。

检察建议书

湖北省某市人民检察院
检察建议书

鄂×检民（行）执监〔2019〕××号

湖北某洗衣有限公司认为湖北省某市人民法院在审查某市环境保护局与湖北某洗衣有限公司行政非诉执行一案中存在违法情形，向本院申请监督。本案现已审查终结。

现查明：2016年8月24日，某市环境保护局对湖北某洗衣有限公司下达《责令改正违法行为决定书》（×环责改字〔2016〕22号），责令该公司立即改正未按要求配套建设废水预处理设施及间接排放污水超标的违法行为。同日，某市环保局对湖北某洗衣有限公司下达《行政处罚事先告知（听证）书》（×环罚告（听）字〔2016〕第66号），要求该公司立即停止违法行为，对其环境违法行为处以55320元罚款，并告知该公司有陈述和申辩权及3日内提出听证申请的权利，湖北某洗衣有限公司拒收该文书，也没有提出听证申请。同年8月31日，某市环境保护局对湖北某洗衣有限公司作出×环罚决字〔2016〕第59号行政处罚决定，要求湖北某洗衣有限公司立即停止违法行为并处以罚款55320元。

2016年8月25日，某市环境保护局对湖北某洗衣有限公司下达《停产整治事先告知（听证）书》（×环停告（听）字（2016）22号），责令该公司立即停产整治，并告知该公司有陈述和申辩权及3日内提出听证申请的权利。同年9月1日，某市环保局对湖北某洗衣有限公司下达《责令停产整治决定书》（×环责停字（2016）22号）。同年9月18日，某市环境保护局以复查发现湖北某洗衣有限公司不遵守《责令改正违法行为决定书》《停产整治决定书》等要求，擅自恢复生产，继续违法排放污染物为由，在未告知湖北某洗衣有限公司陈述与申辩权及有权提出听证申请的情况下，作出×环连罚字（2016）02号《按日连续处罚决定书》，对湖北某洗衣有限公司处以罚款885120元。同年12月21日，湖北某洗衣有限公司缴纳了某市环境保护局×环罚决字（2016）第59号《行政处罚决定书》规定的罚款55320元。

因湖北某洗衣有限公司一直未履行某市环境保护局×环连罚字（2016）02号《按日连续处罚决定书》规定的罚款义务，也未申请行政复议或提起行政诉讼，某市环境保护局于2017年6月16日向某市人民法院申请行政强制执行，要求湖北某洗衣有限公司缴纳罚款885120元及滞纳金885120元，共计1770240元。某市人民法院于2017年6月20日受理后，依法组成合议庭进行审查，并于同日作出（2017）鄂0984行审28号、（2017）鄂0984行审28-2号两份行政裁定书，分别裁定准予强制执行某市环境保护局作出的×环罚决字（2016）第59号《行政处罚决定书》和×环连罚字（2016）02号《按日连续处罚决定书》。

本院认为，根据《中华人民共和国行政处罚法》第三条、第四十二条第一款和《最高人民法院关于执行〈中华人民共和国行政诉讼法〉若干问题的解释》（法释〔2000〕8号）第九十三条、第九十五条的规定，某市人民法院应当在收到某市环境保护局的行政强制执行申请书后依法组成合议庭对具体行政行为的合法性进行审查，对存在明显违法情形并损害被执行人合法权益的应当裁定不准予执行。某市环境保护局申请某市人民法院强制执行的行政处罚决定是在未告知行政相对人有陈述与申辩权及有权提出听证申请的前提下，未经听证直接作出的，违反了法定的听证程序，损害了申请人的合法权益，某市人民法院裁定准予执行的行为，属于未对行政机关申请强制执行的具体行政行为进行合法性审查的违法情形。此外，某市人民法院在办理本案的过程中，还存在未依法查明案件事实，超越申请人申请强制执行的范围进行裁定，损害被执行人的合法权益与司法权威及公平公正的违法情形。

综上所述，某市人民法院在审查某市环境保护局与湖北某洗衣有限公司行政非诉执行一案中存在超出某市环保局的非诉执行申请范围作出裁定、未对行政机关申请强制执行的具体行政行为进行合法性审查即裁定准予强制执行的行政执行违法情形。经本院检察委员会讨论决定，根据《中华人民共和国行政诉讼法》第一百零一条的规定，特提出检察建议，建议某市人民法院加强对行政非诉执行案件中行政机关申请强制执行的具体行政行为的合法性审查，对存在明显违法情形且损害被执行人合法权益的行政强制执行申请应当裁定不予执行，同时加强对行政非诉执行案件事实的查明工作，依法行使裁量权，以维护被执行人的合法权益和司法的公正权威，并防止此类情形的再次发生。

请在收到检察建议后一个月将处理结果书面回复本院。
此致
湖北省某市人民法院

20××年×月×日

湖北某房地产开发公司欠缴易地建设费行政处罚非诉执行监督案

——对法院准予非诉执行的裁定依法进行监督，保护民营企业依法享有的诉权，促进规范司法

基本案情

湖北某房地产开发有限公司（系民营企业，以下简称房产公司）在建设某广场工程项目时，于2014年5月20日向某市住房和城乡建设局申请办理了201400031号"建设工程规划许可证"（副本），但一直未申报办理相关人防手续，既未修建防空地下室，也未缴纳人民防空工程易地建设费。该项目整体工程已全部竣工。经某市人民防空办公室核算，该项目建筑总面积为182045平方米，应建防空地下室面积为5825.1166平方米，应缴纳人民防空工程易地建设费4660093元。因该公司一直未缴纳上述费用，某市人民防空办公室2018年6月6日向房产公司下达了（2018）催缴字2号《易地建设费追缴通知书》，限其在同月17日前缴清上述款项。7月11日，该办公室与某市住房和城乡建设局协商后从房产公司预交的300万元押金中划转100万元作为缴纳的人民防空工程易地建设费，尚欠3660093元未缴纳。9月29日，某市人民防空办公室向房产公司下达了人防缴字（2018）01号《责令限期补缴防空地下室易地建设费决定书》，并告知其依法享有的申请行政复议或者提起行政诉讼的权利及在法定期限内不履行行政决定将申请人民法院强制执行的法律后果。12月7日，某市人民防空办公室下达《履行〈易地建设费追缴通知〉催告书》。12月19日，该办公室通过邮政特快专递向某市人民法院邮寄了《强制申请执行书》，申请对（2018）催缴字2号《易地建设费追缴通知书》强制执行。2019年1月8日，某市人民法院以（2019）鄂0881行审5号《行政裁定书》

作出准予强制执行的裁定。

检察机关监督情况

某市人民检察院在开展行政非诉执行监督专项活动中,发现某市人民法院审查市人防办《易地建设费追缴通知书》非诉执行案存在违法情形,遂决定依职权进行监督。

某市人民检察院在办案中多次到房产公司调查,详细告知其负有依法缴纳易地建设费的法律职责以及应当享有的权利等。经调查核实,某市人民防空办公室在下达《易地建设费追缴通知书》时,未按照相关法律法规的规定告知房产公司依法应当享有的申请行政复议或者提起行政诉讼的权利,该行政行为存在重大瑕疵。房产公司直到2018年9月29日收到《责令限期补缴防空地下室易地建设费决定书》时才知其依法应当享有的相关权利。根据《最高人民法院关于适用〈中华人民共和国行政诉讼法〉的解释》(法释〔2018〕1号)第六十四条"行政机关作出行政行为时,未告知公民、法人或者其他组织起诉期限的,起诉期限从公民、法人或者其他组织知道或应当知道起诉期限之日起计算,但最长不超过一年"之规定,房产公司的起诉期限应当从2018年9月29日起算。因此,对《易地建设费追缴通知书》申请执行,须等到2019年3月29日起诉期限届满之日,才能向人民法院提出申请。某市人民法院对该案受理、裁定时起诉期限尚未届满,违反了法定程序。

2019年5月13日,某市人民检察院向某市人民法院提出检察建议:(1)建议该院依法撤销(2019)鄂0881行审5号《行政裁定书》。(2)结合发现的问题,举一反三,对行政非诉执行案件进行全面清查,对类似问题进行认真整改。某市人民法院采纳了检察建议,认为行政机关申请执行的《易地建设费追缴通知书》未告知被执行人起诉期限,根据《最高人民法院关于适用〈中华人民共和国行政诉讼法〉的解释》第六十四条第一款的规定,申请执行人于2018年12月19日申请强制执行,不符合法律的规定,对此将严格依照法律程序处理。

指导意义

1. 检察机关对于法院违法受理、裁定准予执行，侵犯民营企业合法诉权的行为，应依法予以监督。法院审查非诉执行案件时，应当对行政决定的合法性进行审查，防止违法情况的发生，保护行政相对人合法权益不受侵犯。本案中，法院未认真履行合法性审查义务，对行政机关作出行政处罚时未依法告知被执行人法定权利的违法行为未予以纠正，被执行人房产公司起诉期限尚未届满，法院就予以受理，并做出准予执行裁定，违反了法律规定。某市人民检察院通过发出检察建议对法院的违法行为进行监督纠正，促进法院规范司法，保护了民营企业的合法诉权。

2. 在涉民营企业的非诉执行案件中，司法机关应最大限度减少司法活动对涉案民营企业正常生产经营活动产生的不利影响。依法平等保护各类企业的合法权益，才能为民营企业发展营造良好的法治环境，只有充分保障民营企业的合法诉权，才能更好地解决行政争议。本案中，某市人民防空办公室在下达《易地建设费追缴通知书》时，未按照相关法律法规的规定告知房产公司依法应当享有的申请行政复议或者提起行政诉讼的权利，该行政行为存在重大瑕疵。检察机关依法监督人民法院的非诉执行活动，加强对行政权力的制约和监督，纠正违法行政行为，避免了对民营企业产生不利影响。

3. 检察机关既要维护民营企业合法权益，又要推动民营企业守法合规经营，营造法治化营商环境。习近平总书记在民营企业座谈会上的讲话中指出，"民营企业家要讲正气、走正道，做到聚精会神办企业、遵纪守法搞经营，在合法合规中提高企业竞争能力。守法经营，这是任何企业都必须遵守的原则，也是长远发展之道"。检察机关在履职尽责中，要坚持把服务和保障民营经济健康发展作为服务大局的重要内容，在维护民营企业合法权益的同时，又要推动民营企业守法合规经营。本案中，被执行人房产公司作为民营企业，一直未缴纳人民防空工程易地建设费，违反了相关法律规定。某市人民检察院通过行政非诉执行监督纠正人民法院非诉执行活动中的违法情形，是对民营企业的合法权益依法保护，同时也是对民营企业守法合规经营的督促，有利于营造法治化的营商环境。

相关法律规定

1. 《最高人民法院关于适用〈中华人民共和国行政诉讼法〉的解释》（法释［2018］1号，2018年2月8日实施）

第六十四条　行政机关作出行政行为时，未告知公民、法人或者其他组织起诉期限的，起诉期限从公民、法人或者其他组织知道或者应当知道起诉期限之日起计算，但从知道或者应当知道行政行为内容之日起最长不得超过一年。

复议决定未告知公民、法人或者其他组织起诉期限的，适用前款规定。

2. 《中华人民共和国行政处罚法》（2017年修正，2018年1月1日实施）

第三十一条　行政机关在作出行政处罚决定之前，应当告知当事人作出行政处罚决定的事实、理由及依据，并告知当事人依法享有的权利。

3. 《中华人民共和国行政诉讼法》（2017年修正，2017年7月1日实施）

第九十七条　公民、法人或者其他组织对行政行为在法定期限内不提起诉讼又不履行的，行政机关可以申请人民法院强制执行，或者依法强制执行。

河南某公司安全生产事故行政处罚非诉执行监督案

——监督法院依法审慎采取信用惩戒措施，维护民营企业合法权益

基本案情

2016年4月19日，河南某公司（系民营企业，以下简称某公司）一分厂制浆车间发生机械事故造成一人死亡。同日，某市某区安全生产监督管理局（以下简称区安监局）作出行政处罚决定，对该公司处以罚款22万元。该公司缴纳罚款7万元，未申请复议、未提起行政诉讼。2017年1月18日，区安监局向某市某区人民法院申请强制执行。2月13日，某区人民法院作出执行裁定，准予执行区安监局对该公司的罚款15万元。2017年3月17日，某区人民法院执行立案，3月18日决定将该公司纳入失信被执行人名单，3月22日发出执行通知书、报告财产令、限制高消费令，并先后采取了网络查询该公司财产情况、冻结该公司银行账户等执行手段。4月5日，该公司缴纳罚款，某区人民法院解除对该公司账户的冻结。

检察机关监督情况

某市某区人民检察院在"依法平等保护民营企业发展推动营造法治化营商环境"专项监督活动中发现，某区人民法院在强制执行某公司缴纳罚款一案中，对该民营企业采取信用惩戒措施不当，决定依职权进行监督。

某区人民检察院认为，在执行本案过程中，某区人民法院在未发出

《执行通知书》、未采取查控财产措施，也未向被执行人发出任何有关信用惩戒措施风险提示通知前，即决定对该公司进行信用惩戒；在该公司履行义务后，又未在案卷内附上删除失信信息的材料，违反了《最高人民法院关于公布失信被执行人名单信息的若干规定》《最高人民法院关于人民法院执行工作若干问题的规定》等相关规定，存在违反规定采取信用惩戒措施情形。对此，某区人民检察院针对该区人民法院在行政非诉执行中存在的问题，与区人民法院就信用惩戒制度理解与法律适用等问题进行充分沟通，并于 2019 年 10 月 17 日向该区人民法院发出检察建议：（1）及时删除该公司的失信信息；（2）依法规范对民营企业适用信用惩戒措施，维护民营企业合法权益。

2019 年 10 月 23 日，某区人民法院书面回复，采纳了检察建议，表示在以后的工作中将依法依规办理案件，更加注重办理案件的社会效果，对作为民营企业的被执行人审慎采取信用惩戒措施，支持民营企业发展；同时作出说明，虽然对该公司进行信用惩戒不符合相关规定，但未将其失信信息进行公布。

指导意义

1. 人民检察院在行政非诉执行监督过程中，发现法院违法适用信用惩戒措施的，应依法予以监督。征信记录是民营企业的软资产、软实力和"通行证"。信用惩戒措施是通过各种限制迫使具有履行能力的被执行人履行生效法律文书确定的义务。民营企业一旦有不良征信记录，其在项目申报、融资、企业运行等方面将会受到诸多限制，不利于企业发展，甚至可能会使其陷入经营困难而丧失履行能力。只有被执行人具有严重失信情形，才存在适用相应信用惩戒措施的必要性与正当性。本案中，某区人民法院在未发出《执行通知书》、未采取查控财产措施，也未向被执行人发出任何有关信用惩戒措施风险提示通知的情况下，即决定对某公司进行信用惩戒，纳入失信被执行人名单，属于违法适用信用惩戒措施的情形。人民检察院在行政非诉执行监督过程中，应注重对民营企业的征信进行保护，发现法院执行中存在违法适用信用惩戒措施的，应依法予以监督。

2. 人民检察院负有依法平等保护民营企业发展，推动营造法治化营商环境的重要职责。为民营经济营造更好的发展环境，帮助民营企业解决发展中的困难，支持民营企业改革发展，是司法机关和行政机关责无旁贷的责任与使命。法治是最好的营商环境。本案中，检察机关对法院违法适用信用惩戒措施的行为依法予以监督，促进了法院规范司法，为民营企业正常运营提供了法治保障。

相关法律规定

1.《最高人民法院关于公布失信被执行人名单信息的若干规定》（法释〔2013〕17号，2013年10月1日实施）*

*该解释于2017年被修订，现行有效的为《最高人民法院关于公布失信被执行人名单信息的若干规定》（法释〔2017〕7号，2017年5月1日实施）。

第一条 被执行人具有履行能力而不履行生效法律文书确定的义务，并具有下列情形之一的，人民法院应当将其纳入失信被执行人名单，依法对其进行信用惩戒：

（一）以伪造证据、暴力、威胁等方法妨碍、抗拒执行的；

（二）以虚假诉讼、虚假仲裁或者以隐匿、转移财产等方法规避执行的；

（三）违反财产报告制度的；

（四）违反限制高消费令的；

（五）被执行人无正当理由拒不履行执行和解协议的；

（六）其他有履行能力而拒不履行生效法律文书确定义务的。

第二条第一款 人民法院向被执行人发出的《执行通知书》中，应当载明有关纳入失信被执行人名单的风险提示内容。

第二条第三款 人民法院决定将被执行人纳入失信被执行人名单的，应当制作决定书，决定书自作出之日起生效。决定书应当按照民事诉讼法规定的法律文书送达方式送达当事人。

该条款现已修改为：

第五条第一款 人民法院向被执行人发出的执行通知中，应当载明有关纳入失信被执行人名单的风险提示等内容。

第五条第三款 人民法院决定将被执行人纳入失信被执行人名单的，应当制作决定书，决定书应当写明纳入失信被执行人名单的理由，有纳入期限的，应当写明纳入期限。决定书由院长签发，自作出之日起生效。决定书应当按照民事诉讼法规定的法律文书送达方式送达当事人。

第七条 失信被执行人符合下列情形之一的，人民法院应当将其有关信息从失信被执行人名单库中删除：

（一）全部履行了生效法律文书确定义务的；

（二）与申请执行人达成执行和解协议并经申请执行人确认履行完毕的；

（三）人民法院依法裁定终结执行的。

该条现已修改为：

第十条 具有下列情形之一的，人民法院应当在三个工作日内删除失信信息：

（一）被执行人已履行生效法律文书确定的义务或人民法院已执行完毕的；

（二）当事人达成执行和解协议且已履行完毕的；

（三）申请执行人书面申请删除失信信息，人民法院审查同意的；

（四）终结本次执行程序后，通过网络执行查控系统查询被执行人财产两次以上，未发现有可供执行财产，且申请执行人或者其他人未提供有效财产线索的；

（五）因审判监督或破产程序，人民法院依法裁定对失信被执行人中止执行的；

（六）人民法院依法裁定不予执行的；

（七）人民法院依法裁定终结执行的。

有纳入期限的，不适用前款规定。纳入期限届满后三个工作日内，人民法院应当删除失信信息。

依照本条第一款规定删除失信信息后，被执行人具有本规定第一条规定情形之一的，人民法院可以重新将其纳入失信被执行人名单。

依照本条第一款第三项规定删除失信信息后六个月内，申请执行人申请将该被执行人纳入失信被执行人名单的，人民法院不予支持。

2.《最高人民法院关于人民法院执行工作若干问题的规定（试行）》(2008年调整，2008年12月31日实施)

四、执行前的准备和对被执行人财产状况的查明

24. 人民法院决定受理执行案件后，应当在三日内向被执行人发出执行通知书，责令其在指定的期间内履行生效法律文书确定的义务，并承担民事诉讼法第二百二十九条规定的迟延履行期间的债务利息或迟延履行金。

25. 执行通知书的送达，适用民事诉讼法关于送达的规定。

山东某机械有限责任公司违法用地行政处罚非诉执行监督案

——监督法院规范裁判文书网上公开，
督促行政机关行政处罚履行正当程序，
避免对民营企业声誉带来不良影响

基本案情

2018年7月3日，山东省某市综合行政执法局对某机械有限责任公司（系民营企业）法定代表人杨某某违法占用土地的行政处罚决定，申请某市人民法院强制执行。某市人民法院于2018年10月8日立案，同年11月1日和12月24日分别进行两次听证，采信了杨某某提供的证明其违法用地面积为375平方米的证据，综合行政执法局处决定书认定违法用地面积为899平方米有误。2019年1月24日，某市人民法院以被申请执行的行政行为明显缺乏事实根据为由，作出行政裁定不准予执行上述行政处罚决定。2019年2月25日和2月26日该行政裁定分别送达市综合行政执法局和杨某某。2019年2月28日，市综合行政执法局撤销原行政处罚决定，重新作出行政处罚决定书。该处罚决定杨某某已履行。

法院裁判文书网公开此案的行政裁定书文书，裁定内容为：对申请执行人某市综合行政执法局2018年7月3日作出的行政处罚决定书，准予强制执行。被执行人杨某某在收到本裁定书之日起十日内将被没收在非法占用的899平方米土地上新建的建筑物和其他设施，移交申请执行人某市综合行政执法局。裁定书落款时间为2018年8月28日。该文书在网上已被查询浏览90余次，给杨某某经营的某机械有限责任公司经营活动造成不良影响。

检察监督情况

某市人民检察院在开展行政非诉执行监督专项活动中，发现案件线索并启动监督程序。

某市人民检察院经调查核实查明，该案实际上法院裁定不准予强制执行。法院在该案中存在以下违法情形：一是法院立案时间是 2018 年 10 月 8 日，但该案的裁定书是在 2018 年 8 月 28 日作出并上网公开，且结论是裁定准予执行。二是法院在行政机关提出强制执行申请 3 个月后才予以立案，立案之后 3 个月才作出裁定，存在超期审查的违法情形。某市综合行政执法局在行政处罚调查中程序不规范：一是未依法定程序送达有关文书，在无杨某某授权情况下，多次送达文书非杨某某本人签收，导致杨某某直到法院听证时才知道案件被强制执行。二是未充分保障当事人在行政执法中的陈述权、抗辩权，导致法院强制执行审查工作出现被动，直到第二次听证才查明杨某某违法用地面积为 375 平方米。

2019 年 10 月 17 日，某市人民检察院分别向高密市人民法院和某市综合行政执法局提出检察建议。建议法院依法确认超期审查违法，撤回网上公开的错误准予强制执行行政裁定书；在行政非诉执行案件审查办理工作中严格办案程序，避免程序违法。建议某市综合行政执法局纠正违法行为；在今后的执法工作中规范执法程序，做到严格公正执法。

某市人民法院采纳检察建议，依法撤回网上公开的错误文书，确认了超期审查违法。某市综合行政执法局收到检察建议后对其执法办案中调查不严谨、程序不严格、送达不规范等问题进行了认真检视，并在业务培训时将该案作为典型案例讲解，强调依法办案的重要性，使执法办案人员进一步增强程序意识。

指导意义

1. 检察机关对法院作出错误裁定并上网公开的活动实施监督，促进规范司法，维护民营企业的声誉。裁判文书公开的意义在于使当事人和社会公众在每一个案件中都能感受到司法的公平、公正,最大限度赢得当事人和社会公众对司法的信任和支持。本案中,检察机关通过调查核实,发现法院作出错误裁定并上网公开,损害了司法公正和权威,也损害了民营企业的声誉。检察机关通过对本案进行监督,促进法院提高对非诉执行案件依法执行问题的重视,严格依法办案;切实维护了民营企业家的合法权益,保障公平正义用看得见的方式实现。

2. 检察机关办理行政非诉执行监督案件,在监督法院规范司法的同时,加强"穿透式"监督,促进行政机关依法履职,发挥行政检察"一手托两家"作用。检察机关履行行政非诉执行监督职责,重点是监督人民法院对非诉执行的受理、审查、裁定和实施活动;同时,发现行政机关不依法及时履行职责、行政行为不规范,致使行政相对人合法权益受到损害或者存在危险,需要及时整改消除的,应依法提出改进工作、完善治理的检察建议。本案中,检察机关通过调查核实,发现因某市综合行政执法局的行政处罚程序不规范,使杨某某的合法权益受到侵害,对行政机关执法程序不规范等问题依法提出检察建议,促进行政机关依法行政。

相关法律规定

1. 《中华人民共和国行政处罚法》(2017年修正,2018年1月1日实施)

第三十一条 行政机关在作出行政处罚决定之前,应当告知当事人作出行政处罚决定的事实、理由及依据,并告知当事人依法享有的权利。

第三十二条 当事人有权进行陈述和申辩。行政机关必须充分听取当事人的意见,对当事人提出的事实、理由和证据,应当进行复核;当事人提出的事实、理由或者证据成立的,行政机关应当采纳。

行政机关不得因当事人申辩而加重处罚。

第四十条 行政处罚决定书应当在宣告后当场交付当事人;当事人不在场的,行政机关应当在七日内依照民事诉讼法的有关规定,将行政处罚决定书送达当事人。

2. 《中华人民共和国行政强制法》(2012年1月1日实施)

第五十六条 人民法院接到行政机关强制执行的申请,应当在五日内受理。

行政机关对人民法院不予受理的裁定有异议的，可以在十五日内向上一级人民法院申请复议，上一级人民法院应当自收到复议申请之日起十五日内作出是否受理的裁定。

第五十八条 人民法院发现有下列情形之一的，在作出裁定前可以听取被执行人和行政机关的意见：

（一）明显缺乏事实根据的；

（二）明显缺乏法律、法规依据的；

（三）其他明显违法并损害被执行人合法权益的。

人民法院应当自受理之日起三十日内作出是否执行的裁定。裁定不予执行的，应当说明理由，并在五日内将不予执行的裁定送达行政机关。

行政机关对人民法院不予执行的裁定有异议的，可以自收到裁定之日起十五日内向上一级人民法院申请复议，上一级人民法院应当自收到复议申请之日起三十日内作出是否执行的裁定。

3.《最高人民法院关于适用〈中华人民共和国行政诉讼法〉的解释》（法释〔2018〕1号，2018年2月8日实施）

第一百五十五条第三款 人民法院对符合条件的申请，应当在五日内立案受理，并通知申请人；对不符合条件的申请，应当裁定不予受理。行政机关对不予受理裁定有异议，在十五日内向上一级人民法院申请复议的，上一级人民法院应当在收到复议申请之日起十五日内作出裁定。

第一百六十条 人民法院受理行政机关申请执行其行政行为的案件后，应当在七日内由行政审判庭对行政行为的合法性进行审查，并作出是否准予执行的裁定。

人民法院在作出裁定前发现行政行为明显违法并损害被执行人合法权益的，应当听取被执行人和行政机关的意见，并自受理之日起三十日内作出是否准予执行的裁定。

检察建议书

1. 向某市人民法院发出的检察建议书

某市人民检察院
检察建议书

×检民（行）违监〔2019〕××号

本院在落实开展全国检察机关民事行政非诉执行监督专项活动工作中，对你院作出的（2018）鲁0785行审86号行政裁定不准予强制执行活动进行了审查。现已审查终结。

现查明：某市综合行政执法局于2018年7月3日将对杨某某违法占用土地的×综执（柏）罚字〔2017〕第014号行政处罚申请你院强制执行，你院于2018年10月8日立案，2018年11月1日进行第一次听证，2018年12月24日进行第二次听证，采信了杨某某提供证据证明的非法土地面积为375平方米，而不是综合执法局认定的处罚决定书中认定的非法土地面积899平方米，以被申请执行的行政行为明显缺乏事实根据，于2019年1月24日作出不准予执行申请执行人某市综合行政执法局作出的×综执（柏）罚〔2017〕第014号行政处罚决定书。你院于2019年2月25日和2月26日分别送达某市综合行政执法局和杨某某。

另查明，法院裁判文书网中查询到的（2018）鲁0785行审86号行政裁定文书裁定为：对申请执行人某市综合行政执法局作出的×综执（柏）罚字〔2017〕第014号行政处罚决定书，准予强制执行。被执行人杨某某在收到本裁定书之日起十日内将被没收在非法占用的899平方米土地上新建的建筑物和其他设施，移交申请执行人某市综合行政执法局。裁定书落款时间为2018年8月28日。经调查申请执行人和被执行申请人，你院公开法律文书错误。

本院认为，根据我国《行政强制法》第五十六条规定，人民法院接到行政机关强制执行的申请，应当在五日内受理。第五十八条规定，人民法院发现有下列情形之一的,在作出裁定前可以听取被执行人和行政机关的意见:(一)明显缺乏事实根据的;……人民法院应当自受理之日起三十日内作出是否执行的裁定。裁定不予执行的,应当说明理由,并在五日内将不予执行的裁定送达行政机关。某市综合行政执法局已于2018年7月3日向你院提交了强制执行申请书,根据上述规定,你院应当在五日内受理,并于受理之日起三十日内作出执行裁定。而你院超审限作出裁定且未在五日内将裁定送达综合行政执法局;公开的行政裁定书有误,该错误文书在网上被查询浏览90余次,影响被申请执行人的信用度。

综上所述,你院在本案执行活动中存在受理、审查期限超期的法定监督情形,且文书公开错误,根据《中华人民共和国行政诉讼法》第十一条之规定、《人民检察院行政诉讼监督规则(试行)》第三十一条之规定,建议你院依法确认违法,撤回网上公开的错误准予强制执行行政裁定书;在行政非诉执行案件审查办理工作中严格办案程序,避免程序违法。

请在收到检察建议后一个月将处理结果书面回复本院。
此致
高密市人民法院

20××年×月×日

2. 向某市综合行政执法局发出的检察建议书

某市人民检察院
检察建议书

×检民(行)执监〔2019〕××号

本院在开展全国检察机关民事行政非诉执行监督专项活动工作中,对某市人民法院作出的(2018)鲁0785行审86号行政裁定不准予强制执行活动进行了审查,经查,你局作出的×综执(柏)罚字〔2017〕第014号行政处罚工作中有违法情形。现已审查终结。

现查明:在某市人民法院作出的(2018)鲁0785行审86号行政裁定卷宗中发现:你局作出的×综执(柏)罚字〔2017〕第014号行政处罚卷中存在多处非被处罚人杨某某本人签字,也无杨某某的授权办理该事宜的情况，经查系杨某某的丈夫李某某签字。行政处罚案件立案后对杨某某的询问调查，也不是本人接受询问并签字。其中，行政处罚事先告知书、行政处罚听证告知书均非真实送达本人，由本人签收。履行行政处罚决定催告书中有签"杨某某"字样，但同时在"受送达人拒收时见证人签章及时间"处有"杨某某"签字字样。法院审查某市综合行政执法局申请强制执行该行政处罚第二次听证中，杨某某才提出新证据证明非法占用土地面积不是899平方米，而是375平方米。

你局在行政处罚调查中未依法定程序送达有关文书，被行政处罚人杨某某表示对执法局所作文书不知情，直到法院听证时才知道案子被强制执行，你局未充分保障到当事人在行政执法中的陈述权、抗辩权，违反了行政法上行政相对人的参与原则，使法院的强制执行审查工作出现被动，导致案件超期审理。

综上所述，你局在行政处罚工作中未按法定程序送达的情形，违反了《山东省行政程序规定》第九条、第六十九条，根据《人民检察院行政诉讼监督规则（试行）》第三十四条、《人民检察院检察建议工作规定》第九条第三项的规定，现向某市综合行政执法局提出如下建议：纠正违法行为；在今后的执法工作中规范执法程序，做到严格公正执法。

请在收到检察建议后一个月将处理结果书面回复本院。

此致

某市综合行政执法局

20××年×月×日

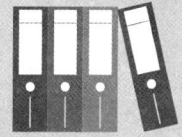

打赢污染防治攻坚战典型案例

江苏某金属制品有限公司等 17 家企业环境违法行政处罚非诉执行监督系列案

——监督纠正行政非诉执行违法和解，规范司法行为、促进依法行政，为打好环境污染攻坚战提供司法保障

基本案情

2016 年至 2018 年，某市某金属制品有限公司、某市某漂染有限公司等 17 家企业因环保违法，分别被某市环境保护局、某市某区环境保护局等 3 家行政机关处以责令改正及 2 万元到 25 万元不等的行政罚款。17 家企业涉及的违法情形主要有：未按环评审批文件要求配套建设除尘、废气处理设施，未建设危险废物贮存场所，未采取符合国家环境保护标准的防护措施，配套建设设施未经验收、以规避监管的方式排放水污染物，废气治理设施不正常运行、违规排放大气污染物，将危险废物混入非危险废物贮存或交由无经营许可证的个人处理，等等。因涉案企业未依法履行行政处罚，上述行政机关分别向江苏省某市某区人民法院申请强制执行，法院裁定准予执行。执行过程中，涉案企业自动纠正了上述违法行为但未缴纳罚款。某区人民法院应当事人申请主持双方就罚款数额进行和解，行政机关大幅度减少罚款本金并与被处罚企业达成执行和解协议。某区人民法院以双方当事人达成和解协议、被执行人已经履行了法律文书确认的义务为由结案，并向当事人出具了结案通知书。其中某市环境保护局对某市某漂染有限公司罚款人民币 24 万元，后双方在法院的主持下达成和解协议，以 5 万元了结此案。上述 17 个行政非诉执行案件经执行和解后共违法减免罚款本金 199.3 万元。

检察机关监督情况

2018 年 10 月，某市某区人民检察院在开展行政非诉执行监督专项活动中发现上述案件线索，经指定管辖后依职权启动监督程序。

某区人民检察院成立由分管检察长牵头的办案组，首先对涉案企业财产状况进行了调查。据法院卷宗记载，减免或放弃罚款本金的原因主要是企业经济困难，但调查发现，除极个别企业外，绝大部分公司仍在运行，具有一定的经济实力，并不存在生产经营困难的情形。经深入调查某区人民法院三年以来行政非诉执行情况发现，法院在行政非诉执行过程中，除少数案件强制执行到位外，绝大部分案件都是组织双方当事人进行调解，以行政机关减少罚款本金达成执行和解结案。

某区人民检察院经审查认为：（1）在行政非诉执行过程中，法院对行政处罚决定的合法性依法进行了审查，作出准予执行裁定，被执行人应当履行生效行政处罚所确定的全部义务。法院组织双方当事人以行政机关放弃全部或部分罚款本金达成和解，并在被执行人仅缴纳极少数执行款的情况下，以被执行人已经履行了法律文书确认的义务为由结案，违反了法律规定。（2）行政处罚一经作出即具有法律效力，非经法定程序变更或撤销，不能否定其效力。实施行政强制执行，行政机关可以在不损害公共利益和他人合法权益的情况下，与当事人达成执行协议。当事人采取补救措施的，可以减免加处的罚款或者滞纳金。本案行政机关与被执行人达成执行和解协议，违反法律关于仅能减免加处罚款或者滞纳金的规定，变相改变了行政处罚决定，超越了行政机关职责权限，损害了国家利益和社会公共利益。

2018 年 10 月 18 日、10 月 25 日，某区人民检察院分别向某区人民法院、某市环保局、某市某区环保局等单位发出检察建议。主要建议法院纠正违法调解行为，环保部门依法及时正确履行职权，避免国有财产流失。

检察建议发出后，某区人民法院及部分行政机关表示不理解，认为其调解、减免罚款本金没有错。某区人民检察院积极与被监督单位沟通，围绕法律规定、立法本意以及减免的危害性等方面进行释法说理，被监督单位理解并接受了检察机关的建议。2018 年 12 月、2019 年 1 月，上述行政机关和某市某区人民法院均书面回复。某区人民法院接到检察建议后即告知相关行政机关减免罚款本金不符合法律规定，通知相关行政机关申请恢复执行，并立即安排干警对相关企业财产情况进行调查，根据调查情况采取下一步措施；同时表示，对以前非诉执行案件加强排查，进一步规范执行行为，避免类似情况再次发生。行政机关向法院申请恢复执行，并积极配合法院，会同法院一起做涉案企业的工作，除1家企业破产外，其余减免的罚款本金已全部追回。行政机关还主动排查，又追回其他不符合减免条件的单位罚款本金。

针对当地法院以民事执行的理念办理行政非诉执行案件，该类和解做法比较普遍的问题，某区人民检察院对法院执行人员违法行为提出监督建议，并启动类案检察建议的调查程序。

指导意义

1. 检察机关充分发挥非诉执行监督职能作用，促进严明环境执法司法。打好污染防治攻坚战，严明的环境执法司法有利于解决环境违法成本过低的问题，是环境治理体系的重要一环。检察机关的行政非诉执行监督职能，可以发挥监督人民法院公正司法和行政机关严格执法的双重监督作用，促进用最严密的制度和最严格的法治保护生态环境。本案中，17家企业因污染环境等违法行为被环保等部门处罚，法院在执行过程中违法调解，使得污染环境的违法企业"合法"减免、逃避了处罚，不利于惩治环境污染行为；环保部门违法减免罚款本金，实际上是减轻或减免了企业等主体对破坏环境应承担的责任和义务，助长了污染行为。检察机关通过监督纠正17个行政非诉执行案件违法和解，追回罚款本金，使环境违法者得到应有处罚，震慑了其他环境污染行为，为打好环境污染攻坚战提供了司法保障。

2. 检察机关通过非诉执行监督纠正不正确的执行理念，促进规范行政非诉执行行为。与民事诉讼"意思自治"原则不同的是，行政处罚具有法定性，《中华人民共和国行政强制法》规定了"实施行政强制执行"时，"当事人采取补救措施的，可以减免加处的罚款或者滞纳金"。但并没有规定可以减免罚款本金。本案中，行政机关与被执行单位达成执行和解协议，变相改变了行政处罚决定，超越了行政机关的职责权限。本案通过对违法执行和解行为进行监督，纠正了行政非诉执行的错误理念，促进规范法院行政非诉执行和行政机关严格依法履职。同时，检察机关加强与被监督单位的沟通，取得理解和支持，形成保护生态环境的合力。

相关法律规定

1.《中华人民共和国行政强制法》（2012年1月1日施行）

第四十二条　实施行政强制执行，行政机关可以在不损害公共利益和他人合法权益的情况下，与当事人达成执行协议。执行协议可以约定分阶段履行；当事人采取补救措施的，可以减免加处的罚款或者滞纳金。

执行协议应当履行。当事人不履行执行协议的，行政机关应当恢复强制执行。

2.《中华人民共和国行政诉讼法》（2017年修正，2017年7月1日施行）

第一百零一条　人民法院审理行政案件，关于期间、送达、财产保全、开庭审理、调解、中止诉讼、终结诉讼、简易程序、执行等，以及人民检察院对行政案件受理、审理、裁判、执行的监督，本法没有规定的，适用《中华人民共和国民事诉讼法》的相关规定。

3.《中华人民共和国民事诉讼法》（2017年修正，2017年7月1日施行）

第二百三十条　在执行中，双方当事人自行和解达成协议的，执行员应当将协议内容记入笔录，由双方当事人签名或者盖章。

申请执行人因受欺诈、胁迫与被执行人达成和解协议，或者当事人不履行和解协议的，人民法院可以根据当事人的申请，恢复对原生效法律文书的执行。

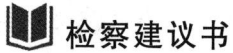 **检察建议书**

某市某区人民检察院
检察建议书

××检民（行）执监［2018］××号

本院对某市某区人民法院（以下简称某法院）执行（2017）年苏0211执1003号申请人某市环境保护局（以下简称市环保局）与被执行人某市某有限公司（以下简称某公司）其他行政非诉一案的执行活动进行了审查。本案现已审查终结。

现查明：市环保局于2016年6月16日作出×环罚决（2016）26号《某市环境行政处罚决定书》，对某公司"处以罚款贰拾肆万元整"。市环保局于2017年3月向某法院申请强制执行，某法院于2017年4月17日作出准予执行×环罚决（2016）第26号《某市环境行政处罚决定书》的裁定。市环保局于2017年5月15日以×环申执（2017）7号行政处罚强制执行申请书向某法院申请执行。在本案的执行过程中，某法院于2017年6月14日组织市环保局和某公司进行了协商，当日执行笔录载明，某公司提出"由于公司经营困难，请求减轻处罚，能否交付3至5万元罚款"，市环保局委托代理人陈某某表示"鉴于某公司已整改落实并考虑其实际困难，同意减轻处罚5万元，……同意法院执行到此结束"。2017年6月14日，某公司向某法院交纳保管款50000元，2017年6月20日，市环保局委托代理人陈某某作为具领人签字领取某公司交纳的50000元。

2017年6月21日，某法院向市环保局、某公司出具（2017）苏0211执1003号结案通知书，通知书载明"本案在执行过程中，被执行人某市某公司已经履行了法律文书确认的义务，申请人同意结案"。本案案件报结单上载明"在执行过程中，申请人与被执行人达成一致和解协议，本案以50000元了结，被执行人已全部履行完毕，本案执行费3500元由被申请人承担。申请人同意本案结案。报结方式：和解履行完毕"。

另查明，陈某某在×环申执（2017）7号行政处罚强制执行申请案中的代理权限为"办理环境行政处罚强制执行案中的有关事宜"。

本院认为，《中华人民共和国行政强制法》第四十二条规定：实施行政强制执行，行政机关可以在不损害公共利益和他人合法权益的情况下，与当事人达成执行协议。执行协议可以约定分阶段履行；当事人采取补救措施的，可以减免加处的罚款或者滞纳金。

某法院对市环保局作出的×环罚决（2016）第26号《某市环境行政处罚决定书》的合法性已经进行了审查，并作出准予执行该行政处罚决定书的裁定，某公司应当履行生效法律文书所确定的全部义务。但是，某法院在组织市环保局与某公司进行执行和解时，市环保局减免了罚款本数，违反了上述法律之规定。

《中华人民共和国民事诉讼法》第五十九条第二款规定，诉讼代理人代为进行和解的必须有委托人的特别授权。本案中，市环保局的委托代理人陈某某代理权限为"办理环境行政处罚强制执行案中的有关事宜"，不能代为进行和解，某法院以本案已经达成执行和解协议并履行完毕结案不当。

另外，某法院向市环保局、某公司出具（2017）苏0211执1003号结案通知书认定"被执行人某公司已经履行了法律文书确认的义务"与本案达成和解协议的事实不符。

综上所述，在（2017）苏0211执1003号其他行政非诉执行案件中，市环保局代理人超越代理权限代为进行和解，违法减免行政处罚罚款本数，某法院以本案已经达成执行和解协议并履行完毕结案不当。经本院检察长决定，根据《中华人民共和国民事诉讼法》第二百三十五条的规定，特提出检察建议，建议你院对上述违法情形作出相应处理。

请在收到检察建议后三个月将处理结果书面回复本院。

此致

某市某区人民法院

20××年×月×日

广东某市某混凝土搅拌中心环境违法行政处罚非诉执行监督案

——监督法院依法适用终结本次执行程序，督促行政机关依法履职，共同保护水源生态环境

基本案情

2014年至2015年间，广东某市某混凝土搅拌中心（下称某搅拌中心）在未经报建批准又未经环评审批的情况下，在某市某水厂二级水源保护区内（珠江支流小榄水道中顺大堤内）新增扩建10个水泥搅拌储罐以及2条水泥、砂石输送带和临时厂房等配套设施，并进行水泥搅拌生产。2018年2月13日，该市原环境保护局（以下简称市环保局）作出环责改字[2018]××号《责令改正违法行为决定书》，责令某搅拌中心立即停止堤外物料运输扩建项目主体工程（水泥输送管1套、砂石输送线1套、水泥储罐10个、水泥吸送机3台）的建设，并恢复原状。在处罚方面，市环保局认为，违建时间在2016年1月1日之前，发现时间是在2018年2月，依据《中华人民共和国行政处罚法》第二十九条第一款"违法行为在二年内未被发现的，不再给予行政处罚"，对某搅拌中心的违法行为不给予罚款等行政处罚。

某搅拌中心一直未履行《责令改正违法行为决定书》中确定的义务，亦未在法定期限内申请行政复议或提起行政诉讼。经催告后，市环保局于2018年10月11日向该市第一人民法院申请强制执行。法院于10月29日作出准予执行裁定，12月7日作出执行通知以及报告财产令，责令某搅拌中心停止堤外物料运输扩建项目主体工程的建设，恢复原状以及报告财产。2019年4月26日，法院作出（2018）粤2071执××号《执行裁定书》，认为某搅拌中心没有履行生效法律文书确定的义务，已将某搅拌中

心列入失信人名单并限制其负责人高消费。现某搅拌中心已停止堤外物料运输扩建项目主体工程的建设，对部分进行拆除和搬迁，故裁定终结本次执行程序。

检察机关监督情况

2019年8月26日，某市人民检察院在开展行政非诉执行监督专项活动中发现该案线索，2019年9月5日利用无人机航拍发现涉案现场水泥搅拌储罐（8个）、水泥、砂石输送带及厂房并未拆除，某搅拌中心仍在生产，某市第一人民法院在执行该案中可能存在违法情形，遂依职权启动监督程序。

某市人民检察院调阅了法院案件卷宗材料、市环保局行政执法案件卷宗材料并到现场实地调查走访、现场勘查，最终查明：法院在某搅拌中心水泥搅拌储罐仅拆除2个的情况下对该案作出终结本次执行程序。市环保局未及时申请法院恢复强制执行，且对涉案违法建设仅作出责令改正违法行为的决定。

某市人民检察院经审查认为：（1）法院裁定终结本次执行程序违反法律规定。"终结本次执行程序"只适用于金钱给付类执行案件，本案执行内容不属于可以适用"终结本次执行程序"的案件范围。（2）市环保局以违法行为已过两年行政处罚期限为由不给予罚款等行政处罚，违反法律规定。其一，参考全国人大常委会法工委《对关于违反规划许可、工程建设强制性标准建设、设计违法行为追诉时效有关问题的意见》，某搅拌中心建设项目属于"违反规划许可、工程建设强制性标准进行建设、设计、施工"情形，应当认定其行为有继续状态，根据《行政处罚法》第二十九条第二款"违法行为有连续或者继续状态的，从行为终了之日起计算"之规定，某搅拌中心建设项目违法行为未超过二年行政处罚期限，应依法予以处罚。其二，市环保局仅依据《中华人民共和国环境影响评价法》第二十五条对某搅拌中心未经环评报批擅自开工建设的"未批先建"行为作出责令纠正违法行为、恢复原状的决定，对其同时违反《建设项目环境保护管理条例》中关于"建设项目需要配套建设的环境保护设施未经验收合格不得投入生产使用"规定的行为未作处罚。此外，涉案违法建筑物大部分尚未拆除，某搅拌中心还在进行生产，法院作出"终本"后，生态环境局（市环保局）未及时申请法院恢复强制执行，存在履职不当。（3）某市水务局应当依法查处河道管理范围内的违法建筑物。《中华人民共和国水法》第十三条和六十五条规定，河道管理范围内违法建筑物妨碍河道行洪及大堤安全，水行政部门有监管职责。环保部门履行环境监管职能并不影响水行政部门履行河道保护职能。

2019年11月15日，根据同级管辖规定，某市第一市区检察院向第一人民法院发出检察建议，建议法院纠正违法行为，尽快恢复对本案的强制执行。同时，某市人民检察院分别向该市生态环境局、市水务局发出检察建议，建议生态环境局依法对本案应处罚而未处罚的违法行为落实处罚以及申请恢复强制执行；建议市水务局依法查处某搅拌中心的违法行为，并以本案为鉴，开展专项治理。

3份检察建议发出后，法院、市生态环境局、市水务局均采纳检察建议内容，并书面回复。法院依法恢复本案执行程序，表示将继续加大执行力度，加快本案执行进程。市生态环境局向法院申请恢复执行，并于2019年11月22日对某搅拌中心建设项目违反《中华人民共和国环境影响评价法》和《建设项目环境保护管理条例》相关规定行为分别作出行政处罚决定，对其"未批先建"作出罚款13万元、停止建设并恢复原状的行政处罚决定；对其建设项目需要配套建设的环境保护设施未经验收合格即投入生产使用行为作出罚款28万元的行政处罚决定；对某搅拌中心公司负责人违反《建设项目环境保护管理条例》第十九条第一款规定的行为作出罚款6万元的行政处罚。市环保局开展了全市乡镇级及以下饮用水水源地环境问题排查工作并准备启动全市"千吨万人"饮用水水源地环境问题整治工作。市水务局于2019年11月29日对某搅拌中心未经同意擅自在河道管理范围内建设构筑物行为作出责令自行拆除决定，并开展全市河道管理范围内违建物排查活动。

涉案违建工程严重污染水源生态，保护环境刻不容缓，但同时该案执行亦面临诸多现实困难：违建占地面积约2500平方米，体积约8万立方米，工程庞大，拆迁成本高、难度大、工期长，执行期间还遇到新冠肺炎疫情影响导致无法开工，等等。为实质性化解矛盾，解决执行难题，某市人民检察院加强沟通、协调和督促，与法院、生态环境部门、水务部门等联动起来，形成整体拳头效应，最终在坚守水源保护区内违法建筑必须拆迁的原则底线下，说服企业另行择址依法报建，同时对企业已作好防尘措施、对环境和行洪影响不大的沙石输送带争取暂缓拆除，并由企业自行拆除水泥搅拌储罐，为企业减少直接经济损失1300多万元。在各方共同努力下，该案已于2020年3月中旬全部执行完毕。

指导意义

1. 检察机关办理行政非诉执行监督案件，在监督法院规范司法的同时，加强"穿透式"监督，促进依法行政，助力环境治理。检察机关履行行政非诉执行监督职责，在监督法院对非诉执行的受理、审查、裁定和实施活动的同时，要加强"穿透式"监督，发现行政机关行政行为违反法律规定或不依法及时履行职责的，应依法提出检察建议；在个案监督中注重与专项治理相结合，促进解决一个行业或领域的突出问题。本案中，检察机关通过对人民法院违法适用终结本次执行程序进行监督，促进法院规范行政非诉执行活动；对市环保部门未依法作出行政处罚、水务行政部门未依法查处等违法行为提出检察建议，促进行政部门提高执法能力，依法行政；在个案监督的基础上，推动环保、水行政部门在全市开展河道污染、违建违法行为的专项整治，助力全市水源保护区的环境治理。

2. 检察机关办理环境保护行政非诉执行监督案件，在依法监督纠正违法行为的同时，服务保障民营企业健康发展。检察机关在履职中坚持监督纠正企业违法行为与保护企业合法权益并重的办案理念，引导民营企业走守法合规经营之道，依法保护民营企业的合法权益。本案中，涉案企业是当地缴税大户，如进行强拆，企业将面临巨大损失，经营发展也会受到重大影响。某市人民检察院加强沟通、协调和督促，努力为企业减少损失，实质性化解矛盾，涉案企业亦主动拆除违法建筑物，取得双赢多赢共赢的办案效果。

相关法律规定

1.《中华人民共和国行政处罚法》（2017年修订，2018年1月1日实施）

第二十九条　违法行为在二年内未被发现的，不再给予行政处罚。法律另有规定的除外。

前款规定的期限，从违法行为发生之日起计算；违法行为有连续或者继续状态的，从行为终了之日起计算。

2.《中华人民共和国环境影响评价法》（2016年修正，2016年9月1日实施）

该法于2018年进行修正，现行有效的为2018年12月29日发布实施的《中华人民共和国环境影响评价法》。

第二十五条　建设项目的环境影响评价文件未依法经审批部门审查或者审查后未予批准的，建设单位不得开工建设。

3.《建设项目环境保护管理条例》（2017年修订，2017年10月1日实施）

第十五条　建设项目需要配套建设的环境保护设施，必须与主体工程同时设计、同时施工、同时投产使用。

第二十三条　违反本条例规定，需要配套建设的环境保护设施未建成、未经验收或者验收不合格，建设项目即投入生产或者使用，或者在环境保护设施验收中弄虚作假的，由县级以上环境保护行政主管部门责令限期改正，处20万元以上100万元以下的罚款；逾期不改正的，处100万元以上200万元以下的罚款；对直接负责的主管人员和其他责任人员，处5万元以上20万元以下的罚款；造成重大环境污染或者生态破坏的，责令停止生产或者使用，或者报经有批准权的人民政府批准，责令关闭。

违反本条例规定，建设单位未依法向社会公开环境保护设施验收报告的，由县级以上环境保护行政主管部门责令公开，处5万元以上20万元以下的罚款，并予以公告。

4.《中华人民共和国水法》（2016年修订，2016年7月2日实施）

第十三条　国务院有关部门按照职责分工，负责水资源开发、利用、节约和保护的有关工作。

县级以上地方人民政府有关部门按照职责分工，负责本行政区域内水资源开发、利用、节约和保护的有关工作。

第六十五条 在河道管理范围内建设妨碍行洪的建筑物、构筑物，或者从事影响河势稳定、危害河岸堤防安全和其他妨碍河道行洪的活动的，由县级以上人民政府水行政主管部门或者流域管理机构依据职权，责令停止违法行为，限期拆除违法建筑物、构筑物，恢复原状；逾期不拆除、不恢复原状的，强行拆除，所需费用由违法单位或者个人负担，并处一万元以上十万元以下的罚款。

未经水行政主管部门或者流域管理机构同意，擅自修建水工程，或者建设桥梁、码头和其他拦河、跨河、临河建筑物、构筑物，铺设跨河管道、电缆，且防洪法未作规定的，由县级以上人民政府水行政主管部门或者流域管理机构依据职权，责令停止违法行为，限期补办有关手续；逾期不补办或者补办未被批准的，责令限期拆除违法建筑物、构筑物；逾期不拆除的，强行拆除，所需费用由违法单位或者个人负担，并处一万元以上十万元以下的罚款。

虽经水行政主管部门或者流域管理机构同意，但未按照要求修建前款所列工程设施的，由县级以上人民政府水行政主管部门或者流域管理机构依据职权，责令限期改正，按照情节轻重，处一万元以上十万元以下的罚款。

5.《中央政法委、最高人民法院关于规范集中清理执行积案结案标准的通知》（法发［2009］15号，2009年3月19日实施）

三、对有财产可供执行的案件，应依法按规定结案；对无财产可供执行的案件，可按下列条件和方式结案。

8. 无财产可供执行的案件，执行程序在一定期间无法继续进行，且有下列情形之一的，经合议庭评议，可裁定终结本次执行程序后结案：

（1）被执行人确无财产可供执行，申请执行人书面同意人民法院终结本次执行程序的；

（2）因被执行人无财产而中止执行满两年，经查证被执行人确无财产可供执行的；

（3）申请执行人明确表示提供不出被执行人的财产或财产线索，并在人民法院穷尽财产调查措施之后对人民法院认定被执行人无财产可供执行书面表示认可的；

（4）被执行人的财产无法拍卖变卖，或者动产经两次拍卖、不动产或其他财产权经三次拍卖仍然流拍，申请执行人拒绝接受或者依法不能交付其抵债，经人民法院穷尽财产调查措施，被执行人确无其他财产可供执行的；

（5）作为被执行人的企业法人被撤销、注销、吊销营业执照或者歇业后既无财产可供执行，又无义务承受人，也没有能够依法追加变更执行主体的；

（6）经人民法院穷尽财产调查措施，被执行人确无财产可供执行或虽有财产但不宜强制执行，当事人达成分期履行和解协议的；

（7）被执行人确无财产可供执行，申请执行人属于特困群体，执行法院已经给予其适当救助资金的。

6.《全国人大法工委对关于违反规划许可、工程建设强制性标准建设、设计违法行为追诉时效有关问题的意见》（法工办发［2012］20号，2012年2月13日实施）

住房和城乡建设部办公厅：

你部送来的《关于违反规划许可、工程建设强制性标准建设、设计违法行为追诉时效有关问题的请示》（建法函［2011］316号）收悉。经研究，同意你部意见。

住房城乡建设部关于违反规划许可、工程建设强制性标准建设、设计违法行为追诉时效有关问题的请示

（建法函［2011］316号）

全国人大常委会法工委：

近日，地方在执法实践中发现，部分建设项目违反规划许可、工程建设强制性标准，相关责任单位的违法行为在2年后才被发现。地方在查处时大致有两种意见：一是认为依照《行政处罚法》第二十九条第一款，发现相关责任单位实施违法行为时超过2年，不应再追究其违法责任；二是认为违反规划许可、工程建设强制性标准进行建设、设计、施工，其行为有继续状态，应当自纠正违法行为之日起计算行政处罚追诉时效。

我部认同第二种意见，违反规划许可、工程建设强制性标准进行建设、设计、施工，因其带来的建设工程质量安全隐患和违反城乡规划的事

实始终存在，应当认定其行为有继续状态，根据《行政处罚法》第二十九条规定，行政处罚追诉时效应当自行为终了之日起计算。

以上意见妥否，特请示，盼复。

检察建议书

1. 向法院发出的检察建议书

某市第一市区人民检察院
检察建议书

×检一区执监〔2019〕××号

本院对你院（2018）粤2071执15865号一案的执行活动进行了审查。本案现已审查终结。

经审查查明：某市某公司在某市某镇设立的分支机构某市某混凝土搅拌中心（下称某搅拌中心）在某市某水厂二级水源保护区内（珠江支流小榄水道中顺大堤内）未经报建批准，又未依法向环境保护行政主管部门报批建设项目环境影响评价文件，于2014年至2015年间建设水泥搅拌储罐10个及水泥、砂石输送带各一条和临时厂房等配套设施，并进行水泥搅拌的生产。原某市环境保护局（下称环保局）发现该违法情形后，于2018年2月13日作出×（港）环责改字〔2018〕06号责令改正违法行为决定，责令某搅拌中心立即停止堤外物料运输扩建项目主体工程（水泥输送管1套、砂石输送线1套、水泥储罐10个、水泥吸送机3台）的建设，并恢复原状，该责令改正违法行为决定书于当日送达。某搅拌中心在法定期限内未申请行政复议或者提起行政诉讼，也未履行责令改正违法行为决定确定的义务。经催告，逾期仍未履行。

2018年10月11日，环保局向你院申请强制执行，责令某搅拌中心履行责令改正违法行为决定的内容。次日，你院立案，并于同年10月29日作出（2018）粤2071行审1469号行政裁定，准予强制执行环保局×（港）环责改字〔2018〕06号责令改正违法行为决定。同年12月3日，你院立案执行，并于 12 月 7 日作出（2018）粤 2071 执 15865 号执行通知书，责令某搅拌中心停止堤外物料运输扩建项目主体工程（水泥输送管 1 套、砂石输送线 1 套、水泥吸送机 3 台、水泥储罐 10 个）的建设，并恢复原状，负担申请执行费 500 元。同日，你院向某搅拌中心作出（2018）粤 2071 执 15865 号报告财产令。2019 年 4 月 22 日，你院分别与某搅拌中心、环保局制作执行笔录，环保局认可某搅拌中心已停止堤外物料运输扩建项目主体工程的建设，并已对部分进行拆除和搬迁。同时，某搅拌中心提出整体搬迁工作约需一年的时间，环保局表示需请示后再答复。

2019 年 4 月 26 日，你院作出（2018）粤 2071 执 15865 号之一执行裁定，载明：在执行过程中，向某搅拌中心发出执行通知书，责令其限期履行生效法律文书确定的义务，但至今未履行。为示惩戒，将其纳入失信人员名单并采取限制高消费措施。经查，某搅拌中心已停止堤外物料运输扩建项目主体工程的建设，现已对部分进行拆除和搬迁。该情况已告知环保局。该案事实清楚，本案债权符合终结本次执行程序的条件，依法应予终结。依照《最高人民法院关于适用〈中华人民共和国民事诉讼法〉的解释》第五百一十九条的规定，裁定：（2018）粤 2071 执 15865 号案终结本次执行程序。

2019 年 9 月 5 日、2019 年 9 月 9 日，某市人民检察院办案人员到案涉现场查看，发现 8 个违法建设的水泥搅拌储罐，水泥输送带、砂石输送带等尚未拆除，有关设施在生产运行。现违法情形仍未消除。

本院认为，首先，根据《最高人民法院关于适用〈中华人民共和国民事诉讼法〉的解释》第五百一十九条"经过财产调查未发现可供执行的财产，在申请执行人签字确认或者执行法院组成合议庭审查核实并经院长批准后，可以裁定终结本次执行程序"，以及《最高人民法院关于执行案件立案、结案若干问题的意见》第十六条列举的六种可以适用"终结本次执行程序"具体情形的规定可知，"终结本次执行程序"只适用于有金钱给付义务的债权类执行案件，而本案执行的内容系责令某搅拌中心立即停止堤外物料运输扩建项目主体工程的建设，并恢复原状，该执行内容非金钱债权，不属于可以适用"终结本次执行程序"的案件范围。其次，根据现场勘查的情况，现某搅拌中心违法建设的水泥搅拌储罐 8 个、水泥输送带一条、砂石输送带一条等尚未拆除完毕，且相关设施仍然在生产运行，某搅拌中心并未自行履行生效法律文书确定的义务。因此，你院对本案裁定终结本次执行程序,违反法律规定。

根据《中华人民共和国行政诉讼法》第十一条、《人民检察院行政诉讼监督规则(试行)》第九条、第二十九条第二项,以及《最高人民法院、最高人民检察院〈关于民事执行活动法律监督若干问题的规定〉》第十三条、第二十一条的规定,建议你院:尽快恢复对环保局×(港)环责改字[2018]06号责令改正违法行为决定的强制执行。

请在收到检察建议书后三个月内将审查处理情况书面回复本院。

此致
中山市第一人民法院

20××年×月×日

2. 向水务局发出的检察建议书

广东省某市人民检察院
检察建议书

×检行公[2019]××号

某市水务局:

本院在履行职责中发现,某市某混凝土搅拌中心未经相关部门批准,擅自在某市某水厂二级水源保护区小榄水道中顺大堤内建设水泥搅拌储罐8个及配套设施,污染水源保护区,危害河堤安全,妨碍河道行洪,损害社会公共利益。经本院立案审查,现已审查终结。

本院查明:某市某公司在某市某镇设立的分支机构某市某混凝土搅拌中心(下称某搅拌中心)在某市某水厂二级水源保护区内(珠江水系小榄水道中顺大堤内)未经报建批准,又未依法向环境保护行政主管部门报批建设项目环境影响评价文件,于2014年至2015年间建设水泥搅拌储罐10个及水泥、砂石输送带各一条和临时厂房等配套设施,并进行水泥搅拌的生产,原某市环境保护局(现某市生态环境局)2018年2月发现后作出×(港)环责改字[2018]06号某市环境保护局责令改正违法行为决定书,责令某搅拌中心立即停止违法行为,恢复原状。原某市环保局于2018年12月向某市第一人民法院申请执行,该院作出(2018)粤2071行审1469

号裁定予以执行，后又于 2019 年 4 月 26 日作出（2018）粤 2071 执 15865 号之一执行裁定书查明，某搅拌中心已停止堤外物料运输扩建项目主体工程的建设，已对部分进储罐行拆除和搬迁。该裁定还以某搅拌中心未履行生效法律文书确定的义务为由，限制负责人高消费，终结本次执行。经本院办案人员到现场查看，水泥搅拌储罐还有 8 个，水泥、砂石输送带及厂房未拆除，有关设施仍然生产运行。

《中华人民共和国水法》第六十五条第一款、第二款之规定："在河道管理范围内建设妨碍行洪的建筑物、构筑物，或者从事影响河势稳定、危害河岸堤防安全和其他妨碍河道行洪的活动的，由县级以上人民政府水行政主管部门或者流域管理机构依据职权，责令停止违法行为，限期拆除违法建筑物、构筑物，恢复原状；逾期不拆除、不恢复原状的，强行拆除，所需费用由违法单位或者个人负担，并处一万元以上十万元以下的罚款。未经水行政主管部门或者流域管理机构同意，擅自修建水工程，或者建设桥梁、码头和其他拦河、跨河、临河建筑物、构筑物，铺设跨河管道、电缆，且防洪法未作规定的，由县级以上人民政府水行政主管部门或者流域管理机构依据职权，责令停止违法行为，限期补办有关手续；逾期不补办或者补办未被批准的，责令限期拆除违法建筑物、构筑物；逾期不拆除的，强行拆除，所需费用由违法单位或者个人负担，并处一万元以上十万元以下的罚款。"

根据某市水务局行政处罚权责清单反映，河道管理范围内建设妨碍行洪的建筑物、构筑物，或者从事影响河势稳定、危害河岸堤防安全和其他妨碍河道行洪等违法行为，水务局有权查处。

本院认为，对河道管理范围内违法建筑物，某市水务局应依法查处。某搅拌中心于 2014 年至 2015 年间未经相关部门批准，在规划的水源保护区小榄水道中顺大堤内建设 10 个混凝土搅拌储罐、2 条输送带及厂房宿舍，并进行生产。环保部门根据《中华人民共和国环境影响评价法》第二十五条作出责令其停止违法行为、恢复原状的决定后，并申请法院执行。但某搅拌中心仍然不执行环保部门的决定，继续进行生产，违建物尚未拆除，违法行为仍处于继续状态。由于涉案违建物在河道管理范围，不仅影响水资源环境，还严重影响河道行洪及妨害大堤安全，根据《中华人民共和国水法》第十三条及中山市水务局行政权责清单，由某市水务局负责某市范围内河道等保护工作。故环保部门履行环境监管职能不影响水行政部门履行河道保护职能，某市水务局应根据《中华人民共和国水法》第六十五条之规定，对河道管理区内的违建物，依法作出处罚决定并强制执行拆除。

为保护水源规划区生态环境和公共利益，促进依法行政，根据《中华人民共和国水法》第六十五条、《中华人民共和国行政诉讼法》第十一条以及《人民检察院检察建议工作规定》第十一条第四项之规定，特提出检察建议如下：

（一）依照法定程序对某市某公司及其分支机构某市某混凝土搅拌中心的违法行为予以查处，并强制执行拆除违法建筑物。

（二）以本案为鉴，开展专项行动，对市辖区河道内的违法建筑进行全面排查，防治水体污染，切实保障河道行洪防洪安全。

请在收到检察建议后二个月内将处理结果书面回复本院。

20××年×月×日

3. 向生态环境局发出的检察建议书

广东省某市人民检察院
检察建议书

×检行公〔2019〕××号

某市生态环境局：

本院在履行职责中发现，某市某混凝土搅拌中心未提交建设项目环境影响评价文件擅自在某市某水厂二级水源保护区内建设水泥搅拌储罐10个及配套设施，污染水源保护区，损害社会公共利益。经本院立案审查，现已审查终结。

本院查明：某市某公司在某市某镇设立的分支机构某市某混凝土搅拌中心（下称某搅拌中心）在某市某水厂二级水源保护区内（珠江水系小榄水道中顺大堤内）未经报建批准，又未依法向环境保护行政主管部门报批建设项目环境影响评价文件，于2014年至2015年间建设水泥搅拌储罐10个及水泥、砂石输送带各一条和临时厂房等配套设施，并进行水泥搅拌的生产，原某市环境保护局（现某市生态环境局）2018年2月发现后作出×

（港）环责改字〔2018〕06号某市环境保护局责令改正违法行为决定书，责令某搅拌中心立即停止违法行为，恢复原状。原某市环保局于2018年12月向某市第一人民法院申请执行，该院作出（2018）粤2071行审1469号裁定予以执行，后又于2019年4月26日作出（2018）粤2071执15865号之一执行裁定书查明，某搅拌中心已停止堤外物料运输扩建项目主体工程的建设，已对部分储罐进行拆除和搬迁。该裁定还以某搅拌中心未履行生效法律文书确定的义务为由，限制负责人高消费，终结本次执行。经本院办案人员到现场勘查，水泥搅拌储罐还有8个，水泥、砂石输送带及厂房未拆除，有关设施仍然生产运行。

原某市环境保护局处理依据为《中华人民共和国环境影响评价法》第二十五条：建设项目的环境影响评价文件未依法经审批部门审查或者审查后未予批准的，建设单位不得开工建设。第三十一条：建设单位未依法报批建设项目环境影响报告书、报告表，或者未依照本法第二十四条的规定重新报批或者报请重新审核环境影响报告书、报告表，擅自开工建设的，由县级以上环境保护行政主管部门责令停止建设，根据违法情节和危害后果，处建设项目总投资额百分之一以上百分之五以下的罚款，并可以责令恢复原状；对建设单位直接负责的主管人员和其他直接责任人员，依法给予行政处分。

原某市环境保护局相关执法人员认为，由于违建时间在2016年1月1日之前，而发现时间是在2018年2月，已过两年，依《中华人民共和国行政处罚法》第二十九条第一款之规定："违法行为在二年内未被发现的，不再给予行政处罚。"故对某搅拌中心未批先建行为未给予行政处罚。

本院认为：对涉案违反环境保护规定建筑物的查处，某市生态环境局存在不依法履职的情形。

一、涉案违建行为仍然在继续状态，你局以已过两年行政处罚期限为由，未作出罚款的处理，违反法律规定。

某搅拌中心于2014年至2015年间未经批准又未依法提交建设项目环境影响评价等文件，在规划的水源保护区内建设10个混凝土搅拌储罐、2条输送带及厂房宿舍。其行为违反了《中华人民共和国环境影响评价法》第二十五条关于"建设项目环境影响评价文件未经批准不得开建"的强制性规定。根据《中华人民共和国行政处罚法》第二十九条之规定："违法行为在二年内未被发现的，不再给予行政处罚。前款规定的期限，从违法行为发生之日起计算；违法行为有连续或者继续状态的，从行为终了之日起计算。"另外，参考全国人大常委会法工委办公室《对关于违反规划许可、工程建设强制性标准建设、设计违法行为追诉时效有关问题的意见》，"对违反规划许可、工程建设强制性标准进行建设、设计、施工，因其带来的建设工程质量安全隐患和违反城乡规划的事实始终存在，应当认定其行为有继续状态，再根据《行政处罚法》第二十九条规定，行政处罚追诉时效应当自行为终了之日起计算"。本案违法建设行为的实施虽然已经超过两年，但该行为对水源规划区的实施及环境的影响仍然处于继续状态，只要该建筑未被拆除或依法采纳改正措施，该影响就始终存在，应认定未超过行政处罚的追究时效。否则，如果对此类违法建设情形适用两年的追究时效，那么本没有取得相关批准的违法建筑，就可能因其在建设完毕两年内未被查处，而成为合法建筑，这显然违背行政处罚法关于追究时效规定的本意，必将导致水源规划区管理的混乱或虚无。因此，某搅拌中心违建行为的追诉时效应当自行为危害状态终了之日起计算。故你局不处以罚款，明显违反上述法律规定及《中华人民共和国环境影响评价法》第三十一条之规定。

二、涉案违法建筑大部分尚未拆除，并且还在进行生产，执行法院以部分拆除为由裁定终结本次执行，理据不足。

为保护水源规划区生态环境和公共利益，促进依法行政，现根据《中华人民共和国行政诉讼法》第十一条、第九十七条以及《人民检察院检察建议工作规定》第十一条第（四）项之规定，特提出检察建议如下：

（一）请你局依照法定程序对某市某公司及其分支机构某市某混凝土搅拌中心的违法行为落实处罚和申请恢复强制执行，对应处罚而未处罚的情形依法查处。

（二）以本案为鉴，开展专项行动，对某市水源保护区范围内未经环评批准的违法建筑进行全面排查，以保障某市水源环境，切实维护社会公共利益。

请在收到检察建议后二个月内将处理结果书面回复本院。

20××年×月×日

湖北某混凝土有限公司某分公司环境违法行政处罚非诉执行监督案

——监督纠正行政非诉案件违法执结，促进防治粉尘、噪声环境污染

基本案情

因湖北某混凝土有限公司某分公司（以下简称某分公司）在建成商品混凝土项目后，未报批环境影响评价文件审批手续，某市某区环境保护局于2016年2月29日依法作出环罚字〔2016〕×号《行政处罚决定书》，决定：（1）责令立即改正环境违法行为；（2）罚款人民币10万元。某分公司在法定期限内既未申请行政复议，也未提起行政诉讼，经催告后亦未履行生效决定书确定的法定义务。某市某区环境保护局于2017年4月11日向某市某区人民法院申请强制执行。2017年4月12日，某区人民法院作出准予强制执行环罚字〔2016〕×号《行政处罚决定书》的行政裁定。2017年5月15日，某区人民法院向某分公司送达了《执行通知书》《报告财产令》《执行裁定书》，责令其缴纳罚款10万元及加倍支付迟延履行期间的债务利息，负担执行费1400元；冻结、扣划被执行人某分公司银行存款11万元，或查封、扣押其他等额财产。2017年9月30日，某分公司缴纳执行款人民币3.1万元（1000元系执行费）。同年10月9日，某区人民法院以和解履行完毕为由作结案处理。

检察机关监督情况

某区人民检察院在开展行政非诉执行监督专项活动中，发现某区人民

法院在办理某区环境保护局与某分公司行政处罚非诉执行案中，可能存在虚构结案事实、违法结案的问题，遂决定依职权启动监督程序。

某区人民检察院经调阅执行卷宗，询问申请执行人以及被执行人，并向法院了解有关情况后查明：某区环境保护局并未与某分公司签订书面执行和解协议，也未达成口头执行和解协议，该公司仍未改正环境违法行为，且在执行过程中，该公司仅缴纳罚款3万元，而某区人民法院以和解履行完毕为由作结案处理。某区人民检察院到某分公司生产现场调查发现，该公司有两条生产线，仍在正常生产经营。在现场还发现该公司生产过程中排放的水泥粉尘，导致整个公司厂区及其周边土地面积共计30余亩被粉尘笼罩，粉料运输过程中造成900余米的路面被压坏，夜间施工产生的噪声，导致公司厂区周边100余户居民无法入睡。该公司擅自在生产线院墙外侧占用林地堆放沙土，造成林地原有植被严重毁坏，大量生态林死亡，而某市某区园林和林业局对该公司非法改变林地用途行为存在怠于履行职责的违法情形。

某市某区人民检察院审查认为，某市某区环境保护局并未与某分公司达成执行和解、某分公司仅缴纳罚款3万元，某市某区人民法院以和解履行完毕为由作结案处理违法。经该院检察委员会讨论决定，向某市某区人民法院提出了纠正违法检察建议：依法纠正将未执结的案件作结案处理的违法行为，恢复该案的执行，并就该案的承办法官是否存在违法情形进行调查。

某区人民法院于2019年9月13日回复称，在收到检察建议书后，立即对被执行人某分公司开展调查，发现该公司确有执行能力，随即恢复了案件执行，并对该案的承办法官进行了批评教育，调离了工作岗位。

某区人民检察院对调查中发现的公益诉讼案件线索调查核实后，向某市某区园林和林业局发出了公益诉讼诉前检察建议，该局在收到检察建议书后，积极履职，落实整改，已向某分公司下达了《林业行政处罚决定书》，并督促该公司及时恢复被破坏林地。后该公司补种1000余株红叶石楠，恢复林地面积2400余平方米。

指导意义

1. 检察机关对于法院在非诉执行中虚构结案事实、违法结案的行为，应当依法予以监督。行政机关对环境违法案件申请行政非诉执行，是出于维护公共利益和社会秩序的需要。对非诉执行案件虚构结案事实、违法结案，不仅直接影响行政决定的权威，损害国家利益和社会公共利益，更对司法公信力造成损害。本案中，某市某区环境保护局对某分公司的环境违法行为作出行政处罚后，该公司仅缴纳罚款3万元，且未改正环境违法行为，粉尘污染、噪声污染等仍在持续。而某市某区人民法院却以和解履行完毕为由结案，与客观事实不符，违反了法律规定。某区人民检察院对法院的违法行为进行监督纠正，并就审判人员是否存在违法情形进行调查，推动环境污染问题得到有效整改，通过履职办案把最严格、最严密的生态环境保护法律制度落实到位。

2. 检察机关在环境领域行政非诉执行监督工作中加强内部联动和外部沟通，形成监督合力，有效提升监督效果。做好环境领域行政非诉执行监督工作，在检察机关内部涉及行政检察与公益诉讼检察的协作衔接，在外部涉及检察机关与生态环境部门和其他执法司法部门的沟通衔接。本案中，某市某区人民检察院依法履行行政检察职能，针对法院违法结案和审判人员违法问题加强监督，从中发现公益诉讼线索，督促某区园林和林业局依法履职；在制发检察建议之前，主动就案件具体情况和检察建议的具体内容积极与法院、行政机关等部门沟通交流，力争获得理解和支持。检察建议发出后，相关部门积极落实整改，从而督促粉尘污染、噪声污染等环境违法问题得到根本解决，被毁坏的林地得以补植复绿，最终达到了双赢共赢的效果。

相关法律规定

《最高人民法院关于执行案件立案、结案若干问题的意见》（法发〔2014〕26号，2015年1月1日实施）

第十五条 生效法律文书确定的执行内容，经被执行人自动履行、人民法院强制执行，已全部执行完毕，或者是当事人达成执行和解协议，且执行和解协议履行完毕，可以以"执行完毕"方式结案。

执行完毕应当制作结案通知书并发送当事人。双方当事人书面认可执行完毕或口头认可执行完毕并记入笔录的，无需制作结案通知书。

执行和解协议应当附卷，没有签订书面执行和解协议的，应当将口头和解协议的内容作成笔录，经当事人签字后附卷。

第三十条 地方各级人民法院不能制定与法律、司法解释和本意见规定相抵触的执行案件立案、结案标准和结案方式。

违反法律、司法解释和本意见的规定立案、结案，或者在全国法院执行案件信息管理系统录入立案、结案情况时弄虚作假的，通报批评；造成严重后果或恶劣影响的，根据《人民法院工作人员纪律处分条例》追究相关领导和工作人员的责任。

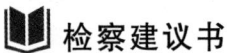检察建议书

湖北省某市某区人民检察院
检察建议书

××检民（行）执监［2019］××号

本院在履职中发现，某市某区人民法院（2017）鄂 0115 执 820 号执行一案的执行活动存在违法情形。本案依法进行了审查，现已审查终结。

现查明：因湖北某混凝土有限公司某分公司（以下简称某分公司）在建成商品混凝土项目后，未报批环境影响评价文件审批手续。某市某区环境保护局于 2016 年 2 月 29 日依法作出 ×环罚字［2016］4 号《行政处罚决定书》，决定：1. 责令立即改正环境违法行为；2. 罚款人民币 10 万元。某分公司在法定期限内既未申请行政复议，也未提起行政诉讼，经催告后亦未履行生效决定书确定的法定义务。某市某区环境保护局于 2017 年 4 月 11 日向某市某区人民法院申请强制执行。2017 年 4 月 12 日，某市某区人民法院作出了（2017）鄂 0115 行审 114 号《行政裁定书》，裁定某市某区环境保护局作出的 ×环罚字［2016］4 号《行政处罚决定书》准予强制执行。2017 年 5 月 15 日，某市某区人民法院向某分公司送达了（2017）鄂 0115 执 820 号《执行通知书》《报告财产令》《执行裁定书》，责令其缴纳罚款 10 万元及加倍支付迟延履行期间的债务利息，负担执行费 1400 元；冻结、扣划被执行人某分公司银行存款 11 万元，或查封、扣押其他等额

财产。2017年9月30日，某分公司缴纳执行款人民币3.1万元（1000元系执行费）。同年10月9日，某市某区人民法院以和解履行完毕为由作结案处理。但某市某区环境保护局并未与某分公司签订书面执行和解协议，也未达成口头执行和解协议。

上述事实，有×环罚字［2016］4号《行政处罚决定书》、（2017）鄂0115行审114号《行政裁定书》、（2017）鄂0115执820号《执行通知书》、（2017）鄂0115执820号《执行裁定书》、（2017）鄂0115执820号《执结报告》、执行款发还清单等证据证实。

本院认为，某市某区人民法院在本执行案中存在如下违法情形：

将未执结的案件作结案处理，违反了法律规定。根据《最高人民法院关于执行案件立案、结案若干问题的意见》第十五条第一款"生效法律文书确定的执行内容，经被执行人自动履行、人民法院强制执行，已全部执行完毕，或者是当事人达成执行和解协议，且执行和解协议履行完毕，可以以'执行完毕'方式结案"之规定，只有在某市某区环境保护局与该案被执行人某分公司依法达成执行协议，并且执行协议履行完毕的前提下，某市某区人民法院才能以和解履行完毕的方式结案。而某市某区环境保护局并未与某分公司签订书面执行和解协议，也未达成口头执行和解协议，该公司仅报送了现状环境影响评估报告的环保意见，缴纳部分罚款，至今仍未报批环境影响评价审批手续，生效法律文书确定的执行内容并未全部履行完毕。因此，某市某区人民法院以和解履行完毕为由结案，与客观事实不符，违反了法律规定。

综上所述，某市某区人民法院在本案执行中，将未执结的案件作结案处理，违反法律规定。经本院检察委员会讨论决定，根据《人民检察院行政诉讼监督规则（试行）》第三十一条第六项、第三十二条，《人民检察院检察建议工作规定》第九条第五项的规定，向某市某区人民法院提出如下纠正违法检察建议：依法纠正将未执结的案件作结案处理的违法行为，恢复（2017）鄂0115执820号案的执行。

请在收到检察建议后一个月内将处理结果书面回复本院。

此致
湖北省某市某区人民法院

20××年×月×日

江苏某养殖场环境违法行政处罚非诉执行监督案

——监督法院依法正确适用"裁执分离",促进裁判尺度统一,有效防治环境污染

基本案情

2018年3月,江苏省某县某养殖场在污染防治设施未建设到位的情况下即投入生产,养殖家畜约2600头,造成了周边环境较大的污染。某县环境保护局(现更名为某县生态环境局)根据《畜禽规模养殖污染防治条例》第三十九条规定,作出行政处罚决定:(1)责令该养殖场停止家畜养殖;(2)处罚款人民币3万元;(3)罚款限于接到处罚决定书之日起15日内缴纳,逾期不缴纳罚款的,每日按罚款数额的3%加处罚款。该养殖场在规定的期限内未履行该处罚决定,亦未申请行政复议或提起行政诉讼。在该养殖场经催告仍未履行处罚决定后,环境保护局向某县人民法院申请强制执行。法院受理后,于2019年1月25日作出行政裁定书,裁定准予执行县环境保护局行政处罚决定第一项和第二项内容,其中第一项责令停产由环境保护局组织实施,第二项罚款及加处罚款由法院执行。

检察机关监督情况

2019年2月,某县人民检察院在开展行政非诉执行监督专项活动中发现,某县人民法院在办理某养殖场行政处罚非诉执行一案中存在违法情形,某县人民检察院依职权启动监督程序。

某县人民检察院通过阅卷审查、现场走访、实地调查等方式查明:环境

保护局作出的行政处罚决定依据事实清楚，适用法律准确，申请法院强制执行亦符合法律规定。法院裁定停止养殖的行为处罚由其组织实施后，因环保部门缺乏组织实施的有效手段，以致该养殖场始终未停止家畜养殖，污染仍然持续。办案过程中，某县人民检察院查阅了大量环保领域及行政非诉执行领域法律法规，还与环保部门进行座谈，与执行法官交流，向上级检察部门请示，确保监督准确、取得实效。上级检察院在线索分析、调查取证等方面给予了明确的指导，并与同级法院进行沟通联系，多次探讨会商，凝聚共识。

某县人民检察院审查后认为，法院将行为罚内容裁定由县环境保护局组织实施没有法律依据。法院在作出执行裁定时，未能充分考虑环保部门执行行为罚存在法律依据不足、强制执行能力不够等现实困难，致使该案行为罚一直未能执行到位。2019年3月15日，某县人民检察院向某县人民法院提出执行监督检察建议，建议该院加强与县政府及环保部门进行沟通，强化协作配合，及时纠正不当裁定，并迅速将该案的执行措施落实到位。

某县人民法院接到检察建议后表示，将行政处罚中的行为罚内容裁定给环境保护主管部门组织实施，是依照最高人民法院相关指导精神，在环保非诉执行领域进行的"裁执分离"模式探索，最终是为了缓解执行难问题。环保部门则认为，人民法院将其中停止违法行为的内容裁定由环保部门实施，突破了行政强制法的相关规定。同时，亦没有相应的法定程序和强制执行措施保障环保部门实施强制执行，在本地由环保部门组织实施没有基础。某县法院向上级法院进行请示。上级法院批复认为："'裁执分离'是最高人民法院明确提出的办理行政非诉执行案件的基本原则和改革方向，依法审查环境行政非诉执行案件，按照'裁执分离'模式，加大对环境行政非诉案件的执行力度，支持行政机关依法处罚违法行为。组织实施的行政机关一般应为县级以上人民政府，简单的案件可为申请的行政机关。人民法院应当加强与地方人民政府和申请行政机关的协调，及时掌握执行的进展情况和效果。"根据这一批复，法院多次向县政府分管环保领导沟通汇报，2019年8月20日以该案原裁定确有错误为由，裁定启动再审程序，并于2019年9月29日重新作出了行政裁定书，对环保行政处罚决定中的行为罚内容裁定改由县人民政府组织实施。该案在执行中，养殖场承包人停止养殖，并加大力度对污染防治设施进行升级改造，通过了环保部门的验收，消除了污染隐患。此外，某县检察院建议法院对其他3件存在类似问题的环保非诉执行裁定一并予以纠正。该案成功执行为积压的26件类似案件的处理明确了标准。

指导意义

1. 检察机关在行政非诉执行监督中，应当坚持双赢多赢共赢理念，拓展监督实效。环保领域的行政非诉执行涉及部门多，既需要检法之间的交流与信任，也需要法院与相关行政机关之间的沟通与协作，同时还需要人民政府与行政机关之间的支持与配合，最终促进问题的实质性化解。在本案办理过程中，某县人民检察院为了使问题得到根本解决，避免环境污染持续，在检察建议发出后积极与人民法院联系，针对认识分歧多次探讨，在检察机关、人民法院和环保行政部门之间搭建沟通桥梁，使类似案件最终统一了裁判尺度，污染得到了有效防治。本案的办理展示了检察权、审判权、行政权同向而行的可能性，充分体现了双赢多赢共赢的理念，在检、法、行政机关的共同努力下，社会公共利益得到了有效保护。

2. 检察机关在行政非诉执行监督中，应当坚持问题导向，监督法院依法正确适用"裁执分离"，促进裁判尺度统一。环保领域的行政非诉执行，不仅关乎行政目标实现，更关乎生态环境安全，关乎社会公共利益。行政非诉执行制度是实现行政管理职能和效率的重要途径，也是维护行政相对人合法权益的重要保障。法院能否依法正确办理行政非诉执行案件，对于有效实现行政管理效能和效率、切实保障行政相对人合法权益具有重要意义。本案中，在法律没有赋予环保部门相应的强制执行权，且本地环保部门缺乏行为罚执行能力的情况下，某县人民法院在办理环保领域非诉执行案件中探索适用"裁执分离"模式，导致出现执行不到位的情形，使得行政管理效能和效率不能有效实现。检察机关对行政非诉执行进行监督，以问题为导向，充分了解本地行政非诉执行难的根本原因，对症下药，监督法院依法正确适用"裁执分离"，防止了社会公共利益继续受损，同时通过监督一案影响一片，促进了其他类似案件的依法执行，取得良好监督效果。

相关法律规定

1. 《中华人民共和国行政强制法》（2012年1月1日施行）

第十三条 行政强制执行由法律设定。

法律没有规定行政机关强制执行的，作出行政决定的行政机关应当申请人民法院强制执行。

2.《最高人民法院关于在征收拆迁案件中进一步严格规范司法行为积极推进"裁执分离"的通知》（法［2014］191号，2014年7月22日实施）

三、积极推进"裁执分离"，逐步拓宽适用范围

"裁执分离"是最高人民法院为破解征收拆迁案件"执行难""执行乱"难题着力推进的一项重要原则。该原则由有关中央国家机关充分协商后通过司法解释加以确定，既有利于发挥司法专业优势、监督功能，又有利于发挥行政机关资源优势，对明确司法与行政的职能定位，确保依法拆迁、和谐拆迁意义重大。各级人民法院在贯彻执行过程中，一方面要严格落实司法解释及相关通知有关"由政府组织实施为总原则、由法院执行属个别例外情形"的基本要求，立案、审查、执行机构要注意加强沟通配合，创新工作机制，共同研究解决办案中的重大疑难问题，不得与地方政府搞联合执行、委托执行，杜绝参加地方牵头组织的各类"拆迁领导小组"、"项目指挥部"等，依法受理因行政机关组织实施活动违法而引发的诉讼；另一方面要积极拓宽"裁执分离"适用范围，以践行立法机关提出给相关改革探索"留有空间"的意见和中央有关部门对法院工作的相关建议。今年以来，浙江省高级人民法院在省委、省政府的大力支持下出台相关规定，明确将"裁执分离"扩大至征收集体土地中的房屋拆迁、建筑物非法占地强制拆除等非诉案件和诉讼案件，该做法值得推广和借鉴。

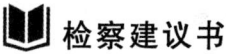 检察建议书

江苏省某县人民检察院
检察建议书

×检行执监［2019］××号

某县环境保护局因某养殖场环境违法作出行政处罚后申请你院强制执行，你院经审查作出（2019）苏0623行审16号行政裁定。本院依法履行

法律监督职能进行了立案审查，现已审查终结。

现查明：某县环境保护局因某养殖场环境违法，于2018年4月25日对其作出×环罚字［2018］106号行政处罚决定书。某养殖场未在相应期限内履行处罚决定内容，故某县环境保护局于2018年12月6日向你院申请强制执行。你院于2019年1月25日作出（2019）苏0623行审16号行政裁定书，裁定：某县环境保护局申请强制执行的×环罚字［2018］106号行政处罚决定中"1. 责令被执行人某养殖场停止生猪养殖；2. 缴纳罚款人民币3万元"的内容，你院准予强制执行，其中申请强制执行的第一项内容由县环境保护局组织实施，第二项内容由你院执行。某养殖场应承担加处罚款人民币3万元，由你院执行。

本院认为，根据《中华人民共和国行政强制法》的规定，行政强制执行由法律设定。法律没有规定行政机关强制执行的，作出行政决定的行政机关应当申请人民法院强制执行。而现行法律中均未设定环保机关具有行政强制执行职能。故某县环境保护局作出行政处罚决定后，当事人未在相应期间履行处罚内容，依法向你院申请强制执行，符合法律规定，你院审查并准予强制执行，并无不当，但将行政处罚中金钱处罚以外的内容全部确定由某县环境保护局组织实施，缺乏法律依据，违反法律规定，显属错误。为维护生态环境安全，防止污染损害，打好污染防治攻坚战，切实保障民生民利，现根据《中华人民共和国行政诉讼法》第一百零一条的规定，特提出检察建议，建议你院对该案及时予以纠正。

请在收到检察建议后三个月将处理结果书面回复本院。

此致

某县人民法院

20××年×月×日

黑龙江某汽车维修站环境违法行政处罚非诉执行监督案

——监督纠正裁定不移送执行，促进固体废物污染防治，提高义务主体环境保护意识

基本案情

2017年12月，黑龙江省某市某区某汽车维修站（以下简称某维修站）收集、储存危险废物，未按照危险废物特性分类进行，混合收集、储存、运输、处置性质不相容而未经安全性处置的危险废物，未按规定设置危险废物识别标志。某市某区环境保护局认为该维修站的行为违反了《中华人民共和国固体废物污染环境防治法》的规定，根据《中华人民共和国固体废物污染环境防治法》第七十五条规定，作出行政处罚决定：（1）立即进行危险废物年度申报，按规定收集、贮存危险废物，设置危险废物识别标志；（2）罚款10万元。该维修站在规定的期限内未履行该处罚决定，亦未申请行政复议或提起行政诉讼，经催告仍未履行。某区环境保护局遂于2018年8月21日向某区人民法院申请强制执行行政处罚决定第（2）项内容。某区人民法院立案受理后，于2018年8月27日作出行政裁定书，裁定准予执行环境保护局行政处罚决定第（2）项内容。法院裁定准予执行后将近一年未依法移送本院执行局执行。

检察机关监督情况

某区人民检察院在开展行政非诉执行检察监督专项活动中，发现法院在本案中存在怠于执行情形，严重影响执法效果，遂依职权启动监督

程序。

某区人民检察院经调查核实,查明:环境保护局的行政处罚决定有充分的事实依据和法律依据,申请法院强制执行符合法律规定,目前行政处罚决定中罚款仍未缴纳,法院行政审判庭未将裁定结果移交执行局。案件既没有办理延长期限审批手续,也没有裁定中止执行或终结执行,已超过3个月的执行期限。2019年7月,某区人民检察院向某区人民法院提出检察建议,建议法院纠正违法行为,立即将案件移送执行,并对该案未在法定期限内执行终结的原因予以说明。

某区人民法院收到检察建议后,行政审判庭于一周内将该案件移交执行局进入执行程序。法院执行局依法采取了相应执行措施,引起了某维修站对行政处罚决定的重视。某维修站自觉履行了危险废物年度申报、设置危险废物识别标志和按规定收集、贮存危险废物等环境保护义务,并承诺积极履行罚款义务。该案已执行完毕。

某区人民检察院在办理该案过程中,发现某区人民法院行政审判庭审查行政非诉执行案件,作出准予执行裁定后不交付执行导致案件超期的情况较为普遍,遂决定开展类案监督。经审查2018年某区人民法院行政非诉执行案件,共监督法院执行超期等案件8件,其中涉及环境保护案件2件。

针对某区人民法院作出准予执行裁定后不交付执行导致案件超期的普遍性问题,某区人民检察院已经向某区人民法院发出改进工作类检察建议。

指导意义

检察机关在行政非诉执行监督中,发现法院作出准予执行裁定后不移送执行的,应当依法予以监督。最高人民法院在1998年《关于办理行政机关申请强制执行案件有关问题的通知》中已明确,法院对行政非诉案件裁定准予强制执行后应移交执行局(执行机构)执行。之后,最高人民法院在《关于执行权合理配置和科学运行的若干意见》(2011年)、《最高人民法院关于适用〈中华人民共和国行政诉讼法〉的解释》(2018年)等文件中均作了相同规定。法院作出准予执行裁定后不移送执行的,属于违法情形，检察机关应予以监督；对发现有故意拖延、故意不予移送等违法情形的，应当依法对审判人员违法行为进行监督。本案中，检察机关通过履行行政非诉执行监督职能，监督纠正法院怠于执行，促进人民法院依法实施执行，保证行政处罚决定执行到位，促使企业提高了环境保护意识、守法意识，自动履行了行政决定。同时，检察机关对法院作出准予执行裁定后不交付执行，导致案件超期的普遍性问题，开展类案监督，使一类问题得到解决，促进法院进一步规范行政非诉执行行为。

相关法律规定

1.《最高人民法院关于办理行政机关申请强制执行案件有关问题的通知》（法［1998］77号，1998年8月18日实施）

一、行政机关申请人民法院强制执行案件由行政审判庭负责审查。经教育，行政行为相对人自动履行的，即可结案。需要强制执行的，由行政审判庭移送执行庭办理。

2.《最高人民法院关于执行权合理配置和科学运行的若干意见》（法发［2011］15号，2011年10月19日实施）

二、关于执行局与立案、审判等机构之间的分工协作

13. 行政非诉案件、行政诉讼案件的执行申请，由立案机构登记后转行政审判机构进行合法性审查；裁定准予强制执行的，再由立案机构办理执行立案登记后移交执行局执行。

3.《最高人民法院关于适用〈中华人民共和国行政诉讼法〉的解释》（法释［2018］1号，2018年2月8日实施）

第一百六十条 人民法院受理行政机关申请执行其行政行为的案件后，应当在七日内由行政审判庭对行政行为的合法性进行审查，并作出是否准予执行的裁定。

人民法院在作出裁定前发现行政行为明显违法并损害被执行人合法权益的，应当听取被执行人和行政机关的意见，并自受理之日起三十日内作出是否准予执行的裁定。

需要采取强制执行措施的，由本院负责强制执行非诉行政行为的机构执行。

北京某食府有限公司环境违法行政处罚非诉执行监督案

——监督法院严格规范适用终结本次执行程序，维护司法权威，助力打赢蓝天保卫战

基本案情

2017年5月，北京市某区环境保护局（以下简称区环保局）对某食府有限公司（以下简称某公司）进行调查，发现该公司从事餐饮服务未安装油烟处理装置，向大气直接排放油烟污染物。2017年7月10日，区环保局对某公司作出行政处罚决定书，罚款人民币2万元。某公司未在法定期限内申请复议或向人民法院起诉，且未自觉履行法定义务。2017年11月30日，区环保局向某公司发出罚款缴费通知书，某公司收到通知书后，逾期仍未履行法定义务。后区环保局向某区人民法院申请执行行政处罚决定，某区人民法院2018年3月26日裁定准予强制执行，5月14日作出执行通知书和报告财产令并向某公司邮寄送达。2018年10月25日，某区人民法院作出限制消费令，决定对某公司限制高消费。2018年10月30日，某区人民法院以被执行人某公司无财产可供执行为由作出裁定，终结本次执行程序。

检察机关监督情况

北京市某区人民检察院在行政非诉执行专项监督活动中发现，某区人民法院在强制执行某公司缴纳罚款一案中，未将被执行人纳入失信被执行人名单、未穷尽财产调查措施即终结本次执行程序，决定依职权进行

监督。

某区人民检察院经调查认为：在案件执行期间，法院向被执行人邮寄送达报告财产令和执行通知书，并对被执行人的法定代表人进行询问，被执行人并未报告其财产，也未履行行政处罚决定，而执行法院未将被执行人纳入失信被执行人名单、未查询被执行人的股票持有情况即作出终结本次执行程序的裁定，分别违反了《最高人民法院关于严格规范终结本次执行程序的规定（试行）》第一条第二项、第三项规定，《最高人民法院关于公布失信被执行人名单信息的若干规定》第一条第四项规定及《最高人民法院关于执行案件立案、结案若干问题的意见》第十六条的规定。

针对某区人民法院在行政非诉执行中存在的上述问题，某区人民检察院就终结本次执行程序案件的法律适用问题与某区人民法院充分沟通，并于2019年11月13日向某区人民法院发出检察建议：（1）针对案件实际情况及时依法开展执行活动，补正存在的问题；（2）严格遵守相关法律法规，规范案件执行程序；（3）在今后的执行工作中加强责任意识教育，杜绝类似情形再次出现。

2019年11月20日，某区人民法院在书面回复中表示完全接受检察建议，并将严格落实以下整改措施：（1）及时纠正执行程序存在的问题。针对建议内容，将被执行人某公司纳入失信被执行人名单，并查询其持股情况，将相关调查材料归入执行卷宗，附上相应工作说明。（2）严格遵守执行案件办理的相关规定。组织相关人员对终结本次执行程序的相关法律规定进行系统学习，进一步规范执行案件办案程序，增强执行力度，提高司法公信力。（3）强化终结本次执行程序案件的检查监督。深刻反思检察建议书指出的问题，严格贯彻落实最高人民法院相关工作要求，将指派专人定期对本案件进行检查，深化管理监督，杜绝类似案件的程序瑕疵。目前，法院对该案已恢复执行，依法将某公司纳入失信人名单，并对其持股情况进行调查，待疫情结束视调查情况再作相应处理决定。

指导意义

1. 检察机关对违法适用终结本次执行程序应依法予以监督，防止行政处罚决定"打白条"。在污染防治攻坚战中，北京市环境保护部门加大对餐饮企业违法排污行为的查处力度，但部分行政相对人认为环保部门缺乏强制执行手段，对于行政处罚采取能拖就拖的方式，不履行缴纳罚款的义务，导致大量环境污染类行政处罚案件进入法院执行程序。该类非诉执行案件不仅涉及对行政相对人合法权益的保护，更涉及行政决定能否有效执行。检察机关通过审查发现，实践中，该类以行政机关为申请执行人的案件不少以终结本次执行程序结案，很难再恢复执行，行政处罚决定成为"打白条"，不利于严格惩处污染环境的行为，形成威慑效果。监督这类案件终结本次执行程序适用是否存在违法情形，有利于保障行政机关行政处罚落实到位，使查处污染环境行动真正达到目的。

2. 以检察建议为突破口，持续跟进，确保案件监督效果。行政非诉执行是行政决定能否执行到位的关键环节。检察机关既要善于发现案件中程序不规范的问题，又要认识到这些看似是程序瑕疵的问题对案件办理政治效果、法律效果和社会效果的影响。本案中，执行法院未查询被执行公司的持股情况，也未将被执行公司纳入失信被执行人名单，这些"程序瑕疵"导致被执行人逃避不履行行政处罚而应当承担的法律后果，不能彰显人民法院执行工作的强制力，也容易强化被执行人漠视法律。检察机关采取检察建议的方式对法院的执行活动进行跟进，持续做好检察建议发出后的监督工作，有利于促进人民法院严格遵守执行工作的程序性规定，保障行政行为的权威性。

相关法律规定

1.《最高人民法院关于严格规范终结本次执行程序的规定（试行）》（法〔2016〕373号，2016年12月1日实施）

第一条 人民法院终结本次执行程序，应当同时符合下列条件：

（一）已向被执行人发出执行通知、责令被执行人报告财产；

（二）已向被执行人发出限制消费令，并将符合条件的被执行人纳入失信被执行人名单；

（三）已穷尽财产调查措施，未发现被执行人有可供执行的财产或者发现的财产不能处置；

（四）自执行案件立案之日起已超过三个月；

（五）被执行人下落不明的，已依法予以查找；被执行人或者其他人妨害执行的，已依法采取罚款、拘留等强制措施，构成犯罪的，已依法启动刑事责任追究程序。

2.《最高人民法院关于公布失信被执行人名单信息的若干规定》(2017 年修正，2017 年 5 月 1 日实施）

第一条 被执行人未履行生效法律文书确定的义务，并具有下列情形之一的，人民法院应当将其纳入失信被执行人名单，依法对其进行信用惩戒：

（一）有履行能力而拒不履行生效法律文书确定义务的；

（二）以伪造证据、暴力、威胁等方法妨碍、抗拒执行的；

（三）以虚假诉讼、虚假仲裁或者以隐匿、转移财产等方法规避执行的；

（四）违反财产报告制度的；

（五）违反限制消费令的；

（六）无正当理由拒不履行执行和解协议的。

3.《最高人民法院关于执行案件立案、结案若干问题的意见》（法发〔2014〕26 号，2015 年 1 月 1 日实施）

第十六条 有下列情形之一的，可以以"终结本次执行程序"方式结案：

（一）被执行人确无财产可供执行，申请执行人书面同意人民法院终结本次执行程序的；

（二）因被执行人无财产而中止执行满两年，经查证被执行人确无财产可供执行的；

（三）申请执行人明确表示提供不出被执行人的财产或财产线索，并在人民法院穷尽财产调查措施之后，对人民法院认定被执行人无财产可供执行书面表示认可的；

（四）被执行人的财产无法拍卖变卖，或者动产经两次拍卖、不动产或其他财产权经三次拍卖仍然流拍，申请执行人拒绝接受或者依法不能交付其抵债，经人民法院穷尽财产调查措施，被执行人确无其他财产可供执行的；

（五）经人民法院穷尽财产调查措施，被执行人确无财产可供执行或虽有财产但不宜强制执行，当事人达成分期履行和解协议，且未履行完毕的；

（六）被执行人确无财产可供执行，申请执行人属于特困群体，执行法院已经给予其适当救助的。

终结本次执行程序应当制作裁定书，送达申请执行人。裁定应当载明案件的执行情况、申请执行人债权已受偿和未受偿的情况、终结本次执行程序的理由，以及发现被执行人有可供执行财产，可以申请恢复执行等内容。

依据本条第一款第（二）、（四）、（五）、（六）项规定的情形裁定终结本次执行程序前，应当告知申请执行人可以在指定的期限内提出异议。申请执行人提出异议的，应当另行组成合议庭组织当事人就被执行人是否有财产可供执行进行听证；申请执行人提供被执行人财产线索的，人民法院应当就其提供的线索重新调查核实，发现被执行人有财产可供执行的，应当继续执行；经听证认定被执行人确无财产可供执行，申请执行人亦不能提供被执行人有可供执行财产的，可以裁定终结本次执行程序。

本条第一款第（三）、（四）、（五）项中规定的"人民法院穷尽财产调查措施"，是指至少完成下列调查事项：

（一）被执行人是法人或其他组织的，应当向银行业金融机构查询银行存款，向有关房地产管理部门查询房地产登记，向法人登记机关查询股权，向有关车管部门查询车辆等情况；

（二）被执行人是自然人的，应当向被执行人所在单位及居住地周边群众调查了解被执行人的财产状况或财产线索，包括被执行人的经济收入来源、被执行人到期债权等。如果根据财产线索判断被执行人有较高收入，应当按照对法人或其他组织的调查途径进行调查；

（三）通过最高人民法院的全国法院网络执行查控系统和执行法院所属高级人民法院的"点对点"网络执行查控系统能够完成的调查事项；

（四）法律、司法解释规定必须完成的调查事项。

人民法院裁定终结本次执行程序后，发现被执行人有财产的，可以依申请执行人的申请或依职权恢复执行。申请执行人申请恢复执行的，不受申请执行期限的限制。

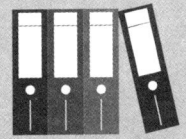

根治农民工欠薪典型案例

浙江某房地产开发公司拖欠619名农民工工资行政非诉执行监督案

——监督法院依法启动执行程序，及时防范化解重大风险，推动农民工欠薪问题依法治理

基本案情

2016年7月25日，浙江省某市某区人力资源和社会保障局（以下简称某区人社局）作出××劳监决字〔2016〕第1号行政处理决定书，要求浙江某房地产开发公司（民营企业，以下简称某公司）在收到处理决定书之日起10日内，全额支付拖欠某项目阮某某等786名工人工资共计25438220元，并于2016年7月25日向某公司留置送达行政处理决定。后某公司在规定期限内未履行，且既未申请行政复议，也未提起行政诉讼。

2017年1月13日，某区人社局催告某公司履行无果，遂于2017年3月8日向某市某区人民法院申请强制执行。2017年3月13日，某市某区人民法院作出（2017）浙0702行审48号行政裁定书，裁定准予强制执行某区人社局作出的××劳监决字〔2016〕第1号行政处理决定书，由申请人某区人社局负责实施。后通过某公司自行支付和法院执行的方式结清了阮某庆等167名工人工资，仍有苏某某等619名工人工资被拖欠。因某区人社局无强制执行能力，且该案涉及众多工人工资，易引发经济纠纷和社会矛盾，甚至可能侵害其他债权人权益，某区人社局难以通过行政手段对工资数额进行确认。2018年3月11日，某区人社局再次向法院申请强制执行某公司剩余拖欠的苏某某等619名工人工资。法院未予执行。

检察机关监督情况

某市某区人民检察院在履职过程中发现本案线索,于2018年11月13日受理,调取了该案的相关材料,包括行政裁定书、民事裁定书、人社局行政处理决定书、拍卖材料、施工合同纠纷案等,询问了某公司主要负责人,走访听取了部分农民工当事人的意见。

某市某区人民检察院调查发现,2016年6月23日,某市某区人民法院立案受理了原告某公司诉被告浙江某置业有限公司建设工程施工合同纠纷一案,并于2016年7月6日作出民事调解书,某区人民法院依据该民事调解书于2016年7月22日作出执行裁定:冻结、划拨被执行人浙江某置业有限公司的银行存款2000万元,或查封、扣押其相应价值的财产。执行裁定作出后,浙江某置业有限公司的部分房产被依法拍卖,相应的2000万元拍卖款被法院提扣未处置。

某区人民检察院认为,根据浙江省"裁执分离"相关规定,对罚款、征收社会抚养费等涉及金钱给付义务、具有人身专属性质的作为义务的行政决定的执行,一般不适用"裁执分离"。某区人民法院裁定准予强制执行某区人社局作出的行政处理决定,由没有强制执行能力的某区人社局负责实施,显属不当。本案的被执行人某公司经法院裁定执行后未完全履行义务,拖欠619名工人工资款已多年,严重损害农民工群体合法权益,应当继续履行。而某公司经与浙江某置业有限公司一案胜诉后,已有2000万元被某区人民法院提扣,有财产可供执行,某区人民法院在执行本案过程中未予执行,在某区人社局再次申请执行后法院仍未执行,确有不当。2018年11月23日,某区人民检察院向某区人民法院发出执行监督检察建议,建议法院对某公司拖欠的工人工资依法予以执行。同时,某区人民检察院加强与法院、人社局的沟通,研讨论证解决拖欠薪资问题的最佳方案,在各劳动者薪资金额经民事调解书确认的情况下,确定在涉案公司相关的债权债务中工人工资优先受偿,并督促法院执行到位。

某区人民法院收到检察建议书后,高度重视,及时对某公司的债权债务关系进行集中梳理,并于2018年11月28日作出处理决定,将某公司作为债权人拍卖浙江某置业有限公司房产所得的款项执行给拖欠的工人工资。该部分拖欠的工资共计 1000 余万元已履行完毕。

指导意义

农民工欠薪问题一直是社会广泛关注的焦点问题，不仅关系广大农民工的切身利益，也影响社会的和谐稳定。各级人民检察院应加大对拖欠农民工工资案件的监督力度，推进农民工欠薪问题依法治理。本案的欠薪问题涉及数百人，持续多年未得到妥善解决，集聚式的信访、围堵事件时有发生。被欠薪民工与某公司的对立情绪日益加剧且有向政府部门转移的倾向，案件已极易引发社会性系统风险矛盾。某区人民法院裁定准予强制执行某区人社局作出的行政处理决定，由申请人某区人社局负责实施，根据浙江省"裁执分离"相关规定，法院对此案作"裁执分离"显属不当；某区人社局再次向法院申请强制执行，法院未采取任何执行措施，导致该案一直未执行完毕。某区人民检察院通过监督法院依法启动执行程序，督促法院将某公司作为债权人的拍卖所得款项优先执行给拖欠的农民工工资，及时防范化解重大风险。同时，某区人民检察院充分发挥行政检察"一手托两家"作用，对此类案件反映出的劳动合同备案制度缺乏强制性、劳务保证金监管不严格等一系列问题，建议行政机关进一步解决和落实，建立健全制度机制，推进农民工欠薪问题依法治理。

相关法律规定

1. 《最高人民法院关于适用〈中华人民共和国行政诉讼法〉的解释》（法释〔2018〕1 号，2018 年 2 月 8 日实施）

第一百六十条 人民法院受理行政机关申请执行其行政行为的案件后，应当在七日内由行政审判庭对行政行为的合法性进行审查，并作出是否准予执行的裁定。

人民法院在作出裁定前发现行政行为明显违法并损害被执行人合法权益的，应当听取被执行人和行政机关的意见，并自受理之日起三十日内作出是否准予执行的裁定。

需要采取强制执行措施的,由本院负责强制执行非诉行政行为的机构执行。

2.《浙江省高级人民法院关于推进和规范全省非诉行政执行案件"裁执分离"工作的纪要(试行)》

第三条 "裁执分离"可以适用于以下非诉行政执行案件:

(一)国有土地上房屋征收补偿案件及拆迁裁决案件;

(二)集体土地征收中责令交出土地及房屋拆迁裁决案件;

(三)根据《土地管理法》作出的责令限期拆除违法建筑、恢复原状等行为罚案件;

(四)人民法院与相关行政机关协商一致后同意实施"裁执分离"的案件。

第四条 对罚款、征收社会抚养费等涉及金钱给付义务、具有人身专属性质的作为义务的行政决定的执行,一般不适用"裁执分离"。

云南某旅游公司拖欠 111 名农民工工资行政非诉执行监督案

——监督法院依法及时执行，推动农民工欠薪案件优先办理，化解社会矛盾隐患

基本案情

某市某旅游开发有限公司（以下简称某旅游公司）2017 年 11 月至 2018 年 7 月期间拖欠其员工工资 110.163 万元，2019 年 1 月 3 日，某县人力资源和社会保障局（以下简称某县人社局）依法对某旅游公司作出行政处罚决定（已执行）和×人社理决字（2019）1 号劳动保障监察行政处理决定。2019 年 1 月 4 日，某县人社局将行政处理决定书送达，要求某旅游公司支付员工工资。后某旅游公司陆续补发了员工部分工资共计 53.4781 万元，但还拖欠员工工资共计 56.6849 万元。2019 年 8 月 2 日，某县人社局向某旅游公司送达了《催告通知书》。因某旅游公司在规定的期限内既未申请行政复议，也未向人民法院起诉，又未完全履行某县人社局作出的行政处理决定，某县人社局于 2019 年 8 月 22 日向某县人民法院申请强制执行：（1）依法支付 57 名离职员工工资 22.7959 万元；（2）依法支付 54 名在职员工工资 33.889 万元。某县人民法院于 2019 年 8 月 28 日立案，2019 年 9 月 9 日作出行政裁定，裁定准予强制执行人社局作出的行政处理决定。截至 12 月中旬，寻甸县人民法院未予执行。

检察机关监督情况

某市某县人民检察院在履职中发现线索，依职权监督。经查阅案卷、

走访调查，某县人民检察院审查认为，该案被拖欠工资的 111 名员工大多数是农村工，被拖欠时间已 2 年多，很多人生活困难，农民工群体不满情绪滋生。加之该案执行已临近春节，农民工迫切希望能早日拿到工资返乡欢度春节，得不到及时执行导致不稳定因素增加。为使农民工尽快拿到工资，尽早消除社会矛盾隐患，2019 年 12 月 24 日，某县人民检察院向某县人民法院发出改进工作的检察建议，建议法院根据《最高人民法院关于深化执行改革健全解决执行难长效机制的意见——人民法院执行工作纲要（2019-2023）》第 21 条，"建立涉民生案件执行长效机制，将传统节日涉民生专项执行活动与日常工作机制相结合，坚持优先立案、优先执行、优先发放执行案款，维护群众切身利益"规定的原则，对某旅游公司拖欠员工工资行政非诉执行一案依法及时执行，切实保障农民工合法权益、化解矛盾纠纷。某县人民法院于 2019 年 12 月 26 日书面回复称，已积极和双方当事人沟通，要求被执行人在 2019 年 12 月 30 日前将所有案款全部履行完毕。经某县人民检察院跟踪落实情况，2019 年 12 月 27 日某旅游公司已将全部欠款履行完毕。

指导意义

根据相关法律和规范性文件规定，涉及拖欠农民工工资类案件进入审判执行的，应当作为重点民生案件纳入速执程序，加大力度、优先办理。本案中，某旅游公司长期拖欠员工工资，虽然法院在执行该案中不存在怠于执行的违法情形，但根据"速执""优先"等原则，应当加快执行进程，且该案涉及人数众多，进入执行阶段已年终岁末，传统节日春节临近，如不及时执行很可能会引发社会矛盾。某县人民检察院向某县人民法院提出改进工作检察建议，建议法院及时执行，尽早化解社会矛盾隐患。法院采纳检察建议，法检两院共同推进拖欠农民工工资问题得到解决，有效保障了农民工的合法利益，消除了社会不稳定因素，取得良好的法律效果和政治效果、社会效果。

相关法律规定

1. 《最高人民法院关于适用〈中华人民共和国行政诉讼法〉的解释》（法释〔2018〕1号，2018年2月8日实施）

第一百六十条 人民法院受理行政机关申请执行其行政行为的案件后，应当在七日内由行政审判庭对行政行为的合法性进行审查，并作出是否准予执行的裁定。

人民法院在作出裁定前发现行政行为明显违法并损害被执行人合法权益的，应当听取被执行人和行政机关的意见，并自受理之日起三十日内作出是否准予执行的裁定。

需要采取强制执行措施的，由本院负责强制执行非诉行政行为的机构执行。

2. 《最高人民法院关于深化执行改革健全解决执行难长效机制的意见——人民法院执行工作纲要（2019-2023）》（法发〔2019〕16号，2019年6月3日实施）

（四）健全现代化执行工作机制

21. 健全特殊案件执行工作机制。对涉党政机关、涉军、涉民生等特殊案件实行分类管理，形成常态化专项执行机制。健全军地法院执行协作机制，妥善处理军地互涉执行案件，为国防和军队建设提供良好法治环境。完善涉党政机关执行案件沟通协调机制，通过定期与党委政法委联合通报、督办约谈，与发展改革委等部门开展联合信用惩戒，实行综治考核，将涉诉政府债务清偿纳入预算管理等方式，促进党政机关带头履行生效裁判。建立涉民生案件执行长效机制，将传统节日涉民生专项执行活动与日常工作机制相结合，坚持优先立案、优先执行、优先发放执行案款，维护群众切身利益。2020年底前，建立涉党政机关、涉军、涉民生等特殊案件执行信息系统，实现网上查询、汇总、督办功能。

3. 《最高人民法院关于在2017年元旦、春节期间开展涉民生案件集中执行行动的通知》（法明传〔2016〕759号，2016年12月8日实施）

党的十八届六中全会强调，必须贯彻党的群众路线，为群众办实事、解难事，当好人民公仆，千方百计为群众排忧解难。最高人民法院一直以来对涉民生案件,尤其对涉农民工工资案件的执行工作高度重视,多次开展专项活动,不断要求加大执行力度。但是也应该看到,涉民生案件执行依然困难,尤其是拖欠农民工工资等问题依然严峻。在2017年元旦、春节来临之际,为贯彻党的十八届六中全会精神,让人民群众过上一个欢乐祥和的节日,各级法院要坚持一贯做法,在2016年12月12日至2017年2月11日期间,开展集中执行行动,切实加大对涉民生案件的执行力度,并着力做好以下几个方面的工作:

一、多措并举,尽快促使涉民生案件得到有效执行

4. 积极完善优先执行机制。各地法院要积极开辟绿色通道,做到优先接待、优先立案、优先执行、优先兑付执行款,减少不必要的环节,提高执行效率。

江西桂某某拖欠7名农民工工资行政非诉执行监督案

——依法、全面监督行政非诉执行活动，精准落实对农民工合法权益的充分保护

基本案情

2015年，桂某某承包了江西省某市某区一广场基础设施建设工程，并聘请农民工朱某顺、朱某千等7人为其承包的工程施工，工程结束后一直未支付上述7人的工资。2016年底，朱某顺、朱某千等7人向该区人力资源和社会保障局劳动监察局（以下简称区人社局）投诉反映桂某某拖欠其工资79934元。经区人社局依法督促，桂某某仍未支付拖欠朱某顺等人的工资。2017年3月，区人社局对桂某某作出《劳动保障监察行政处理决定书》（×人社监理〔2015〕6号），责令桂某某在7日内支付朱某顺、朱某千等7人被拖欠工资人民币79934元，逾期不予支付的，还应按照应付金额79934元的50%向朱某顺等人加付赔偿金39967元。处罚决定作出后，桂某某在法定期限内既未申请行政复议，也未向法院提起行政诉讼。2017年11月，区人社局向区人民法院申请强制执行。区人民法院于2017年11月13日作出（2017）赣0622执433号准予执行裁定。2018年2月13日，区人民法院以无财产可供执行对该案作出终结本次执行程序的执行裁定书。

检察机关监督情况

2019年9月，某区人民检察院在办案过程中发现该案线索，遂调取了

区人民法院执行卷宗。经审查,发现区人民法院在办理该行政非诉执行案件中,存在以下违法情形:(1)适用法律错误。区人民法院在执行中未发现桂某某有可供执行的财产后,适用《中华人民共和国民事诉讼法》第二百五十七条第(六)项关于终结执行的规定裁定终结本次执行程序,属适用法律错误。(2)适用终结本次执行程序不符合法律规定。《最高人民法院关于严格规范终结本次执行程序的规定(试行)》第一条规定:"人民法院终结本次执行程序,应当同时符合下列条件:(一)已向被执行人发出执行通知、责令被执行人报告财产;(二)已向被执行人发出限制消费令,并将符合条件的被执行人纳入失信被执行人名单;(三)已穷尽财产调查措施,未发现被执行人有可供执行的财产或者发现的财产不能处置;……"。调查发现,区人民法院裁定"限制其高消费并将其纳入失信被执行人名单",但实际并未将被执行人纳入失信被执行人名单。同时,区人民法院亦未按《最高人民法院关于严格规范终结本次执行程序的规定(试行)》第五条的规定,将终结本次执行程序的依据及法律后果等信息告知申请执行人,也没有认真听取申请执行人的意见和制作执行笔录。此外,该案还存在受理执行申请审查材料不严、文书制作不规范等问题。

2019年10月29日,某区人民检察院向某区人民法院发出检察建议,建议法院:正确适用终结执行或终结本次执行程序的相关法律规定;在执行中规范终结本次执行的程序,向申请执行人充分履行告知义务,制作执行笔录,认真听取申请执行人的意见;依法规范执行申请的受理,全面审查申请执行的法定申请材料;规范相关法律文书制作。

同时,某区人民检察院主动与区人社局进行沟通,建议区人社局共同督促桂某某尽快支付朱某顺等7人的工资,充分保障农民工权益,并加强和严格规范今后的行政非诉执行申请工作。某区人民检察院以此起案件办理为契机,进一步加强与区人社局的协同合作,建立农民工讨薪信息共享机制,合力保障农民工合法权益。此外,还将桂某某拒不支付农民工资的案件线索移送该院刑检部门处理。本案通过上述多方共同努力,桂某某已承诺分期支付拖欠的工资,在端午节前支付完毕。

2019年11月10日,某区人民法院给区人民检察院书面回复,已全部采纳检察建议,对该案存在问题进行纠正和补正。同时,结合该起行政非诉执行案件反映出的问题,区人民法院通过进一步加强业务培训,提高审判人员的业务素质和办案水平等方式,有针对性地进行了认真整改。

指导意义

对涉及拖欠农民工工资的行政非诉执行案件,检察机关秉持实体与程序并重的原则,对行政非诉执行立案、审查、裁定和执行实施各环节进行全面审查和监督,有利于精准落实对农民工合法权益的充分保护。本案中,区人民检察院对区人民法院在立案、裁定终结本次执行等方面存在的违法情形予以监督,促使区人民法院逐项纠正,并加强业务培训提升审判人员业务素质,促进了人民法院规范司法。同时,区人民检察院没有就案办案、简单结案,而是从切实解决农民工工资问题的角度,积极与区人社局进行沟通,督促桂某某支付朱某顺等7人工资,合力推动拖欠农民工工资问题解决。区人民检察院以此案为契机,与区人社部门建立农民工讨薪信息共享等维护农民工合法权益的长效机制。

相关法律规定

1.《中华人民共和国民事诉讼法》(2017年7月1日实施)

第二百五十七条 有下列情形之一的,人民法院裁定终结执行:

(一)申请人撤销申请的;

(二)据以执行的法律文书被撤销的;

(三)作为被执行人的公民死亡,无遗产可供执行,又无义务承担人的;

(四)追索赡养费、扶养费、抚育费案件的权利人死亡的;

(五)作为被执行人的公民因生活困难无力偿还借款,无收入来源,又丧失劳动能力的;

(六)人民法院认为应当终结执行的其他情形。

2.《最高人民法院关于严格规范终结本次执行程序的规定(试行)》(法〔2016〕373号,2016年12月1日实施)

第一条 人民法院终结本次执行程序,应当同时符合下列条件:

(一)已向被执行人发出执行通知、责令被执行人报告财产;

（二）已向被执行人发出限制消费令，并将符合条件的被执行人纳入失信被执行人名单；

（三）已穷尽财产调查措施，未发现被执行人有可供执行的财产或者发现的财产不能处置；

（四）自执行案件立案之日起已超过三个月；

（五）被执行人下落不明的，已依法予以查找；被执行人或者其他人妨害执行的，已依法采取罚款、拘留等强制措施，构成犯罪的，已依法启动刑事责任追究程序。

第五条 终结本次执行程序前，人民法院应当将案件执行情况、采取的财产调查措施、被执行人的财产情况、终结本次执行程序的依据及法律后果等信息告知申请执行人，并听取其对终结本次执行程序的意见。

人民法院应当将申请执行人的意见记录入卷。

检察建议书

某市某区人民检察院
检察建议书

××检察民（行）执监［2019］××号

本院对你院关于某区人力资源和社会保障局对桂某某作出的《劳动保障监察行政处理决定书》×人社监理［2015］6号一案的执行活动进行了审查，并于2019年9月26日决定受理，现已审查终结。

现查明：2017年3月21日，某区人力资源和社会保障局作出×人社监理［2015］6号《劳动保障监察行政处理决定书》责令桂某某在收到决定书7日内支付朱某顺等7人被拖欠工资79934元。2017年11月2日，某区人力资源和社会保障局出具证明确认该决定书自2017年9月24日起发生法律效力。桂某某在行政处理决定书作出后6个月内未申请行政复议，亦未提起行政诉讼。同日，某区人力资源和社会保障局作出《行政处理强制执行申请书》。该局在申请强制执行前并未向桂某某发出书面催告文书，申请执行时亦未依法提供齐全的申请材料。但你院在办理该执行案件中并未注意上述问题，于 2018 年 2 月 13 日作出《执行裁定书》终结了本次执行程序。本院认为，你院在办理该执行案件的过程中存在以下违法情形：

一、受理申请执行的程序违法

根据《最高人民法院关于适用〈中华人民共和国行政诉讼法〉的解释》第一百五十五条规定"行政机关申请人民法院执行，应当提交行政强制法第五十五条规定的相关材料。"《中华人民共和国行政强制法》第五十五条规定"行政机关向人民法院申请强制执行应当提供下列材料：（一）强制执行申请书；（二）行政决定书及作出决定的事实、理由和依据；（三）当事人的意见及行政机关催告情况；（四）申请强制执行标的情况；（五）法律、行政法规规定的其他材料。强制执行申请书应当由行政机关负责人签名，加盖行政机关的印章并注明日期。"《中华人民共和国行政强制法》第五十四条规定"行政机关申请人民法院强制执行前，应当催告当事人履行义务。催告书送达十日后当事人仍未履行义务的，行政机关可以向所在地有管辖权的人民法院申请强制执行"，余江区人力资源和社会保障局未依法提供齐全的申请材料而你院却予以受理，违反了上述规定。

二、适用法律错误

《中华人民共和国民事诉讼法》第二百五十七条第六项"有人民法院认为应当终结执行的其他情形，人民法院裁定终结执行"，该条款是适用于终结执行的规定。而你院却适用该条款作出终结本次执行程序的裁定，属于适用法律错误。

三、终结本次执行程序的前置条件欠缺

《最高人民法院关于严格规范终结本次执行程序的规定（试行）》第一条规定："人民法院终结本次执行程序，应当同时符合条件：（一）已向被执行人发出执行通知、责令被执行人报告财产；（二）已向被执行人发出限制消费令，并将符合条件的被执行人纳入失信被执行人名单；（三）已穷尽财产调查措施，未发现被执行人有可供执行的财产或者发现的财产不能处置。"你院的执行卷宗中未发现有将符合条件的被执行人纳入失信被执行人名单的材料。

《最高人民法院关于严格规范终结本次执行程序的规定（试行）》第五条规定："终结本次执行程序前，人民法院应当将案件执行情况、采取的财产调查措施、被执行人的财产情况、终结本次执行程序的依据及法律后果等信息告知申请执行人,并听取其对终结本次执行程序的意见。人民法院应当将申请执行人的意见记录入卷。"但你院未将终结本次执行程序的依据及法律后果等信息告知申请执行人,未认真听取申请执行人的意见和制作执行笔录,《执行措施采取情况告知书》上未加盖申请执行单位公章。综上,该案不具备终结本次执行程序的前置条件。

四、文书制作不规范

你院于2018年2月13日作出的《执行裁定书》中,存在"未注明申请执行人的法定代表人职务、被执行人职业和文化程度,连续的语句中出现内容空白"等文书制作不规范情形。《执行裁定书》中所述"申请执行人同意终结本次执行程序"缺乏相应的佐证材料,《执行局案件分配单》中执行依据填写的"(2016)赣0622民初918号民事判决书"与本案无关。

综上所述,根据《中华人民共和国行政诉讼法》第十一条"人民检察院有权对行政诉讼实行法律监督"及《人民检察院行政诉讼监督规则(试行)》第三十一条第一项规定,特提出检察建议:

一、依法规范执行申请的受理,全面审查申请执行的法定申请材料;

二、正确适用终结执行或终结本次执行程序的相关法律规定;

三、在执行中规范终结本次执行的程序,向申请执行人充分履行告知义务,制作执行笔录,认真听取其意见;

四、规范你院相关法律文书制作。

请在收到检察建议后三个月将处理结果书面回复本院。

此致
某市某区人民法院

20××年×月×日

湖北某劳务有限公司拖欠李某某等工资行政非诉执行监督案

——监督法院怠于执行违法情形，有效保护农民工合法权益

基本案情

2014年，湖北某劳务有限公司（以下简称某劳务公司）与某城市建设集团工程有限公司分公司达成协议，由某劳务公司承包某市农贸市场建设工程的劳务。2015年5月，重庆籍农民工李某某、郭某某2人向某市人力资源和社会保障局（以下简称市人社局）投诉劳务公司拖欠工资。经市人社局立案调查，发现劳务公司农贸市场工程项目分别欠下郭某某等人的劳务工资合计471545.81元。2015年8月28日，市人社局作出劳动保障监察限期改正指令书，要求某劳务公司于2015年9月7日前支付郭某某等工人工资471545.81元。同年9月22日，市人社局作出劳动保障监察行政处理决定书，要求某劳务公司于2015年10月19日前支付郭某某等工人工资471545.81元，加付郭某某等工人赔偿金235772.905元。因某劳务公司未按照要求改正和执行，2016年5月27日，市人社局依法向市人民法院申请强制执行。市人民法院于2016年7月6日作出准予执行行政裁定后，在银行、车辆信息、京东、支付宝、财付通账户中未获取该公司相关开户信息。2016年11月23日，市人民法院以未查到被执行某劳务公司可供执行的财产为由，裁定终结本次执行程序。

检察机关监督情况

2018年12月24日，李某某向某市人民检察院申请监督。当阳市人民检

察院依法受理并开展了调查工作。经调查查明：（1）某劳务公司法定代表人为杨某某。该公司于 2004 年 9 月 24 日注册成立，股东为杨某某（法定代表人）、杜某某。杨某某户籍已于 2004 年 12 月 31 日迁址北京市××区××号。（2）公司登记地址虚假。经查发现 2013 年杨某某使用已作废的户籍身份证进行公司变更登记，公司变更住所为西陵区桃花岭××号，该地址根本不存在。公司及其法定代表人联系电话均已停用。（3）该公司有支付能力。该公司至今仍在大量承接劳务的情况，其中 2015 年至 2018 年底该公司企业所得税应税收入累计高达 800 余万元，实际缴纳税额达 50 余万元。

某市人民检察院经审查认为，某市人民法院在该案办理中存在怠于执行的违法情形：（1）未依法将某劳务公司纳入失信被执行人员名单。本案中，某劳务公司承接大量工程，且纳税交易记录频繁和纳税金额较大，该公司有履行能力却拒不履行。某市人民法院未将其纳入失信被执行人员名单，违反了《最高人民法院关于公布失信被执行人名单信息的若干规定》第一条规定。（2）未穷尽调查措施即裁定终结本次执行程序。人民法院终结本次执行程序前，应查明被执行人财产状况和履行义务能力。本案中，某市人民法院仅调查公司银行、车辆信息、京东、支付宝等网络查控信息，对该公司金融理财产品等未实现网络查控的财产没有进行现场调查。在没有查明公司财产状况、未穷尽调查措施的情况下裁定终结本次执行程序违法。

某市人民检察院向某市人民法院发出检察建议：（1）依法恢复该案执行程序，将某劳务公司纳入失信被执行人员名单；（2）加大力度，采取有力措施将本案所拖欠农民工工资执行完毕；（3）严格依照法律规定适用终结本次执行程序。同时，某市人民检察院发现某劳务公司可能涉嫌构成拒不支付劳动报酬罪，将该线索向当地公安机关进行了移送。本文写作时，公安机关仍未立案，某市人民检察院已跟进侦查监督。

2019 年 3 月 21 日，某市人民法院书面回复采纳检察建议，对该案复查并采取了以下措施：（1）恢复对（2016）鄂××行审××号行政裁定书的执行程序；（2）组织人员对某劳务公司纳税交易记录及金融理财产品等情况进行调查，进一步加大对涉及农民工拖欠工资的执行力度；（3）依法对某劳务公司进行信用惩戒。同时表示将在检察机关监督支持下，进一步规范执行活动，采取有效措施杜绝各类违法违纪行为发生。目前该案已全部执行完毕。

指导意义

涉农民工工资案件系重点涉民生案件,人民法院在执行中,需优先安排人力、物力,用足、用尽执行措施,严格依法适用终结本次执行程序,避免因违法适用终结本次执行程序结案,造成农民工工资长期得不到执行。本案中,某市人民检察院充分运用调查核实权,准确掌握存在问题及产生原因,对法院怠于执行和违法终结本次执行程序的行为依法予以监督纠正;同时,将某劳务公司涉嫌拒不支付劳动报酬犯罪线索依法移交公安机关,促进多部门协作配合、齐抓共管,增强监督刚性,加大对恶意拖欠农民工工资行为打击力度,有效保护农民工合法权益。

相关法律规定

1.《最高人民法院关于公布失信被执行人名单信息的若干规定》(法释〔2013〕17号,2013年10月1日实施)

* 该解释于2017年被修订,发文字号为法释〔2017〕7号,2017年5月1日实施。

第一条 被执行人具有履行能力而不履行生效法律文书确定的义务,并具有下列情形之一的,人民法院应当将其纳入失信被执行人名单,依法对其进行信用惩戒:

(一)以伪造证据、暴力、威胁等方法妨碍、抗拒执行的;

(二)以虚假诉讼、虚假仲裁或者以隐匿、转移财产等方法规避执行的;

(三)违反财产报告制度的;

(四)违反限制高消费令的;

(五)被执行人无正当理由拒不履行执行和解协议的;

(六)其他有履行能力而拒不履行生效法律文书确定义务的。

2.《最高人民法院关于执行案件立案、结案若干问题的意见》(法发〔2014〕26号,2015年1月1日实施)

第十六条第一款 有下列情形之一的,可以以"终结本次执行程序"

方式结案：

（一）被执行人确无财产可供执行，申请执行人书面同意人民法院终结本次执行程序的；

（二）因被执行人无财产而中止执行满两年，经查证被执行人确无财产可供执行的；

（三）申请执行人明确表示提供不出被执行人的财产或财产线索，并在人民法院穷尽财产调查措施之后，对人民法院认定被执行人无财产可供执行书面表示认可的；

（四）被执行人的财产无法拍卖变卖，或者动产经两次拍卖、不动产或其他财产权经三次拍卖仍然流拍，申请执行人拒绝接受或者依法不能交付其抵债，经人民法院穷尽财产调查措施，被执行人确无其他财产可供执行的；

（五）经人民法院穷尽财产调查措施，被执行人确无财产可供执行或虽有财产但不宜强制执行，当事人达成分期履行和解协议，且未履行完毕的；

（六）被执行人确无财产可供执行，申请执行人属于特困群体，执行法院已经给予其适当救助的。

第十六条第五款 本条第一款第（三）（四）（五）项中规定的"人民法院穷尽财产调查措施"，是指至少完成下列调查事项：

（一）被执行人是法人或其他组织的，应当向银行业金融机构查询银行存款，向有关房地产管理部门查询房地产登记，向法人登记机关查询股权，向有关车管部门查询车辆等情况；

（二）被执行人是自然人的，应当向被执行人所在单位及居住地周边群众调查了解被执行人的财产状况或财产线索，包括被执行人的经济收入来源、被执行人到期债权等。如果根据财产线索判断被执行人有较高收入，应当按照对法人或其他组织的调查途径进行调查；

（三）通过最高人民法院的全国法院网络执行查控系统和执行法院所属高级人民法院的"点对点"网络执行查控系统能够完成的调查事项；

（四）法律、司法解释规定必须完成的调查事项。

河南某文化传播公司拖欠王某某等工资行政非诉执行监督案

——监督法院违法执行终结情形，确保行政处罚决定全面履行，促农民工欠薪问题解决

基本案情

2017年9月26日，王某某、张某（系农民工）因河南某文化传播有限公司（以下称某文化公司）拖欠其工资，向某市人力资源和社会保障局投诉，该局于2017年11月22日作出《劳动保障监察行政处罚决定书》，河南某文化公司未申请复议也未提起诉讼。2018年5月28日经市人力资源和社会保障局催告，某文化公司仍未履行法定义务。2018年8月10日，某市人力资源和社会保障局向该市某区人民法院申请强制执行。某区人民法院于2018年8月20日作出准予执行行政裁定，2018年11月6日向被执行人送达执行通知书、报告财产令、执行决定书及限制高消费令。2019年3月21日，某文化公司分别与王某某、张某签订执行和解协议书，协议将欠王某某的工资7716元、欠张某的工资1万元分两次支付，2019年8月30日支付完毕。2019年3月26日，某区人民法院以双方当事人达成和解协议为由作出执行终结裁定。

在和解协议规定的时间内，被执行人某文化公司并未按约定支付工资，某区人民法院也未对该公司采取强制措施督促其履行和解协议内容。

检察机关监督情况

某区人民检察院在"依法履行监督职能帮助解决农民工讨薪"专项活

动中发现，某区人民法院在执行某文化公司拖欠王某某、张某工资一案中存在违法行为，导致行政处罚决定内容不能得到全面落实，遂依职权进行监督。

某区人民检察院审查认为，在本案执行阶段，王某某、张某与某文化公司达成和解协议尚未履行，某区人民法院即做出终结执行的裁定，违反了《最高人民法院关于人民法院执行工作若干问题的规定（试行）》第87条关于和解协议合法有效并已履行完毕人民法院方可作执行结案处理的规定。而后某文化公司在和解协议规定的时间内并未实际支付王某某、张某工资，某区人民法院亦未对某文化公司继续采取执行措施。某区人民检察院经查询，被执行人某文化公司仍处于正常运营中。

2019年12月1日，某区人民检察院向某区人民法院发出检察建议，建议其依法纠正违法情形，恢复该案执行，对被执行人某文化公司依法采取信用惩戒措施，督促被执行人尽快支付王某某、张某工资，使当事人合法权益尽早实现。

2019年12月24日，某区人民法院书面回复采纳检察建议，已对本案恢复执行，责令被执行人某文化公司全面支付工资，该公司分别于2019年12月9日和2019年12月31日全额支付王某某和张某工资；表示以该案引以为戒，吸取教训，严格按照法定程序行使职权。

指导意义

人民检察院在办理行政非诉执行监督案件过程中，应查明法院在执行中存在的违法情形，既要依法纠正法院执行中存在的问题，又要注重为案件当事人解决实际问题。根据相关规定，执行过程中当事人签订合法有效执行和解协议，和解协议须履行完毕人民法院方可执行结案；一方当事人不履行或者不完全履行，对方当事人申请执行原生效法律文书的，人民法院应当恢复执行。本案中，某区人民检察院发现某区人民法院在双方当事人和解协议签订、尚未履行时便终结执行，在被执行人实际未履行后又未采取执行措施，存在违法执行终结、怠于履行执行职责的行为，依法提出监督意见；同时，某区人民检察院对两名劳动者是否实际拿到工资、被执行人某公司实际运营等情况进行调查核实，督促用人企业全额支付拖欠薪酬，保障劳动者的合法权益，规范了法院执行行为，增强了监督效果。

相关法律规定

《最高人民法院关于人民法院执行工作若干问题的规定（试行）》(2008年调整，2008年12月31日施行)

十、执行担保和执行和解

87. 当事人之间达成的和解协议合法有效并已履行完毕的，人民法院作执行结案处理。

贵州某扶贫搬迁工程涉农民工讨薪事件行政检察监督案

——提前介入矛盾化解,防范重大社会风险,促进完善制度机制,助力根治农民工欠薪

基本案情

2017年8月28日,某县"某县2017年易地扶贫搬迁工程"(二期,以下简称"某扶贫工程")总承包方贵州某建设公司(以下简称某公司)和贵州某建设公司(以下简称某建设公司),分别与分包方甲县某劳务公司签订劳务大清包合同,工程总价35277767.13元,工期为150天。截止到2018年9月,总承包方已支付分包方工程价款29799930元,还有5477837.13元未支付,工程款支付比例已达84.47%。总承包方以分包方不按合同规定提交已支付劳务款29799930元的税务发票进行结算,且总承包方支付比例已达到合同约定的支付比例,分包方有支付农民工工资能力而不支付为由,拒绝支付分包尾款5477837.13元。经查实,分包方确实存在未按合同规定开具29799930元劳务款发票提供给总承包进行结算,存在未按期完成工程建设的行为。总承包方以工程验收不合格为由要求分包方及时整改,而分包方以未结清的工程尾款为由拒不整改。总承包方多次召开项目协商会议,研究整改方案,下发整改通知书,签订后期拨付款项协议等形式促进工程完工,但分包方由于自身资金不足整改不到位,总承包验收不合格再次拒绝支付5477837.13元尾款。双方各持己见,对工程尾款结算一直未达成共识。最终导致拖欠农民工工资500余万元,分包方以农民工林某某为代表的20多名班组长多次到县政府、市政府上访讨薪,激化了社会矛盾,造成恶劣社会影响。

检察机关监督及矛盾化解情况

2018年11月1日,某县人民检察院接到县信访局邀请,提前介入参与某县扶贫工程农民工讨薪事件调解工作。该项目是脱贫攻坚重点扶贫工程,直接影响春节前贫困户按时搬迁入住,事关某县能否如期打赢脱贫攻坚战,社会关注高,矛盾突出。某县人民检察院介入该案后,参与调解10余次,全程跟踪了解进展情况。

在该案处理过程中,某县人民检察院发现该项目没有缴纳务工人员工资保障金,遂建议人社部门先行收缴工资保障金,并对某公司、某建设公司予以督促,落实了缴纳农民工工资保证金690余万元。同时,建议劳动监察部门将分包方涉嫌拒不支付劳动报酬犯罪线索依法移交公安机关。根据当地党委政府要求,某县检察院检察长牵头以召开联席会议的形式调解处理支付农民工工资尾款。经组织调解,总承包方某公司、某建设公司同意采取由其先行清偿,再依法进行追偿的方案,以人社部门收缴的工资保障金先行清偿了农民工工资欠款。

某县人民检察院认为,大量在建工程项目的施工总承包单位未按照规定存储务工人员工资保证金,各建设单位在招用农民工时未落实农民工实名制管理制度,未开设农民工工资(劳务费)专用账户专项支付农民工工资,上述企业行为严重侵害农民工合法权益。根据《贵州省建设工程务工人员工资支付保障金实施办法》《国务院办公厅关于全面治理拖欠农民工工资问题的意见》的规定,人社局对本级农民工资保障金的管理及农民工资权益保障负有法定职责。2018年7月26日,某县检察院向人社局发出改进工作的检察建议,建议人社局依法履行建设工程单位存储务工人员工资保障金的监管职责和农民工劳动报酬保障的监管工作职责。

2018年8月24日,某县人社局书面回复采纳检察建议,采取制发通知、召开全面治理拖欠农民工工资问题工作暨农民工实名制管理工作推进会、全面排查在建项目情况等措施,表示将严格落实保障农民工工资支付工作制度、在建工程项目务工人员工资保障金制度,完善保障农民工权益的相关制度。2019年某县人社部门还部署开展了根治欠薪冬季攻坚行动,及时解决、排除农民工欠薪问题。

检察建议发出后，某县检察院进行持续跟踪监督落实整改。截至 2020 年 4 月，人社部门工资保障金制度运行良好，已收取 82 个工程建设项目缴存务工人员工资保障金 3500 余万元；农民工实名制管理已落实到位，实行实名制管理的工程项目 58 个；实行农民工工资专用账户或银行代付工资的工程项目 39 个；人社部门同时加大了监管力度，办理拖欠农民工工资案件 23 件，帮助农民工讨薪 5000 余万元。合理合法反映诉求也逐渐成为农民工的自觉行为，促进了社会稳定。

指导意义

农民工欠薪问题在工程建设领域表现尤为突出。工程建设领域用工行为引发的欠薪纠纷和信访也成为影响劳动关系和谐稳定的突出因素。检察机关在当地党委领导下，在介入重大复杂农民工欠薪上访案件，与相关部门共同做好矛盾风险化解，严防群体性事件发生的同时，坚持法律监督机关的宪法定位，督促行政机关建立健全制度机制，从源头遏制拖欠农民工工资的现象，维护社会和谐稳定。本案涉及农民工人数较多，多次聚集上访、矛盾突出。某县检察院围绕脱贫攻坚特殊群体利益开展法律监督，把化解矛盾作为工作的着力点，精准掌握情况，沟通协调、释法说理，在办案中化解矛盾，并通过对该案的调查，摸清工程项目建设领域的情况，通过发出检察建议促进行政机关对该领域规范管理，助力根治农民工欠薪问题。

相关法律规定

1.《国务院办公厅关于全面治理拖欠农民工工资问题的意见》（国办发〔2016〕1 号，2016 年 1 月 17 日施行）

二、全面规范企业工资支付行为

（三）明确工资支付各方主体责任。全面落实企业对招用农民工的工资支付责任，督促各类企业严格依法将工资按月足额支付给农民工本人，严禁将工资发放给不具备用工主体资格的组织和个人。在工程建设领域，施工总承包企业（包括直接承包建设单位发包工程的专业承包企业，下同）对所承包工程项目的农民工工资支付负总责，分包企业（包括承包施工总承包企业发包工程的专业企业，下同）对所招用农民工的工资支付负直接责任，不得以工程款未到位等为由克扣或拖欠农民工工资，不得将合同应收工程款等经营风险转嫁给农民工。

（四）严格规范劳动用工管理。督促各类企业依法与招用的农民工签订劳动合同并严格履行，建立职工名册并办理劳动用工备案。在工程建设领域，坚持施工企业与农民工先签订劳动合同后进场施工，全面实行农民工实名制管理制度，建立劳动计酬手册，记录施工现场作业农民工的身份信息、劳动考勤、工资结算等信息，逐步实现信息化实名制管理。施工总承包企业要加强对分包企业劳动用工和工资发放的监督管理，在工程项目部配备劳资专管员，建立施工人员进出场登记制度和考勤计量、工资支付等管理台账，实时掌握施工现场用工及其工资支付情况，不得以包代管。施工总承包企业和分包企业应将经农民工本人签字确认的工资支付书面记录保存两年以上备查。

（五）推行银行代发工资制度。推动各类企业委托银行代发农民工工资。在工程建设领域，鼓励实行分包企业农民工工资委托施工总承包企业直接代发的办法。分包企业负责为招用的农民工申办银行个人工资账户并办理实名制工资支付银行卡，按月考核农民工工作量并编制工资支付表，经农民工本人签字确认后，交施工总承包企业委托银行通过其设立的农民工工资（劳务费）专用账户直接将工资划入农民工个人工资账户。

三、健全工资支付监控和保障制度

（六）完善企业工资支付监控机制。构建企业工资支付监控网络，依托基层劳动保障监察网格化、网络化管理平台的工作人员和基层工会组织设立的劳动法律监督员，对辖区内企业工资支付情况实行日常监管，对发生过拖欠工资的企业实行重点监控并要求其定期申报。企业确因生产经营困难等原因需要延期支付农民工工资的，应及时向当地人力资源社会保障部门、工会组织报告。建立和完善欠薪预警系统，根据工商、税务、银行、水电供应等单位反映的企业生产经营状况相关指标变化情况，定期对重点行业企业进行综合分析研判，发现欠薪隐患要及时预警并做好防范工作。

（七）完善工资保证金制度。在建筑市政、交通、水利等工程建设领域全面实行工资保证金制度，逐步将实施范围扩大到其他易发生拖欠工资的行业。建立工资保证金差异化缴存办法，对一定时期内未发生工资拖欠的企业实行减免措施、发生工资拖欠的企业适当提高缴存比例。严格规范工资保证金动用和退还办法。探索推行业主担保、银行保函等第三方担保制度，积极引入商业保险机制，保障农民工工资支付。

（八）建立健全农民工工资（劳务费）专用账户管理制度。在工程建设领域，实行人工费用与其他工程款分账管理制度，推动农民工工资与工程材料款等相分离。施工总承包企业应分解工程价款中的人工费用，在工程项目所在地银行开设农民工工资（劳务费）专用账户，专项用于支付农民工工资。建设单位应按照工程承包合同约定的比例或施工总承包企业提供的人工费用数额，将应付工程款中的人工费单独拨付到施工总承包企业开设的农民工工资（劳务费）专用账户。农民工工资（劳务费）专用账户应向人力资源社会保障部门和交通、水利等工程建设项目主管部门备案，并委托开户银行负责日常监管，确保专款专用。开户银行发现账户资金不足、被挪用等情况，应及时向人力资源社会保障部门和交通、水利等工程建设项目主管部门报告。

2.《贵州省建设工程务工人员工资支付保障金实施办法》（2014年3月1日施行）

第五条 工资保障金实行专户存储，专项支取，任何单位或者个人不能挪作他用。

第六条 县级以上住房城乡建设、交通运输、水利、国土资源、发展改革、经济和信息化、国资、环境保护、安全监管等部门应当在各自职责范围内督促施工单位在施工前依照规定预存工资保障金。

具有建设工程项目批准开工许可、备案、审查等权限的主管部门应当定期向同级人力资源和社会保障部门通报项目开工名单。

第十一条 施工单位应当在签订施工合同后30日内，向有管辖权的人力资源和社会保障部门办理存储工资保障金的相关手续。

检察建议书

某县人民检察院
检察建议书

×检民（行）行政违监〔2018〕××号

某县人力资源和社会保障局：

  我院在履行工作职责中发现，某县辖区内存在部分建筑、交通运输、水利、通讯、市政、矿山等建设工程项目施工单位未按照规定储存务工人员工资保障金；各类企业在招用农民工时未落实农民工实名制管理制度、未开设农民工工资（劳务费）专业账户，专项支付农民工工资，上述企业的行为严重侵害农民工合法权益。根据《贵州省建设工程务工人员工资支付保障金实施办法》第四条之规定"县级以上人力资源和社会保障部门具体负责本级工资保障金的管理工作"，以及《国务院办公厅关于全面治理拖欠农民工工资问题的意见》（国办发〔2016〕1号）文件的规定，你局对本级农民工资保障金的管理及农民工资权益保障负有法定职责。为保障农民工的合法权益，现根据《人民检察院检察建议工作规定》（试行）第五条，向你局提出如下检察建议：

  建议你局严格执行《贵州省建设工程务工人员工资支付保障金实施办法》及《国务院办公厅关于全面治理拖欠农民工工资问题的意见》的规定，依法履行建设工程务工人员工资保障金的管理工作及农民工劳动报酬的保障工作。

  请于收到本检察建议书后一个月内依法办理，并将办理情况及时书面回复本院。

20××年×月×日

云南某旅游装饰工程公司拖欠邹某某等工资行政检察监督案

——依托府检协作机制，化解工资拖欠争议，促进农民工欠薪问题综合治理

基本案情

云南某旅游装饰工程有限公司（甲方，委托方）与邹某某（乙方，承接方）分别于2016年3月19日、4月10日签订了《施工合同》，合同约定甲方将某家居建材广场委托乙方进行装修施工，工程完工时甲方支付70%的工程价款给乙方，剩余30%的尾款工程验收合格后一个月内结清。装修施工完成后，甲方仍拖欠该项目邹某某等10名农民工工资6万元。

2019年10月11日，人力资源和社会保障部接到邹某某等人投诉，称邹某某等10人自2016年讨薪，始终未得到解决。11月6日，人力资源和社会保障部向云南省根治拖欠农民工工资工作领导小组办公室转去《关于转送涉及你省有关欠薪问题线索的函》。11月8日，云南省根治拖欠农民工工资工作领导小组办公室以云治欠办函（2019）3号《关于请核实处理有关欠薪问题线索的函》，将该情况转至某州人民政府。

检察机关监督及矛盾化解情况

某州人民检察院收到某州人民政府移交给各成员单位的欠薪问题线索，根据工作协作机制立即指定某市人民检察院介入调查。

某市人民检察院经调查查明，该案被欠薪的10名工人系四川到云南务工的农民，2016年4月、5月承接云南某旅游装饰工程有限公司在某家

居建材广场项目建设装修施工,劳务承接代表为邹某某。该项目拖欠 10 名农民工工资从 3000 元到 8000 元不等,共 6 万元。负责该建设项目的是云南某旅游装饰工程有限公司在某州的临时项目部。邹某某等人多次催促临时项目部给付工资,但项目完工后,该临时项目部撤销。云南某旅游装饰工程有限公司财务人员顾某某表示,的确还欠工资 6 万元,但因其他公司欠该公司工程款,且该项目在施工中存在质量问题,所以才没付工钱。某市人力资源和社会保障局认为,云南某旅游装饰工程有限公司总部在昆明,该临时项目部不具备劳动主体资格且已经不存在,其对该公司不具有管辖权。邹某某等人因讨薪无门,直接投诉到人力资源和社会保障部网站。

某市人民检察院审查认为,该案行为地及合同项目地在某家具建材广场,某市人力资源和社会保障局具有管辖权,应当履行监督管理职责。根据《劳动保障监察条例》第二十六条规定、《人民检察院检察建议工作规定》第二条的规定,某市人民检察院向某市人力资源和社会保障局提出检察建议。某市人力资源和社会保障局书面回复表示高度重视,组织劳动保障执法人员进行调查核实,积极督促协调处理好讨薪事宜。

为实质性化解争议,某市人民检察院研究化解方案,搭建沟通平台,组织召开座谈会,向各方释法说理,促进矛盾纠纷化解;人社部门积极跟进,对后续款项的履行进行严格监管。经过多方共同努力,2019 年 11 月 19 日,邹某某等人与某家居建材广场项目负责人协商达成共识,由于施工过程中确实存在质量问题,最终以人民币 3 万元作为所欠工资进行结算。2019 年 11 月 20 日经双方认可后,邹某某签订了《承诺书》,当日云南某旅游装饰工程有限公司财务部实际支付给邹某某 3 万元,并出具了支付凭证,由邹某某统一支付给其余 9 名农民工相应工资,农民工终于拿到了拖欠已久的工资。

某市人民检察院在本案办结后,继续加强与某市人力资源和社会保障局的沟通配合,及时通报,定期了解相关投诉处理情况,并就衔接工作机制达成共识。

指导意义

实质性化解行政争议是检察机关落实以人民为中心司法理念的重要体

现，也是推动行政检察工作长远发展的重要途径，对促进依法行政、保障当事人合法权益具有重要意义。本案中，被拖欠工资的农民工向人力资源和社会保障部门投诉反映欠薪问题，因欠薪单位不在当地，当地人社部门又认为其没有管辖权，致农民工讨薪无门。某市人民检察院主动介入，调查了解案情，为促成双方协商和解搭建平台，推进争议实质性化解，有效降低了农民工维权成本，维护了农民工合法权益。同时，某市人民检察院向某市人力资源和社会保障局提出检察建议，对其未依法对云南某旅游装饰工程有限公司违法欠薪情况进行处理的行为加强释法说理，督促其依法全面履职，加大劳动保障监督力度，促进农民工欠薪问题综合治理。

相关法律规定

《劳动保障监察条例》（中华人民共和国国务院令第423号，2004年12月1日施行）

第十三条　对用人单位的劳动保障监察，由用人单位用工所在地的县级或者设区的市级劳动保障行政部门管辖。

上级劳动保障行政部门根据工作需要，可以调查处理下级劳动保障行政部门管辖的案件。劳动保障行政部门对劳动保障监察管辖发生争议的，报请共同的上一级劳动保障行政部门指定管辖。

省、自治区、直辖市人民政府可以对劳动保障监察的管辖制定具体办法。

第二十六条　用人单位有下列行为之一的，由劳动保障行政部门分别责令限期支付劳动者的工资报酬、劳动者工资低于当地最低工资标准的差额或者解除劳动合同的经济补偿；逾期不支付的，责令用人单位按照应付金额50%以上1倍以下的标准计算，向劳动者加付赔偿金：

（一）克扣或者无故拖欠劳动者工资报酬的；

（二）支付劳动者的工资低于当地最低工资标准的；

（三）解除劳动合同未依法给予劳动者经济补偿的。

福建某路桥建设公司拖欠 57 名农民工工资行政检察监督案

——发挥行政检察监督职能，化解矛盾纠纷，促进行政机关农民工欠薪问题源头治理

基本案情

2019 年 2 月，福建某路桥建设集团有限公司（以下简称路桥公司）通过招投标方式中标省道沥青路面改造工程，并与业主单位某市公路局某分局（以下简称某公路分局）签订了工期为 90 日的施工合同。同年 5 月 13 日，路桥公司组织了申某某、朱某某等 50 余位农民工班组进场施工。但工程项目施工以来，路桥公司一直拖欠工人工资，各施工班组的工人多次要求路桥公司支付工资，路桥公司以某公路分局未支付工程项目进度款为由拒绝支付。朱某某等工人于 2019 年 10 月 15 日向某县人力资源和社会保障局投诉，某县人力资源和社会保障局要求路桥公司尽快支付农民工工资，但路桥公司一直到 2019 年 12 月仍拖欠未付，因而引发农民工为讨薪堵路上访的群体性事件。

检察机关监督及矛盾化解情况

该起拖欠农民工工资事件发生后，某县人民检察院深入贯彻落实福建省人民检察院《关于充分发挥民事行政检察职能积极做好 2019 年度根治欠薪冬季攻坚行动相关工作的通知》要求，根据与某县人力资源和社会保障局（以下简称某县人社局）会签的《关于协作开展治理拖欠农民工工资问题专项活动实施方案》，主动牵头组织某县人社局、某公路分局、县总

工会、路桥公司和农民工代表召开协调会,释法说理,沟通协调,促成某公路分局先行垫付拖欠的 57 位农民工五个月工资 64.9278 万元,全部清偿了该公司所欠的工人工资,从而息访息诉。同时,某县人民检察院发现某县人社局未及时立案调查,并在规定的期限内,未责令路桥公司限期改正或作出相应的行政处罚决定,违反了《劳动保障监察条例》第十四条第一款、第二十六条第一款第(一)项等有关规定。为维护劳动者的合法权益,促进依法行政,根据《人民检察院检察建议工作规定》第十一条第一款第(三)项、第(四)项的规定,某县人民检察院于 2020 年 1 月 17 日向某县人社局发出检察建议,建议:一要加强对用工单位农民工工资专用账户管理、工资保证金存储、维权信息公示等方面的监督检查,完善工资支付监控机制,定时抽查农民工工资发放情况,对可能发生较大数额欠薪问题的,进行监测预警,督促企业及时解决欠薪问题,防范于未然;二要牢固树立风险防控意识,健全欠薪应急处置机制,完善工作预案,明确处置措施和责任分工,出现因欠薪引发的群体性事件的,要迅速启动应急预案,及时查明情况,督促企业解决欠薪问题,对一时难以解决的,要及时动用工资保证金、应急周转金或其他渠道筹措资金发放;三要加强与公安、检察、法院、工会等部门协同配合,形成工作合力,依法依规实施联合惩戒机制,加强劳动保障监察执法与刑事司法衔接,对恶意欠薪要及时查处,做好失信惩戒黑名单线索和涉嫌拒不支付劳动报酬罪案件线索的移送工作,提升联动执法合力。

2020 年 3 月 24 日,某县人社局书面回复采纳了检察建议,表示将进行整改,加强日常排查,加强与相关部门协调配合,及时化解欠薪风险隐患。

指导意义

解决企业拖欠农民工工资问题,事关农民工切身利益,检察机关应着眼于源头治理,发挥行政检察职能作用,促进预防和减少问题的发生。本案中,某县人民检察院立足行政检察监督职能,积极同某县人力资源和社会保障局等相关单位联系沟通,以业主单位为突破口,从工程款项源头解决问题,成功解决了拖欠农民工工资问题,维护了社会大局稳定。对行政机关未及时立案调查，并未在规定的期限内，责令欠薪限期改正或作出相应的行政处罚决定及时发出检察建议，促使行政机关从源头上进行监测预警，督促企业及时解决欠薪问题，加强多部门协同配合，形成工作合力，依法依规实施联合惩戒机制，对恶意欠薪企业作出相应的处罚，维护好农民工的合法权益。

相关法律规定

《劳动保障监察条例》（中华人民共和国国务院令第 423 号，2004 年 12 月 1 日施行）

第十四条 劳动保障监察以日常巡视检查、审查用人单位按照要求报送的书面材料以及接受举报投诉等形式进行。

劳动保障行政部门认为用人单位有违反劳动保障法律、法规或者规章的行为，需要进行调查处理的，应当及时立案。

劳动保障行政部门或者受委托实施劳动保障监察的组织应当设立举报、投诉信箱和电话。

对因违反劳动保障法律、法规或者规章的行为引起的群体性事件，劳动保障行政部门应当根据应急预案，迅速会同有关部门处理。

第二十六条 用人单位有下列行为之一的，由劳动保障行政部门分别责令限期支付劳动者的工资报酬、劳动者工资低于当地最低工资标准的差额或者解除劳动合同的经济补偿；逾期不支付的，责令用人单位按照应付金额 50% 以上 1 倍以下的标准计算，向劳动者加付赔偿金：

（一）克扣或者无故拖欠劳动者工资报酬的；

（二）支付劳动者的工资低于当地最低工资标准的；

（三）解除劳动合同未依法给予劳动者经济补偿的。

检察建议书

某县人民检察院
检察建议书

×检民（行）行政违监〔2020〕××号

某县人力资源和社会保障局：

本院在落实福建省检察机关关于充分发挥民事行政检察职能，积极做好2019年度根治欠薪冬季攻坚行动相关工作中，发现某路桥建设集团有限公司（以下简称某公司）在承建省道××线某县沥青改造工程时有拖欠农民工工资的情况，而你局有履职不到位的情形。

本院经调查核实，现查明：2019年2月份，某公司通过招投标方式中标省道××线沥青路面改造工程，同月25日，某公司与业主单位龙岩市公路局某分局（以下简称某公路分局）签订了工期为90日的施工合同。同年5月13日，某公司组织了申某某、王某某、曾某某、曾某某、朱某某等50余位农民工班组进场施工。但工程项目施工以来，某公司一直拖欠工人工资，各施工班组的工人多次要求某公司支付工资，某公司以某公路分局未支付工程项目进度款为由拒绝支付。朱某某等工人于2019年10月15日向你局投诉，你局于同月22日以×劳监〔2019〕03号发文要求某公司尽快支付农民工工资，但某公司仍一直拖欠未付，因而引发农民工为讨薪堵路上访的群体性事件，直至11月7日，你局组织召开由某公路分局、某公司和农民工代表参加的解决拖欠农民工资工作协调会，会议决定由某公路分局先行垫付拖欠的57位农民工工资共计65万余元，至此欠薪问题才得以解决。在该起拖欠农民工工资事件中你局未及时立案调查，并在规定的期限内，责令某公司限期改正或作出相应的行政处罚决定，违反了《劳动保障监察条例》第十四条第一款、第二十六条第一款第（一）项等有关规定，为维护劳动者的合法权益，促进依法行政，现根据最高人民检察院《人民检察院检察建议工作规定》第十一条第一款第（三）、（四）

项的规定，向你单位提出如下建议：

1. 加强对用工单位农民工工资专用账户管理、工资保证金存储、维权信息公示等方面的监督检查，完善工资支付监控机制，定时抽查农民工工资发放情况，对可能发生较大数额欠薪问题的，进行监测预警，督促企业及时解决欠薪问题，防范于未然。

2. 牢固树立风险防控意识，健全欠薪应急处置机制，完善工作预案，明确处置措施和责任分工，出现因欠薪引发的群体性事件的，要迅速启动应急预案，及时查明情况，督促企业解决欠薪问题，对一时难以解决的，要及时动用工资保证金、应急周转金或其他渠道筹措资金发放。

3. 加强与公安、检察、法院、工会等部门协同配合，形成工作合力，依法依规实施联合惩戒机制，加强劳动保障监察执法与刑事司法衔接，对恶意欠薪要及时查处，做好失信惩戒黑名单线索和涉嫌拒不支付劳动报酬罪案件线索的移送工作，提升联动执法合力。

请在收到后一个月内作出处理并将处理结果书面回复本院。

20××年×月×日

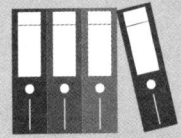

加强耕地保护典型案例

云南胡某某等三人非法占用耕地行政非诉执行监督案

——监督法院怠于执行违法情形，依法恢复37.15亩耕地

基本案情

2013年9月，胡某某、罗某某、沈某某三人未经批准擅自占用云南省某市某县某街道办事处某居民委员会第六居民小组坐落于324国道东侧"长塘子"的集体土地（耕地）37.15亩建仓库。2017年11月27日，云南省某市某县国土局认定胡某某等人违反了2004年《中华人民共和国土地管理法》第四十三条规定，依据2004年《中华人民共和国土地管理法》第七十六条、八十三条和《中华人民共和国土地管理法实施条例》第四十二条，作出×国土资处字〔2017〕13号行政处罚决定书：（1）责令胡某某、罗某某、沈某某拆除其非法占用的37.15亩（耕地，24766.67平方米）土地上新建的建筑物和其他设施，恢复土地原状；（2）对胡某某、罗某某、沈某某非法占用的37.15亩（24766.67平方米）土地每平方米处以人民币10元的罚款，共计罚款人民币247666.70元。胡某某、罗某某、沈某某在法定期限内缴纳了罚款，但未拆除非法占用土地上新建的建筑物和其他设施，未恢复土地原状。2018年5月28日某县国土局催告后，胡某某等三人仍未履行。

2018年6月25日，某县国土局向某县人民法院申请强制执行上述行政处罚决定的第（1）项："拆除非法占用的37.15亩（24766.67平方米）土地上新建的建筑物和其他设施，恢复土地原状"的行政处罚。

某县人民法院受理后，依法组成合议庭进行审查，于2018年8月8日作出行政裁定书，裁定准予强制执行申请执行人某县国土资源局于2017年11月27日作出的×国土资处字〔2017〕13号《行政处罚决定书》中

第（1）项行政处罚决定。裁定作出后，某县人民法院未予执行。

检察机关监督情况

某县人民检察院在开展行政非诉执行监督专项活动中发现，某县人民法院在该案执行中存在违法情形，遂依职权启动监督程序。

经审查，某县人民检察院认为，法院对某县国土资源局申请强制执行的案件存在怠于执行的违法情形。根据《最高人民法院关于适用〈中华人民共和国行政诉讼法〉的解释》第一百六十条之规定："人民法院受理行政机关申请执行其行政行为的案件后，应当在七日内由行政审判庭对行政行为的合法性进行审查，并作出是否准予执行的裁定……需要采取强制执行措施的，由本院负责强制执行非诉行政行为的机构执行。"《最高人民法院关于严格执行案件审理期限制度的若干规定》中规定"非诉执行案件应当在立案之日起三个月内执结；有特殊情况需要延长的，经本院院长批准，可以延长三个月……"。本案中，某县人民法院作出裁定后长达7个月的时间未采取执行措施，违反了上述规定。

2019年4月6日，某县人民检察院向某县人民法院提出检察建议，建议其纠正怠于执行的情形，依法予以执行。某县人民法院收到检察建议后，于2019年4月8日立案执行。在执行过程中法院多次与被执行人沟通，被执行人主动拆除非法占用的37.15亩（24766.67平方米）土地上新建的建筑物和其他设施，恢复土地原状。至2019年9月20日，该案执行完毕。

指导意义

合理利用土地和切实保护耕地是我国的基本国策。非法占用耕地必须依法退还，拆除非法占用土地上的建筑物和其他设施，恢复土地原状。法院对国土资源部门申请强制执行非法占地案件应当依法及时审查，予以执行。本案中，某县人民法院对某县自然资源局申请强制执行的非法占用耕地案件，受理后裁定准予执行，但未将案件及时移送本院执行部门执行，使得违法的建筑物和其他设施未得到及时有效的拆除，耕地未能及时恢复。检察机关对某县人民法院怠于执行的情形进行监督，某县人民法院及时予以纠正，促使当事人拆除全部违法建筑，被占用的耕地得以恢复，取得了良好的效果。

相关法律规定

1. 《最高人民法院关于适用〈中华人民共和国行政诉讼法〉的解释》（法释〔2018〕1号，2018年2月8日实施）

第一百六十条　人民法院受理行政机关申请执行其行政行为的案件后，应当在七日内由行政审判庭对行政行为的合法性进行审查，并作出是否准予执行的裁定。

人民法院在作出裁定前发现行政行为明显违法并损害被执行人合法权益的，应当听取被执行人和行政机关的意见，并自受理之日起三十日内作出是否准予执行的裁定。

需要采取强制执行措施的，由本院负责强制执行非诉行政行为的机构执行。

2. 《关于严格执行案件审理期限制度的若干规定》（2008年12月31日实施）

第五条　执行案件应当在立案之日起六个月内执结，非诉执行案件应当在立案之日起三个月内执结；有特殊情况需要延长的，经本院院长批准，可以延长三个月，还需延长的，层报高级人民法院备案。

江苏齐某某等28人非法占用耕地行政非诉执行监督案

——监督法院依法规范行政非诉执行，
着力化解社会稳定风险

基本案情

2013年8月至2017年6月期间，因江苏省某市某区某办事处甲村、乙村部分村民未经批准非法占用村集体土地，某市国土资源局先后对齐某某、吴某某、侯某某等28人作出行政处罚。上述人员在限期内未申请行政复议、未提起行政诉讼，亦未履行行政处罚决定。2014年1月9日至2017年12月27日，某市国土资源局陆续向某市某区人民法院申请强制执行上述行政处罚决定。2014年2月11日至2018年1月16日，某市某区人民法院以上述非法占用土地行政处罚案的执行存在较大社会稳定风险为由，向某市国土资源局发出"决定暂缓执行"的通知书。

2018年，江苏省人民政府苏政地〔2018〕56号文件将上述非法占用土地列入征收范围。某市人民政府、某市国土资源局先后发布征收土地方案公告、征地补偿安置方案公告。2019年6月24日，某市某区人民政府发布房屋征收公告、房屋征收决定书和房屋征收补偿方案，上述非法占用的土地均在征收与补偿范围之列。上述非法占地的村民因对拆迁政策不满而产生对抗情绪，给依法征收工作造成阻碍。

检察机关监督情况

2019年，某市某区人民检察院在履行职责过程中，发现某市国土资源局曾对征收范围内的 28 户村民非法占用村集体土地作出行政处罚，并向某区人民法院申请强制执行，某区人民法院在办理该案过程中可能存在违法情形，且该案存在重大社会稳定风险，遂启动监督程序。

某区人民检察院经调查核实，查明：上述 28 户村民非法占用农用地共计 11418.816 平方米，其中非法占用耕地 4800.46 平方米（7.2 亩）。某区人民法院受理案件后，认为"存在较大社会稳定风险"，遂以通知书的形式决定暂缓执行并作结案处理。

某区人民检察院审查认为，（1）某区人民法院以通知书的形式决定暂缓执行并作结案处理不当。本案中，土地行政主管部门在法定期限内向人民法院提供了《中华人民共和国行政强制法》第五十五条规定的材料，且人民法院在审查过程中并未发现存在《中华人民共和国行政强制法》第五十八条所述三种情形。因此，某市某区人民法院以通知书的形式，以"存在较大社会稳定风险"为由，对上述行政非诉执行案件不予执行，缺乏法律依据。（2）法院应当依法启动执行程序。某区人民法院在作出"决定暂缓执行"的通知之后，应当加强对该违法用地的社会稳定风险动态评估，协调相关单位化解矛盾，并根据实际情况的变化，做好上述案件的审理及结案工作。由于上述非法占用农用地均已被列入征收与补偿范围，案件情况已经发生变化，法院应当依法启动执行程序。

2019 年 11 月 27 日，某区人民检察院向某区人民法院发出检察建议，建议某区人民法院依法规范行政非诉执行案件审查标准和程序要求，对上述案件依法作出裁定；对辖区内已经受理、尚未作出裁定的涉土地行政非诉执行案件进行全面清查，做好相关案件的审查及结案工作。

检察建议发出后，某区人民检察院积极引导化解重大社会风险，主动联系某市自然资源和规划局（2019 年 1 月 29 日某市国土资源局与其他相关机构合并为某市自然资源和规划局）、某区人民法院、某区某片区改造项目指挥部等相关六个单位，组织召开圆桌会议，促进达成共识。某区人民法院重新启动执行程序，某市自然资源和规划局积极配合某区人民法院做好审查、听证等工作；在确保公正司法、依法行政的基础上，充分考虑被拆迁房屋的历史沿革、村民的家庭情况和实际困难等因素，在法律政策允许的前提下，给予该 28 户村民适当的房屋建筑与搬迁补偿。

2019 年 12 月 31 日，某区人民法院依法作出准予强制执行行政裁定。截至 2020 年 5 月 12 日，已经签订征收协议或已经拆除完毕的共 10622.06

平方米，且均为村民主动签约、主动拆除，无一例强行拆除情形。因受疫情影响，还有700余平方米非法占地正在进一步工作中。

指导意义

在行政非诉执行监督中，提出检察建议不是办案的终点，案结事了政和才是检察机关追求的目标。非法占用耕地应依法惩治，依法征收又事关经济发展和民生福祉。检察机关既要保障征收政策的有效落实和有序推进，又要考虑群众合理诉求、保障其合法权益，充分释放司法善意。本案中，非法占用的土地被依法征收，村民不满拆迁政策产生对抗情绪，检察机关通过监督法院依法办理行政非诉执行案件，为相关部门提供沟通交流平台，推动达成共识、形成合力，使行政非诉执行案件得以依法高效推进，同时维护和保障了28户村民的合法权益，体现拆迁补偿政策的合理性和人文关怀，取得了化解争议、案结事了政和的良好效果。

相关法律规定

《中华人民共和国行政强制法》（2012年1月1日施行）

第五十五条　行政机关向人民法院申请强制执行，应当提供下列材料：

（一）强制执行申请书；

（二）行政决定书及作出决定的事实、理由和依据；

（三）当事人的意见及行政机关催告情况；

（四）申请强制执行标的情况；

（五）法律、行政法规规定的其他材料。

强制执行申请书应当由行政机关负责人签名，加盖行政机关的印章，并注明日期。

第五十七条　人民法院对行政机关强制执行的申请进行书面审查，对符合本法第五十五条规定，且行政决定具备法定执行效力的，除本法第五十八条规定的情形外，人民法院应当自受理之日起七日内作出执行裁定。

第五十八条　人民法院发现有下列情形之一的，在作出裁定前可以听

取被执行人和行政机关的意见:

(一)明显缺乏事实根据的;

(二)明显缺乏法律、法规依据的;

(三)其他明显违法并损害被执行人合法权益的。

人民法院应当自受理之日起三十日内作出是否执行的裁定。裁定不予执行的,应当说明理由,并在五日内将不予执行的裁定送达行政机关。

行政机关对人民法院不予执行的裁定有异议的,可以自收到裁定之日起十五日内向上一级人民法院申请复议,上一级人民法院应当自收到复议申请之日起三十日内作出是否执行的裁定。

《中华人民共和国土地管理法》(2004年修订)

该法已于2019年进行修订,现行有效的为2020年1月1日施行的《中华人民共和国土地管理法》。

第八十三条 依照本法规定,责令限期拆除在非法占用的土地上新建的建筑物和其他设施的,建设单位或者个人必须立即停止施工,自行拆除;对继续施工的,作出处罚决定的机关有权制止。建设单位或者个人对责令限期拆除的行政处罚决定不服的,可以在接到责令限期拆除决定之日起十五日内,向人民法院起诉;期满不起诉又不自行拆除的,由作出处罚决定的机关依法申请人民法院强制执行,费用由违法者承担。

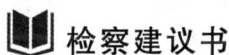
检察建议书

某市某区人民检察院
检察建议书

×检民(行)执监〔2019〕××号

本院在对辖区内涉土地行政非诉执行案件专项监督审查中,发现某市某区人民法院在该类案件审查处理中存在不规范行为,本院依职权受理审查,现已审查终结。

2013年8月28日至2017年6月26日间,因某市某办事甲村、乙村部分村民未经批准非法占用土地,某市国土资源局先后对杜某某、乔某某、陈某某等28人予以行政处罚。上述人员在限期内未申请行政复议、未提起行政诉讼,亦未履行行政处罚决定。2014年1月9日至2017年12月27日,某市国土资源局陆续向某市某区人民法院申请强制执行上述行政处罚决定,并提交《非诉行政案件申请执行书》等材料。2014年2月11日至2018年1月16日,某市某区人民法院以向某市国土资源局发出《通知书》的形式予以结案,称上述非法占用土地行政处罚案的执行存在较大社会稳定风险,决定暂缓执行。待执行条件成就后再由某市国土资源局申请法院强制执行。

2018年,江苏省人民政府苏政地〔2018〕56号文件将上述非法占用土地列入征收范围。2018年2月9日,某市人民政府以×政通〔2018〕3号文件发布征收土地方案公告。2018年10月22日,某市国土资源局以×征地通〔2018〕64号文件发布征地补偿安置方案公告。2019年6月24日,某市某区人民政府发布房屋征收公告、房屋征收决定书和房屋征收补偿方案,上述非法占用土地均在公告的征收与补偿范围之列。

2019年1月29日,某市国土资源局与其他相关机构合并为某市自然资源和规划局。

《中华人民共和国土地管理法》第八十三条规定"责令限期拆除在非法占用的土地上新建的建筑物和其他设施的,建设单位或者个人必须立即停止施工,自行拆除;对继续施工的,作出处罚决定的机关有权制止。建设单位或者个人对责令限期拆除的行政处罚决定不服的,可以在接到责令限期拆除决定之日起十五日内,向人民法院起诉;期满不起诉又不自行拆除的,由作出处罚决定的机关依法申请法院强制执行,费用由违法者承担"。《中华人民共和国行政强制法》第五十七条规定"人民法院对行政机关强制执行的申请进行书面审查,对符合本法第五十五条规定,且行政决定具备法定执行效力的,除本法第五十八条规定的情形外,人民法院应当自受理之日起七日内作出执行裁定"。第五十八条规定"人民法院发现有下列情形之一的,在作出裁定前可以听取被执行人和行政机关的意见:(一)明显缺乏事实根据的;(二)明显缺乏法律、法规依据的;(三)其他明显违法并损害被执行人合法权益的。人民法院应当自受理之日起三十日内作出是否执行的裁定。"

本院认为,土地行政主管部门作出的行政处罚决定,当事人在法定限期内未申请行政复议或者提起行政诉讼，又不履行行政决定的，作出行政处罚决定的土地行政主管部门可以依法向人民法院申请强制执行。人民法院受理行政机关的申请后，应当对申请执行的行政行为依法进行审查，并在法定期限内作出是否予以执行的裁定。本案中，土地行政主管部门在法定期限内向人民法院提供了《中华人民共和国行政强制法》第五十五条规定的材料，且人民法院在审查过程中并未发现存在《中华人民共和国行政强制法》第五十八条所述三种情形。因此，某市某区人民法院以《通知书》的形式，以"存在较大社会稳定风险"为由，对上述行政非诉执行案件不予执行，缺乏法律依据。此外，某市某区人民法院在作出"决定暂缓执行"的通知之后，应当加强对该违法用地的社会稳定风险动态评估，协调相关单位化解矛盾，并根据实际情况的变化，做好上述案件的审理及结案工作。鉴于上述非法占用土地均已被列入征收与补偿范围，案件情况已经发生变化，法院应当依法进行审查并作出裁定。

综上，根据《中华人民共和国行政诉讼法》第十一条，《人民检察院行政诉讼监督规则（试行）》第三十一条第（二）项之规定，针对该案，特向某市某区人民法院提出以下检察建议：

一、根据行政非诉执行案件的审查标准和程序要求，做好上述案件的审查工作，并依法作出是否予以执行的裁定。

二、严格依法规范行政非诉执行案件法律文书的制作及使用。

三、对辖区内已经受理、尚未作出是否执行裁定的涉土地行政非诉执行案件进行全面清查，积极做好相关案件的审查及结案工作。

请在收到检察建议后三个月将处理结果书面回复本院。

此致

某市某区人民法院

20××年×月×日

河北刘某某非法占用基本农田
行政非诉执行监督案

——监督法院裁定违法情形,加强类案监督,
促进规范司法行为

基本案情

2017年2月,河北省某市某镇某村民刘某某未经批准,擅自在该村村东非法占用基本农田970.97平方米(1.46亩)进行施工建筑,其中违法建筑占地面积174.42平方米。某市国土资源局依据《基本农田保护条例》《河北省土地管理条例》《河北省国土资源行政处罚裁量基准》等相关规定,对刘某某作出《行政处罚决定书》:(1)限刘某某在接到处罚决定书之日起15日内,对破坏的基本农田进行治理;(2)拆除在基本农田上新建的建筑物和其他设施,恢复基本农田原种植条件;(3)并处罚款人民币29100元整。

刘某某在规定期限内未履行该处罚决定,亦未申请行政复议或提起行政诉讼,经催告仍未履行。2018年2月7日,某市国土资源局申请某市人民法院强制执行《行政处罚决定书》的三项内容。法院立案受理后,于2018年2月12日作出(2018)冀1082行审150号行政裁定书,裁定:"本案准予强制执行,由某市人民政府和辖区政府及相关部门具体组织实施"。

检察机关监督情况

某市人民检察院在办理其他案件时发现该案线索,经初步调查发现,

某市人民法院在办理刘某某非法占地行政非诉执行案件中存在违法情形，遂依职权启动监督程序。

某市人民检察院通过向市国土资源局及法院执行部门了解情况、调阅卷宗等查明：法院将"并处罚款人民币29100元整"的申请强制执行内容一并裁定为"由某市人民政府和辖区政府及相关部门具体组织实施"，国土资源部门作出的行政处罚决定中罚款项始终未执行到位。

某市人民检察院审查认为，某市人民法院在审理该案中存在违法情形。根据《中华人民共和国行政强制法》规定，行政机关依法作出金钱给付义务的行政决定，没有行政强制执行权的行政机关应当申请人民法院强制执行。本案中，国土管理部门对作出的罚款决定没有强制执行权，法律也没有授权国土管理部门查封、扣押、冻结等强制措施，对罚款处罚决定无法执行；法院亦无将关于罚款的裁定内容移送本院执行部门执行的实际行为，致使行政机关罚款处罚决定未能执行。某市人民法院准予执行裁定中将罚款类行政处罚决定笼统裁定由某市人民政府和辖区政府及相关部门具体组织实施，违反法律规定。

2019年12月23日，某市人民检察院向某市人民法院发出检察建议，建议人民法院依法纠正违法情形，明确罚款的强制执行机关，规范行政裁定书的裁判内容，维护法律权威，促进司法公正。

某市人民检察院在办理该案过程中陆续发现10余件案件存在此类情形。经进一步调查发现，某市人民法院在办理该类案件时，普遍将罚款项强制执行与拆除等强制执行一并裁定为"由政府及相关部门组织实施"，造成罚款未进入执行环节，长期处于罚款未缴纳状态。2020年1月2日，某市人民检察院向某市人民法院发出改进工作检察建议，建议法院对2018年以来国土部门申请强制执行的案件进行梳理，涉及罚款强制执行的应依法作出正确裁定。

某市人民法院收到检察建议后，高度重视，召开专题会议研究，对2018年以来国土管理部门申请强制执行的案件进行了排查、整改，并将整改情况书面回复人民检察院。某市人民法院回复称，检察建议指出的问题事实存在，整改中梳理相关案件100余件，涉及罚款数额1000余万元均已分批移送执行部门强制执行；对裁定内容已依法纠正，现在作出的裁定已明确对罚款的执行"由法院执行机构负责执行"。

目前，刘某某非法占用基本农田上新建的建筑物和其他设施已拆除，非法占用的基本农田已恢复种植条件，罚款也已缴纳。

指导意义

　　基本农田是国家粮食安全的根本保障，我国对基本农田实行严格的特殊保护制度。对在基本农田上进行违法建筑的行为可以采取责令拆除新建的建筑物和其他设施，恢复原种植条件，并处罚款等处罚措施。法院对包含多项处罚内容的行政处罚决定裁定准予执行时，应当明确每项处罚内容的执行主体，保证行政处罚决定得到切实执行。本案中，法院对于国土管理部门申请强制执行的罚款类及行为类处罚，笼统地裁定给政府及相关部门组织实施，造成罚款得不到真正执行，使得侵占基本农田的违法行为不能及时惩处，损害了国家和社会公共利益。检察机关通过监督法院依法纠正违法裁定，促进及时惩治非法占用基本农田的违法行为，有效保护了基本农田。同时，针对法院准予执行裁定中"执行主体不明确"类型化问题，向法院发出改进工作的检察建议，从根本上解决此类问题，既减少推诿扯皮、促进执行主体积极履行职责，又防止国有财产流失、提升行政检察监督效果。

相关法律规定

　　1.《中华人民共和国行政强制法》（2012年1月1日施行）

　　第五十三条　当事人在法定期限内不申请行政复议或者提起行政诉讼，又不履行行政决定的，没有行政强制执行权的行政机关可以自期限届满之日起三个月内，依照本章规定申请人民法院强制执行。

　　2.《最高人民法院关于适用〈中华人民共和国行政诉讼法〉的解释》（法释〔2018〕1号，2018年2月8日施行）

　　第一百六十条第三款　需要采取强制执行措施的，由本院负责强制执行非诉行政行为的机构执行。

湖北某房地产开发公司非法占用耕地行政非诉执行监督案

——"以点带面"加强跟进监督,纠正"裁执分离"泛化适用

基本案情

自2012年3月,湖北某房地产开发有限公司(以下简称某房地产公司)为开发"某春晓农村社区"生态项目,未经国土部门批准,擅自占用某镇某社区某组耕地11068.6平方米(16.6亩)。2017年2月28日,某市国土资源局对某房地产公司违反2004年《中华人民共和国土地管理法》第四十三条第一款、第四十四条第一款非法占地的违法行为,依据2004年《中华人民共和国土地管理法》第七十六条第一款、《中华人民共和国土地管理法实施条例》第四十二条,作出×土资监字〔2017〕1号某市国土资源局行政处罚决定书:(1)责令退还非法占用土地;(2)拆除建筑物和其他设施,恢复土地原状,并处以罚款221372.00元。某房地产公司在法定期限内未申请行政复议或提起行政诉讼,也未履行处罚决定内容,经催告仍未履行。2017年9月21日,某市国土资源局向某市人民法院申请强制执行。

2017年10月10日,某市人民法院作出(2017)鄂0683行审72号行政裁定书,参照最高人民法院《关于在征收拆迁案件中进一步严格规范司法行为积极推进"裁执分离"的通知》(以下简称《"裁执分离"通知》)的精神,依照《中华人民共和国行政诉讼法》第九十七条、《最高人民法院关于执行〈中华人民共和国行政诉讼法〉若干问题的解释》第九十三条之规定,裁定如下:某市国土资源局申请强制执行的×土资监字〔2017〕1号行政处罚决定,本院准予强制执行。其中行政处罚决定书第一、二项

内容"退还非法占用土地""拆除建筑物和其他设施,恢复土地原状"由某市国土资源局组织实施,对第二项中"罚款221372.00元"由本院强制执行。

2017年10月10日,某市人民法院向某市国土资源局送达(2017)鄂0683行审72号行政裁定书,但由于该局无强制执行权,致该案一直未予执行。

检察机关监督情况

某市人民检察院在开展非诉执行监督专项活动过程中,发现某房地产公司非法占地线索,依职权启动监督程序。

某市人民检察院在进一步调查中发现,2017年某市国土资源局先后向某市人民法院移送40件申请强制执行的土地违法案件,其中21件某市人民法院均作出"罚款"部分由法院强制执行、"退还非法占用土地""没收在非法占用的土地上新建的建筑物和其他设施"或"拆除建筑物和其他设施"部分由某市国土资源局执行的裁定。该21件案件涉及违法占地面积160390.9平方米(240.59亩),其中一般耕地154833.08平方米(232.25亩),果园1333.3平方米(2亩),建设用地4224.52平方米(6.34亩)。某市国土资源局因无强制执行权而无法执行法院的裁定,导致涉案土地始终处于被非法占用的状态。

某市人民检察院审查认为法院"裁执分离"适用不当,决定以某房地产公司非法占地案为切入点进行监督。2018年9月20日,某市人民检察院向某市人民法院发出检察建议书,建议重新审查,依法纠正该裁定。2018年9月27日,某市人民法院复函称(2017)鄂0683行审72号行政裁定不违反法律规定,该裁定有依据。某市人民检察院收到复函后,将法院的回复情况及时向某市人民检察院作了汇报。某市院要求某市人民检察院积极与人民法院进行沟通协商,取得法院的理解与支持,确保检、法两家在法律适用上达成共识;同时,建议向某市人民法院发出跟进监督的检察建议。随后,某市人民检察院先后多次与某市人民法院进行了沟通磋商。

某市人民检察院经再次审查,针对法院的复函阐述了本案不适用"裁执分离"的具体理由：（1）某市人民法院裁定部分行政处罚内容由某市国土资源局组织实施、部分行政处罚内容由该院执行，违反了《中华人民共和国行政强制法》第十三条、第三十四条、第五十三条的规定，违反了《最高人民法院关于执行〈中华人民共和国行政诉讼法〉若干问题的解释》第九十三条的规定。（2）某市人民法院参照适用《"裁执分离"通知》将"退还非法占用土地""拆除建筑物和其他设施，恢复土地原状"裁定由某市国土资源局组织实施，明显不当。《"裁执分离"通知》提出积极推进"裁执分离"，逐步拓宽适用范围，并指出浙江省高级人民法院的做法值得推广和借鉴。浙江省关于"违法用地建筑拆除由城管（综合）执法部门或者乡镇人民政府（街道办事处）与国土资源部门共同组织实施"的做法，得到了浙江省委、省政府、省国土厅的一致认同；浙江法院系统对上述非诉执行案件"裁执分离"，有地方性文件的指导，并与党委、政府、行政部门达成了共识。某市人民法院参照适用将"裁执分离"扩大至建筑物非法占地强制拆除案件中，但法院并未与行政机关达成共识，也无上述相关规定，不具备参照适用的条件。某市人民法院裁定准予强制执行、由不具有强制执行权的国土资源局组织实施，实际上使该案处于"裁而不执"的状态。

2018年12月14日，某市人民检察院再次向某市人民法院发出检察建议书，建议某市人民法院依法纠正该裁定。

2019年4月23日，某市人民法院书面回复采纳检察建议，裁定撤销（2017）鄂0683行审72号行政裁定，重新审查处理；同时，对2017年某市国土资源局申请执行的21件非诉执行案件存在同样问题的相关裁定一并予以撤销并重新进行审查。

2019年7月16日，某市人民法院重新作出裁定，准予强制执行某市国土资源局申请强制执行的×土资监字〔2017〕1号行政处罚决定；对之前作出的21份行政裁定书全部依法重新作出准予强制执行的裁定，交由该院执行机构执行。

因涉及拆除难度较大、受疫情影响等因素，本文写作时该21件案件尚未全部执行完毕。某市人民检察院积极跟进，确保监督效果。

指导意义

"裁执分离"是近年来推进的一项执行模式改革举措。2012年,《最高人民法院发布了关于办理申请人民法院强制执行国有土地上房屋征收补偿决定案件若干问题的规定》,规定国有土地上房屋征收补偿决定案件实行裁执分离。该规定作为应对现实执行困难的变通做法,仅限定在房屋征收强制执行领域,有明确的界限,人民法院在实践中需要结合本地"裁执分离"改革整体推进情况执行,不宜随意扩张适用范围。本案中,某市人民检察院立足于行政强制法关于行政强制执行权只能由法律设定的原则性规定,参照最高人民法院"裁执分离"改革要求,考虑到当地党委、政府尚未就非法占地非诉执行的"裁执分离"问题与人民法院之间达成共识的现实状况,在人民法院未采纳监督意见的情形下,积极充分履职,采取跟进监督的方式,以点带面,加强类案监督,促使人民法院纠正了一批执行违法案件,保障合法的行政决定得到落实,切实维护了国家和社会公共利益。

相关法律规定

1. 《中华人民共和国行政强制法》(2012年1月1日施行)

第十三条 行政强制执行由法律设定。

法律没有规定行政机关强制执行的,作出行政决定的行政机关应当申请人民法院强制执行。

第三十四条 行政机关依法作出行政决定后,当事人在行政机关决定的期限内不履行义务的,具有行政强制执行权的行政机关依照本章规定强制执行。

第五十三条 当事人在法定期限内不申请行政复议或者提起行政诉讼,又不履行行政决定的,没有行政强制执行权的行政机关可以自期限届满之日起三个月内,依照本章规定申请人民法院强制执行。

2. 《最高人民法院关于执行〈中华人民共和国行政诉讼法〉若干问题

的解释》(法释 [2000] 8号)

*该司法解释现已失效,现行有效的为《最高人民法院关于适用〈中华人民共和国行政诉讼法〉的解释》(法释 [2018] 1号,2018年2月8日实施)

第九十三条 人民法院受理行政机关申请执行其具体行政行为的案件后,应当在30日内由行政审判庭组成合议庭对具体行政行为的合法性进行审查,并就是否准予强制执行作出裁定;需要采取强制执行措施的,由本院负责强制执行非诉行政行为的机构执行。

该条现修改为:

第一百六十条 人民法院受理行政机关申请执行其行政行为的案件后,应当在七日内由行政审判庭对行政行为的合法性进行审查,并作出是否准予执行的裁定。

人民法院在作出裁定前发现行政行为明显违法并损害被执行人合法权益的,应当听取被执行人和行政机关的意见,并自受理之日起三十日内作出是否准予执行的裁定。

需要采取强制执行措施的,由本院负责强制执行非诉行政行为的机构执行。

3.《最高人民法院关于在征收拆迁案件中进一步严格规范司法行为积极推进"裁执分离"的通知》(法 [2014] 191号,2014年7月22日实施)

"裁执分离"是最高人民法院为破解征收拆迁案件"执行难""执行乱"难题着力推进的一项重要原则。

4.《最高人民法院关于办理申请人民法院强制执行国有土地上房屋征收补偿决定案件若干问题的规定》(法释 [2012] 4号,2012年4月10日实施)

为依法正确办理市、县级人民政府申请人民法院强制执行国有土地上房屋征收补偿决定(以下简称征收补偿决定)案件,维护公共利益,保障被征收房屋所有权人的合法权益,根据《中华人民共和国行政诉讼法》、《中华人民共和国行政强制法》、《国有土地上房屋征收与补偿条例》(以下简称《条例》)等有关法律、行政法规规定,结合审判实际,制定本规定。

第九条 人民法院裁定准予执行的,一般由作出征收补偿决定的市、县级人民政府组织实施,也可以由人民法院执行。

检察建议书

1. 检察建议书

湖北省某市人民检察院
检察建议书

×检民（行）执监〔2018〕××号

本院对某市人民法院审理某市国土资源局与湖北某房地产开发有限公司行政处罚非诉执行一案的审判活动进行了审查。本案现已审查终结。

现查明：2017年9月21日，某市人民法院受理本案，依法组成合议庭，对该×土资监字（2017）1号行政处罚决定书的合法性进行了审查。同年10月10日作出（2017）鄂0683行审72号行政裁定书，裁定：申请执行人某市国土资源局申请强制执行的×土资监字（2017）1号行政处罚决定，本院准予强制执行。其中行政处罚决定书第一、二项内容"退还非法占用土地""拆除建筑物和其他设施，恢复土地原状"由某市国土资源局组织实施。第二项中"罚款221372.00元"由本院强制执行。

本院认为，某市人民法院作出的行政裁定明显违反法律规定。理由如下：

第一，最高人民法院《关于在征收拆迁案件中进一步严格规范司法行为积极推进"裁执分离"的通知》（以下简称《"裁执分离"的通知》）中关于"裁执分离"是最高人民法院为破解征收拆迁案件"执行难""执行乱"难题着力推进的一项重要原则，对明确司法与行政的职能定位，确保依法拆迁、和谐拆迁意义重大，其明确规定"在非诉执行案件审查环节，要严格遵循相关规定审查行政机关提出的申请，凡存在对群众补偿安置不到位、程序违法或者违反程序正当性、未进行社会稳定风险评估等情形的，一律依法裁定不予受理或不准予执行"。虽然湖北某房地产开发有限公司（以下简称"某公司"）为开发"某农村社区"生态项目，需占用农用地拆迁腾建地还建房及附属设施，涉及某社区的民房拆迁，但本案并非是在拆迁腾建该还建房过程中引发的征收拆迁案件，而是某市国土资源局对某公司非法占地行政处罚非诉执行案，某市人民法院对某市国土资源局的非诉执行申请进行合法性审查后，已经作出准予强制执行的决定，即否定了该案属于征收拆迁案件，故本案不适合参照《"裁执分离"的通知》的精神执行。

第二，根据《中华人民共和国行政强制法》第三十四条规定"行政机关依法作出行政决定后，当事人在行政机关决定的期限内不履行义务的，具有行政强制执行权的行政机关依照本章规定强制执行。"第五十三条规定"当事人在法定期限内不申请行政复议或者提起行政诉讼，又不履行行政决定的，没有行政强制执行权的行政机关可以自期限届满之日起三个月内，依照本章规定申请人民法院强制执行。"第十三条第二款"法律没有规定行政机关强制执行的，作出行政决定的行政机关应当申请人民法院强制执行。"据此，对行政机关的行政处罚决定，人民法院受理并裁定准予执行的基础是行政机关无行政强制执行权，本案中，某市人民法院裁定准予强制执行某市国土资源局行政处罚决定书中内容，但又裁定行政处罚决定中的"退还非法占有土地""拆除建筑物和其他设施，恢复土地原状"由无强制执行权的某市国土资源局组织实施，显然不符合《中华人民共和国行政强制法》的以上规定。某市人民法院仅以《"裁执分离"的通知》即作出"退还非法占有土地""拆除建筑物和其他设施，恢复土地原状"由某市国土资源局组织实施，突破了《中华人民共和国行政强制法》第四条"行政强制的设定和实施，应当依照法定的权限、范围、条件和程序"的规定。

第三，《中华人民共和国行政诉讼法》第九十七条规定"公民、法人或者其他组织对行政行为在法定期间不提起诉讼又不履行的，行政机关可以申请人民法院强制执行，或者依法强制执行"、《最高人民法院关于执行〈中华人民共和国行政诉讼法〉若干问题的解释》第九十三条规定"人民法院受理行政机关申请执行其具体行政行为的案件后，应当在30日内由行政审判庭组成合议庭对具体行政行为的合法性进行审查，并就是否准予强制执行作出裁定；需要采取强制执行措施的，由本院负责强制执行非诉行政行为的机构执行。"由此可知，人民法院受理行政机关申请执行其具体行政行为的案件后，应依法对具体行政行为的合法性进行审查，并就是否准予强制执行作出裁定；对需要采取强制执行措施的，应当由人民法院负责强制执行非诉行政行为机构执行。

本案中，某市人民法院依法作出准予强制执行的裁定后，对需要采取强制执行措施的，作出一部分由行政机关执行、一部分由人民法院负责强制执行的裁定明显违反上述法律规定。

综上所述，某市人民法院在审理本案中，作出的行政裁定明显违反法律规定。根据《中华人民共和国行政诉讼法》第十一条、第一百零一条，《人民检察院行政诉讼监督规则（试行）》第三条、《中华人民共和国民事诉讼法》第二百零八条第三款的规定，建议依法纠正本裁定。

请在收到本检察建议书后一个月内将处理结果书面回复本院。

此致

湖北省某市人民法院

20××年×月×日

2. 跟进监督检察建议书

湖北省某市人民检察院

检察建议书

×检民（行）再监 [2018] ××号

本院对某市人民法院审理某市国土资源局与湖北某房地产开发有限公司行政处罚非诉执行一案进行了跟进监督。本案现已审查终结。

现查明：2017 年 9 月 21 日，某市人民法院受理本案，依法组成合议庭，对该×土资监字（2017）1 号行政处罚决定书的合法性进行了审查。同年 10 月 10 日作出（2017）鄂 0683 行审 72 号行政裁定书，裁定：申请执行人某市国土资源局申请强制执行的×土资监字（2017）1 号行政处罚决定，本院准予强制执行。其中行政处罚决定书第一、二项内容"退还非法占用土地""拆除建筑物和其他设施，恢复土地原状"由某市国土资源局组织实施。第二项中"罚款221372.00元"由本院强制执行。

2018 年 9 月 22 日，本院向某市人民法院发出×检民（行）执监 [2018] ××号检察建议，认为某市人民法院（2017）鄂 0683 行审 72 号行政裁定明显违反法律规定，建议该院依法纠正。

2018年9月27日,某市人民法院作出(2018)鄂0683行他5号复函,认为:最高人民法院《关于办理申请人民法院强制执行国有土地上房屋征收补偿决定案件若干问题的规定》明确规定了"裁执分离"的重要原则。最高人民法院下发的《关于在征收拆迁案件中进一步严格规范司法行为积极推进"裁执分离"的通知》,要求各级人民法院积极拓宽"裁执分离"的适用范围,推广和借鉴浙江省高级人民法院将"裁执分离"扩大至征收集体土地中的房屋拆迁、建筑物非法占地强制拆除等非诉案件和诉讼案件的做法。同时参考湖北省其他法院对此类案件也是裁定由行政机关组织实施的,并在学习了团风县的先进经验后,从2017年开始,该院对此类案件的部分活动裁定由行政机关实施。故该院参照最高人民法院的司法解释并认真领会有关"裁执分离"的通知精神,借鉴其他法院的实践经验作出的行政裁定是正确的。

本院认为,某市人民法院作出的(2017)鄂0683行审72号行政裁定明显违反法律规定,且(2018)鄂0683行他5号复函的理由不成立。理由如下:

一、某市人民法院(2017)鄂0683行审72号行政裁定违反法律规定。

第一,最高人民法院《关于在征收拆迁案件中进一步严格规范司法行为积极推进"裁执分离"的通知》(以下简称《"裁执分离"的通知》)中关于"裁执分离"是最高人民法院为破解征收拆迁案件"执行难""执行乱"难题着力推进的一项重要原则,对明确司法与行政的职能定位,确保依法拆迁、和谐拆迁意义重大,其明确规定"在非诉执行案件审查环节,要严格遵循相关规定审查行政机关提出的申请,凡存在对群众补偿安置不到位、程序违法或者违反程序正当性、未进行社会稳定风险评估等情形的,一律依法裁定不予受理或不准予执行"。虽然湖北某房地产开发有限公司(以下简称"某公司")为开发"某农村社区"生态项目,需占用农用地建拆迁腾地还建房及附属设施,涉及某社区的民房拆迁,但本案并非是在拆迁腾建该还建房过程中引发的征收拆迁案件,而是某市国土资源局对御湖公司非法占地行政处罚非诉执行案,枣阳市人民法院对某市国土资源局的非诉执行申请进行合法性审查后,已经作出准予强制执行的决定,即否定了该案属于征收拆迁案件,故本案不适合参照《"裁执分离"的通知》精神执行。

第二，根据《中华人民共和国行政强制法》第三十四条规定"行政机关依法作出行政决定后，当事人在行政机关决定的期限内不履行义务的，具有行政强制执行权的行政机关依照本章规定强制执行。"第五十三条规定"当事人在法定期限内不申请行政复议或者提起行政诉讼，又不履行行政决定的，没有行政强制执行权的行政机关可以自期限届满之日起三个月内，依照本章规定申请人民法院强制执行。"第十三条第二款"法律没有规定行政机关强制执行的，作出行政决定的行政机关应当申请人民法院强制执行。"据此，对行政机关的行政处罚决定，人民法院受理并裁定准予执行的基础是行政机关无行政强制执行权，本案中，某市人民法院裁定准予强制执行某市国土资源局行政处罚决定书中内容，但又裁定行政处罚决定中的"退还非法占有土地""拆除建筑物和其他设施，恢复土地原状"由无强制执行权的某市国土资源局组织实施，显然不符合《中华人民共和国行政强制法》的以上规定。某市人民法院仅以《"裁执分离"的通知》即作出"退还非法占有土地""拆除建筑物和其他设施，恢复土地原状"由某市国土资源局组织实施，突破了《中华人民共和国行政强制法》第四条"行政强制的设定和实施，应当依照法定的权限、范围、条件和程序"的规定。

第三，《中华人民共和国行政诉讼法》第九十七条规定"公民、法人或者其他组织对行政行为在法定期间不提起诉讼又不履行的，行政机关可以申请人民法院强制执行，或者依法强制执行"、《最高人民法院关于执行〈中华人民共和国行政诉讼法〉若干问题的解释》第九十三条规定"人民法院受理行政机关申请执行其具体行政行为的案件后，应当在30日内由行政审判庭组成合议庭对具体行政行为的合法性进行审查，并就是否准予强制执行作出裁定；需要采取强制执行措施的，由本院负责强制执行非诉行政行为的机构执行。"由此可知，人民法院受理行政机关申请执行其具体行政行为的案件后，应依法对具体行政行为的合法性进行审查，并就是否准予强制执行作出裁定；对需要采取强制执行措施的，应当由人民法院负责强制执行非诉行政行为机构执行。

本案中，某市人民法院依法作出准予强制执行的裁定后，对需要采取强制执行措施的，作出一部分由行政机关执行、一部分由人民法院负责强制执行的裁定明显违反法律规定。

二、（2018）鄂0683行他5号复函的理由不成立，本案不符合"裁执分离"适用条件。

最高人民法院《关于办理申请人民法院强制执行国有土地上房屋征收补偿决定案件若干问题的规定》《"裁执分离"的通知》，明确提出"裁执分离"适用的是"国有土地上房屋征收非诉案件"，而非建筑物非法占地非诉案件。

虽然《"裁执分离"的通知》第三条中提出"积极推进'裁执分离'，逐步拓宽适用范围"，并指出浙江省高级人民法院将"裁执分离"扩大至征收集体土地中的房屋拆迁、建筑物非法占地强制拆除等非诉案件的做法值得推广和借鉴。但《浙江省高级人民法院关于推进和规范全省非诉行政执行案件"裁执分离"工作的纪要（试行）》是在《浙江省人民政府办公厅转发省国土资源厅关于切实加强"三改一拆"行动中违法用地建筑拆除和土地利用工作指导意见的通知》《中共浙江省委办公厅转发〈浙江省高级人民法院关于为"三改一拆"工作提供司法保障的若干意见〉的通知》的基础上形成的，浙江省关于"违法用地建筑拆除由城管（综合）执法部门或者乡镇人民政府（街道办事处）与国土资源部门共同组织实施"的做法，得到了浙江省委、省政府、省国土厅的一致认同，达成了共识。浙江法院系统的作法，有地方性规章等文件的指导和行政机关的认同。而湖北省、甲市、某市均无以上相关规定，也未和行政机关达成共识。

综上所述，某市人民法裁定由无强制执行权的某市国土局执行"退还非法占用土地""拆除建筑物和其他设施，恢复土地原状"，既无相关法律、法规、规章或者规范性文件等作为指导，又不符合《中华人民共和国行政强制法》规定，某市人民法院（2018）鄂0683行他5号复函的理由不成立。根据《中华人民共和国民事诉讼法》第二百零八条第三款的规定，建议某市人民法院依法纠正本裁定。

请在收到检察建议后一个月内将处理结果书面回复本院。
此致
湖北省某市人民法院

20××年×月×日

江西某畜牧发展有限公司非法占用基本农田行政非诉执行监督案

——监督纠正法院不依法受理行为，
厘清违法违章建筑物强制拆除法律适用界限

基本案情

2012年，江西省某县某畜牧发展有限公司（以下简称某畜牧公司）未经批准，擅自在该县某镇某村某组、甲村岭乙组占用面积为7.6亩的土地，其中基本农田3.48亩、林地4.12亩。2018年7月23日，某县自然资源局认为某畜牧公司的行为违反了2004年《中华人民共和国土地管理法》第三十六条、第四十三条、第四十四条之规定，依据《中华人民共和国行政处罚法》第二十三条、2004年《中华人民共和国土地管理法》第七十六条的规定，对某畜牧公司作出并依法送达了《行政处罚决定书》，决定处罚如下：（1）责令自行拆除在非法占用土地上新建的建筑物，退还非法占用的土地，并恢复土地原状；（2）并处罚款共计86933.4元。某畜牧公司不服该行政处罚决定，向某市人民政府申请行政复议，某市人民政府作出维持的复议决定。某畜牧公司在规定的期限内未履行行政处罚决定，也未提起行政诉讼。2018年10月9日，某县自然资源局作出并送达催告书后，某畜牧公司仍未履行。2019年2月27日，某县自然资源局向某县人民法院申请强制执行。2019年3月26日，某县人民法院认为，根据《中华人民共和国行政强制法》第三十四条、第四十四条的规定，对违法的建筑物、构筑物、设施需要拆除的，具有行政强制执行权的行政机关可以依法强制拆除。《最高人民法院关于违法的建筑物、构筑物、设施等强制拆除问题的批复》亦明确，涉及违反城乡规划法的违法建筑物、构筑物、设施等的强制拆除，法律已经授予行政机关强制执行权，人民法院不受理行政机关提出的非诉行政执行申请。因此，认定某县自然资源局的申请不符合条件，作出不予受理裁定。

检察机关监督情况

2019年6月，某县人民检察院在开展行政非诉执行监督专项活动中发现，某县自然资源局将该行政处罚决定向县人民法院申请强制执行，法院应当受理而裁定不予受理存在违法，遂依职权启动监督程序。

某县人民检察院经调查核实查明：某县自然资源局的行政处罚决定有充分的事实根据，申请法院强制执行符合法律规定；非法占用土地上新建的建筑物未被拆除，非法占用的土地未退还，土地原状未恢复。

某县人民检察院审查认为，某县人民法院不予受理裁定适用法律错误。(1)《中华人民共和国行政强制法》第三十四条、第四十四条规定的是具有行政强制执行权的行政机关可以依法对需要强制拆除的违法建筑物、构筑物、设施等强制执行；第十三条规定行政强制执行由法律设定。2004年《中华人民共和国土地管理法》第八十三条规定："依照本法规定，责令限期拆除在非法占用的土地上新建的建筑物和其他设施的，建设单位或者个人必须立即停止施工，自行拆除；对继续施工的，作出处罚决定的机关有权制止。建设单位或者个人对责令限期拆除的行政处罚决定不服，可以在接到责令限期拆除决定之日起十五日内，向人民法院起诉；期满不起诉又不自行拆除的，由作出处罚决定的机关依法申请人民法院强制执行，费用由违法者承担。"由以上规定可见，法律没有赋予自然资源部门对违法占用土地上新建的建筑物的强制执行权。某县自然资源局对某畜牧公司作出的行政处罚没有强制执行权，应当申请人民法院强制执行。(2)《最高人民法院关于违法的建筑物、构筑物、设施等强制拆除问题的批复》适用于违反城乡规划法的违法建筑、构筑物、设施等的强制拆除，不适用于本案。某县自然资源局对某畜牧公司违法占地的行政处罚是依据2004年《中华人民共和国土地管理法》作出的决定，根据2004年《中华人民共和国土地管理法》第八十三条、《中华人民共和国行政强制法》第五十三条的规定，某县自然资源局申请强制执行事项，属于人民法院行政非诉执行受理范围。某县人民法院作出不予受理的行政裁定违反了法律规定。

2019年7月4日，某县人民检察院向县人民法院发出检察建议，建议其依法撤销作出的不予受理行政裁定；重新审查某县自然资源局的强制执行申请。

某县人民法院采纳检察建议，于2019年8月23日撤销不予受理裁定，9月9日，某县人民法院作出了准予强制执行裁定。本文写作时该案仍在执行过程中，某县人民检察院在积极跟进。

指导意义

人民检察院办理行政非诉执行监督案件，特别是行政机关申请强制拆除"违法违章建筑物"行政非诉执行监督案件，应当按照作出具体行政行为依据的法律，准确查明行政机关对其申请强制执行的相关事项是否具有直接强制执行权，发现人民法院错误认定行政机关具有直接强制执行权而不予受理的，应当向人民法院发出检察建议，监督法院依法受理并作出是否准予执行的裁定。本案中，某县自然资源局依据《中华人民共和国土地管理法》对某畜牧公司作出行政处罚，申请某县人民法院强制执行，符合法律规定，县人民法院不予受理裁定存在违法。某县人民检察院依法提出检察建议，监督法院撤销不予受理裁定并作出准予强制执行裁定，保障了县自然资源局作出的行政处罚依法执行，促进依法惩治非法占用基本农田的违法行为。

相关法律规定

1.《中华人民共和国土地管理法》（2004年修正）

现行有效的为2019年修订，2020年1月1日施行的《中华人民共和国土地管理法》。

第八十三条　依照本法规定，责令限期拆除在非法占用的土地上新建的建筑物和其他设施的，建设单位或者个人必须立即停止施工，自行拆除；对继续施工的，作出处罚决定的机关有权制止。建设单位或者个人对责令限期拆除的行政处罚决定不服的，可以在接到责令限期拆除决定之日起十五日内，向人民法院起诉；期满不起诉又不自行拆除的，由作出处罚决定的机关依法申请人民法院强制执行，费用由违法者承担。

2. 《中华人民共和国行政强制法》（2012年1月1日施行）

第十三条　行政强制执行由法律设定。

法律没有规定行政机关强制执行的，作出行政决定的行政机关应当申请人民法院强制执行。

第三十四条　行政机关依法作出行政决定后，当事人在行政机关决定的期限内不履行义务的，具有行政强制执行权的行政机关依照本章规定强制执行。

第四十四条　对违法的建筑物、构筑物、设施等需要强制拆除的，应当由行政机关予以公告，限期当事人自行拆除。当事人在法定期限内不申请行政复议或者提起行政诉讼，又不拆除的，行政机关可以依法强制拆除。

第五十三条　当事人在法定期限内不申请行政复议或者提起行政诉讼，又不履行行政决定的，没有行政强制执行权的行政机关可以自期限届满之日起三个月内，依照本章规定申请人民法院强制执行。

3. 《最高人民法院关于违法的建筑物、构筑物、设施等强制拆除问题的批复》（法释〔2013〕5号，2013年4月3日实施）

北京市高级人民法院：

根据行政强制法和城乡规划法有关规定精神，对涉及违反城乡规划法的违法建筑物、构筑物、设施等的强制拆除，法律已经授予行政机关强制执行权，人民法院不受理行政机关提出的非诉行政执行申请。

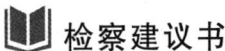 检察建议书

某县人民检察院
检察建议书

×检民（行）执监〔2019〕××号

本院对某县人民法院行政非诉执行审查某县自然资源局（原某县国土资源局）申请强制执行某县某畜牧发展有限公司行政处罚案（2019）赣1026行审1号进行了审查。本案现已审查终结。

现查明：被执行人某县某畜牧发展有限公司（以下简称某公司）于2012年6月28日与某村陂某组签订租赁协议，约定承租农田10.04亩田，租期30年，前3年免租金，后期租金按当年种田田租收取。2012年9月11日，某公司和某镇甲村乙组部分有田村民签订了租赁协议，约定承租农田19亩田，租期10年，租金每亩每年60元。某公司于2012年9月动工建设，2012年11月完成养殖建筑及路面硬化工程，同年12月开始养殖鸡、羊、驴等禽、畜类动物，但该养殖场至2014年5月12日才办理营业执照。

经某县自然资源局调查人员现场勘测，该养殖场违法占用土地面积7.6亩，其中：驴舍建筑及硬化面积为6.01亩，包含基本农田2.25亩、林地3.76亩；养鸡场及山塘面积1.59亩，包含基本农田1.23亩、林地0.36亩。《中华人民共和国土地管理法》第三十六条第三款规定禁止占用基本农田发展林果业和挖塘养鱼；第四十三条第一款规定任何单位和个人进行建设，需要使用土地的，必须依法申请使用国有土地；第四十四条规定建设占用土地，涉及农用地转为建设用地的，应当办理农用地转用审批手续。某县自然资源局依照上述法律规定，以"××土许罚字[2018]第70号"行政处罚决定书作出如下处罚：1.强制拆除被执行人在非法占用土地上新建的建筑物，退还非法占用的土地，并恢复土地原状；2.并处罚款86933.4元。因被执行人未在规定的期限内申请行政复议或提起行政诉讼，也未履行行政处罚决定书确定的义务，某县自然资源局遂于2019年2月27日向你院申请强制执行，同年3月26日，你院以（2019）赣1026行审1号行政裁定书作出不予受理裁定。你院根据《中华人民共和行政强制法》第三十四条、第四十四条规定，对违法的建筑物、构筑物、设施需要拆除的，具有行政强制执行权的行政机关有权强制执行；《最高人民法院关于违法的建筑物、构筑物、设施等强制拆除问题的批复》规定对涉及违反城乡规划法的违法建筑物、构筑物、设施等的强制拆除，法律已经赋予行政机关强制执行权，人民法院不受理行政机关提出的非诉行政执行申请等，裁定对申请执行人某县国土资源局的强制执行申请不予受理。

本院认为，你院（2019）赣1026行审1号行政裁定书适用法律错误，不予受理裁定违反法律规定。具体理由如下：

一、《最高人民法院关于违法的建筑物、构筑物、设施等强制拆除问题的批复》不适用本案情形

该批复是针对违反城乡规划法的违法建筑、构筑物、设施等强制拆除所

作的解释,《中华人民共和国城乡规划法》第六十八条规定:"城乡规划主管部门作出责令停止建设或者限期拆除的决定后,当事人不停止建设或者逾期不拆除的,建设工程所在地县级以上人民政府可以责成有关部门采取查封施工现场、强制拆除等措施。"由此可见,县级以上人民政府可以依据《中华人民共和国城乡规划法》实施行政强制执行权。本案违法情形是违法用地,违反的是《中华人民共和国土地管理法》。某县自然资源局是依据《中华人民共和国土地管理法》作出的行政处罚,而非《中华人民共和国城乡规划法》,因此,本案不符合该批复适用的前提条件。

二、《中华人民共和国行政强制法》第四十四条是规定了具有行政强制执行权的行政机关强制拆除违法建筑的程序问题,不适用没有行政强制执行权的自然资源局

从法条的体系看,该法第四十四条是位于行政强制法第四章行政机关强制执行程序部分,在该部分的首条即该法第三十四条规定"行政机关依法作出行政决定后,当事人在行政机关决定的期限内不履行义务的,具有行政强制执行权的行政机关依照本章规定强制执行",因此适用该部分规定的主体是"具有行政强制执行权的行政机关"。在本案中,某县自然资源局没有行政强制执行权,因此不能适用该条自行执行。

三、本案依法属于人民法院受理范围

在本案中,某县自然资源局对被执行人某畜牧公司作出行政处罚决定依据的是《中华人民共和国土地管理法》,根据《中华人民共和国土地管理法》第八十三条、《中华人民共和国行政强制法》第五十三条规定,某县国土资源局无权自行强制执行,人民法院应当受理该强制执行申请。

综上,某县人民法院作出的(2019)赣1026行审1号不予受理行政裁定适用法律错误。经本院检察委员会讨论决定,根据《中华人民共和国行政诉讼法》第一百零一条、《人民检察院行政诉讼监督规则(试行)》第三十二条的规定,特提出检察建议:

1. 建议你院依法撤销(2019)赣1026行审1号不予受理行政裁定;

2. 建议你院重新审查某县自然资源局强制执行申请。

请在收到检察建议后三个月将处理结果书面回复本院。

此致

某县人民法院

20××年×月×日

山东季某某非法占用耕地
行政非诉执行监督案

——以个案为切入点加强类案监督，
监督纠正裁定文书不送达实施机关的违法行为，
促进完善非诉执行实施机制

基本案情

2016年7月，山东省某市某区某镇村民季某某未经批准，擅自占用该村不符合土地利用总体规划的耕地2200平方米（3.3亩）建设钢结构厂棚。2017年11月3日，某市国土资源局依法作出行政处罚决定：（1）退还非法占用的土地；（2）限自收到本处罚决定书之日起十五日内自行拆除在非法占用的不符合土地利用总体规划的耕地3.3亩上新建的建筑物和其他设施，恢复土地原状；（3）处以非法占用土地每平方米25元罚款，共计55000元，罚款于15日内交指定银行，逾期不缴纳的，每日按罚款数额的3%加处罚款。行政处罚决定书送达后，季某某缴纳罚款55000元，但未按处罚决定履行其他事项。某市国土资源局依法作出履行行政处罚决定催告书，季某某仍不履行剩余义务，也未依法申请行政复议和提起行政诉讼。市国土资源局遂于2018年5月3日向某区人民法院申请强制执行。某区人民法院立案后于2018年7月16日作出准予强制执行裁定，裁定行政处罚决定第（二）项由某镇人民政府组织实施，市国土资源局协助。裁定作出后，某区人民法院未向某镇人民政府送达该行政裁定书，致使涉案土地上的新建建筑物和其他设施未予拆除。

检察机关监督情况

某市某区人民检察院在全国检察机关行政非诉执行监督专项活动中发现该案线索,遂于 2018 年 11 月启动监督程序。

某区人民检察院经调查核实查明,某区人民法院作出行政裁定书送达了市国土资源局和季某某,但未向某镇人民政府送达,某镇人民政府未组织实施强制拆除涉案土地上的新建建筑物和其他设施,涉案耕地 2200 平方米(3.3 亩)仍处于非法占用状态。某区人民检察院审查认为,某区人民法院裁定将组织实施强制拆除主体确定为某镇人民政府,但未向该镇人民政府送达行政裁定书,导致行政行为和行政裁定难以履行,应当予以纠正。2018 年 12 月 13 日,某区人民检察院向某区人民法院发出检察建议,建议法院向某镇人民政府送达行政裁定书。

某区人民法院收到检察建议后,向某镇人民政府送达了涉案行政裁定书。镇政府收到行政裁定后,对季某某进行说服教育,通知其自行拆除,并明确限期拆除期限及财物搬离的要求。期限届满后,镇政府组织国土、公安、城管等部门联合执法,对季某某未拆除的剩余部分违法设施予以拆除,季某某非法占用耕地已复垦退还。

某区人民检察院进一步调查发现,法院在办理此类案件中,裁定由相关镇街人民政府组织实施强制执行但未送达文书问题具有普遍性,遂于 2018 年 11 月开始,开展了历时三个月的专项监督活动。同时,某区人民检察院向某区人民法院通报行政非诉执行监督情况,召开"法官+检察官"联席会议,多方沟通和联合会商,确定将耕地保护作为系列案件的重点监督内容,纠正行政非诉执行案件审查裁定存在的程序违法问题。某区人民检察院向某区人民法院发出改进工作的检察建议,督促法院自行纠正未依法送达行政裁定书 280 余件。某区人民法院以此为契机,完善送达指挥中心和送达团队模式建设,运行"集约送达一体化平台",保障裁判法律文书依法送达。法、检两院还联合对耕地保护系列案件的强制执行进行跟踪问效,截至 2020 年 5 月,27 件系列案件执行完毕,保护被占用耕地 36995 平方米(55.49 亩),其他案件的强制执行实施仍在推进中。

指导意义

非法占地类案件，多年来在一些基层法院行政非诉执行受理案件中居首位，其中大量的案件是破坏耕地资源（含基本农田）的案件，这既是人民法院审查的重点，也是检察机关监督的重点。此类案件法院以"裁执分离"方式裁定的强制执行实施主体并非申请机关时，行政裁定书如何向强制执行实施主体送达，法院与申请机关如何衔接，最高人民法院相关司法解释和地方人民法院等出台的规范性文件没有明确规定和统一规范，实践中导致法院的裁定与执行实施脱节，使行政裁定书成为"白条"，造成强制执行困难甚至无法实现。本案中，某区人民检察院以办理季某某占用耕地行政非诉执行监督案件为切入点，发现某区人民法院未向行政裁定书明确的强制执行实施主体送达行政裁定书，影响实际执行效果的普遍性问题，与人民法院和行政执法部门加强沟通协调，建立非法占地非诉执行案件协作推进机制，结合当地实际开展专项活动，以个案监督促类案问题解决，有力推动了人民法院行政非诉执行活动规范有序和地方政府依法强制执行活动，形成耕地保护合力。

相关法律规定

1. 《中华人民共和国行政诉讼法》（2017年修正，2017年7月1日实施）

第一百零一条 人民法院审理行政案件，关于期间、送达、财产保全、开庭审理、调解、中止诉讼、终结诉讼、简易程序、执行等，以及人民检察院对行政案件受理、审理、裁判、执行的监督，本法没有规定的，适用《中华人民共和国民事诉讼法》的相关规定。

2. 《最高人民法院关于办理申请人民法院强制执行国有土地上房屋征收补偿决定案件若干问题的规定》（法释〔2012〕4号，2012年4月10日实施）

第八条 人民法院裁定准予执行的，应当在五日内将裁定送达申请机关和被执行人，并可以根据实际情况建议申请机关依法采取必要措施，保障征收与补偿活动顺利实施。

第九条 人民法院裁定准予执行的，一般由作出征收补偿决定的市、县级人民政府组织实施，也可以由人民法院执行。

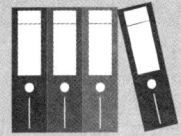

助力脱贫攻坚典型案例

河南某页岩砖有限公司拖欠贫困户农民工工资行政非诉执行监督案

——发挥行政检察"一手托两家"作用，加强行政检察与刑事检察职能衔接配合，维护贫困户农民工合法权益

基本案情

2016年至2017年期间，河南省某市某页岩砖有限公司（以下简称某公司）拖欠该市某区某镇某村朱某某等40名农民工工资共计49.45万元。2018年1月8日，某市某区人力资源和社会保障局（以下简称某区人社局）对某公司下达《劳动保障监察限期整改指令书》，责令该公司8日内支付拖欠朱某某等40名农民工的劳动报酬。该公司拒不支付。2018年3月，某区人社局作出《劳动保障监察行政处罚决定书》，对该公司罚款1.5万元，逾期不缴纳每日按罚款的3%加处罚款。该公司既不履行处罚决定，又不申请复议或提起行政诉讼，经催告后仍未履行。某区人社局于2018年11月向某区人民法院申请强制执行。法院收到强制执行申请书及相关证据材料后，既未立案，也未裁定不予受理，导致该行政处罚决定未能执行。

检察机关监督情况

2020年3月，某市检察院在开展"劳动监察领域非诉执行监督专项活动"中，发现某区人民法院受理某区人社局非诉执行案存在违法情形，遂将该线索交某区人民检察院审查。

某区人民检察院经阅卷、调查核实,查明:(1)朱某某等40人均为农民工,其中有5人是贫困户,其要求支付劳动报酬的诉求合法。(2)某区人社局曾于2018年2月向某市公安局某分局移送某公司涉嫌拒不支付劳动报酬罪的犯罪线索,公安机关未立案。(3)某公司有支付能力。

某区人民检察院审查认为:(1)某区人民法院在受理某区人社局行政非诉执行申请活动中存在违法情形。根据《最高人民法院关于适用〈中华人民共和国行政诉讼法〉的解释》第一百五十五条规定,人民法院对符合条件的申请应当在5日内立案受理,并通知申请人;对不符合条件的申请,应当裁定不予受理。某区人民法院收到某区人社局提交的《强制执行申请书》及相关证据材料后,既未立案受理,也未裁定不予受理,违反了法律规定。(2)某区人社局履职不到位。某区人社局向某市公安局某分局移送本案某公司涉嫌拒不支付劳动报酬的犯罪线索,公安机关未予立案;申请法院强制执行,法院既未受理又未作出不予受理裁定,某区人社局对上述情况未进一步采取其他措施,本案的行政处罚决定始终未得到有效执行,某区某镇某村的40名农民工的合法权益没有得到有效保障。

2020年4月初,某区人民检察院分别向某区人民法院、某区人社局提出检察建议。建议法院依法纠正,规范行政非诉执行案件受理工作,对于符合受理条件的要依法受理并作出裁定,及时执结。建议某区人社局强化劳动监察执法能力,加强对恶意欠薪案件的调查,确保申请强制执行的行政处罚案件合法合规合理;加强与检察机关的沟通联系,严格按照人社部《关于加强拒不支付劳动报酬犯罪案件查处衔接工作的通知》要求,支持配合检察机关依法开展劳动监察领域的法律监督工作。4月20日,某区人民法院书面回复采纳检察建议,并表示今后对行政非诉执行申请依法受理审查,按期裁定并执结。4月26日,某区人社局书面回复采纳检察建议,表示今后将加强对涉嫌拒不支付劳动报酬案件的调查取证和移交工作,加强行政处罚与检察监督衔接工作,规范劳动监察执法人员的行为,提升执法水平。

为保障农民工合法权益,促进拖欠工资问题得到有效解决,某区人民检察院就某公司涉嫌拒不支付劳动报酬罪的犯罪线索,依法启动刑事立案监督程序。2020年4月,某区人民检察院向公安机关发出《要求说明不立案理由通知书》,收到公安机关《不立案理由说明书》后,经审查不立案理由不能成立,遂通知公安机关立案。公安机关依法立案侦查。6月9日,某公司主动向劳动监察部门缴纳了 1.5 万元行政处罚罚款。截至 2020 年 7 月 6 日，某公司拖欠的 40 名农民工劳动报酬已全额支付完毕。

指导意义

就近就地就业、外出务工是农村贫困群众脱贫的有效途径。脱贫攻坚进入决胜阶段，必须千方百计保障农民工务工就业，确保每个贫困农民工工资收入支付到位。农民工尤其是贫困户的工资长期拖欠，很可能导致已经走在脱贫路上的农民工再次返贫，影响脱贫工作任务如期完成。本案中，检察机关充分发挥行政检察"一手托两家"职能作用，依法监督法院规范非诉执行活动，促进行政机关依法履职，同时启动对公安机关的刑事立案监督，形成监督合力，有力推动了长期拖欠农民工（贫困户）工资的问题实质解决，助力脱贫攻坚，取得了较好的监督效果。

相关法律规定

1.《最高人民法院关于适用〈中华人民共和国行政诉讼法〉的解释》（法释〔2018〕1 号，2018 年 2 月 8 日实施）

第一百五十五条第三款 人民法院对符合条件的申请，应当在五日内立案受理，并通知申请人；对不符合条件的申请，应当裁定不予受理。行政机关对不予受理裁定有异议，在十五日内向上一级人民法院申请复议的，上一级人民法院应当在收到复议申请之日起十五日内作出裁定。

2.《最高人民法院、最高人民检察院、人力资源和社会保障部、公安部关于加强涉嫌拒不支付劳动报酬犯罪案件查处衔接工作的通知》（人社部发〔2014〕100 号，2014 年 12 月 23 日实施）

二、切实规范涉嫌拒不支付劳动报酬犯罪案件移送工作

（三）人力资源社会保障部门对于公安机关不接受移送的涉嫌犯罪案件或者已受理的案件未依法及时作出立案或不立案决定的，可以建议人民检察院依法进行立案监督。对公安机关受理后作出不予立案决定的，可在接到不予立案通知书后 3 日内向作出决定的公安机关提请复议，也可以建

议人民检察院依法进行立案监督。

检察建议书

1. 向法院发出的检察建议书：

河南省某市某区人民检察院
检察建议书

×× 检民（行）执监 [2020] ×× 号

本院对于某区人民法院受理某区人力资源和社会保障局申请强制执行×人社监察罚决字 [2018] 第 001 号劳动保障检察行政处罚决定书一案进行了审查。本案现已审查终结。

本院经调查核实，查明：因被执行人某市某页岩砖有限公司拖欠朱某某等 40 名劳动者工资 25 万元，在某区人力资源和社会保障局对其下达×人社监察令字 [2018] 第 001 号劳动保障监察限期整改指令书后，拒不执行，某区人力资源和社会保障局于 2018 年 3 月 15 日作出×人社监察罚决字 [2018] 第 001 号劳动保障检察行政处罚决定书，于 2018 年 3 月 15 日送达被执行人某市某页岩砖有限公司，某市某页岩砖有限公司到期既未履行处罚决定，又未申请复议或提起行政诉讼。某区人力资源和社会保障局在对被执行人进行了催告后，于 2018 年 11 月 26 日向某区人民法院提交了×人社监察强申字 [2018] 001 号强制执行申请书，申请对其作出的×人社监察罚决字 [2018] 第 001 号劳动保障检察行政处罚决定书予以强制执行。某区人民法院收到某区人力资源和社会保障局的强制执行申请书及相关证据材料后，既未立案，也未裁定不予受理，导致该行政处罚决定书未能获得强制执行。

本院认为，某区人民法院在受理某区人力资源和社会保障局行政非诉执行活动中存在违法情形。根据《中华人民共和国行政强制法》第五十三条、第五十四条之规定，当事人在法定期限内不申请行政复议或者提起行政诉讼，又不履行行政决定的，没有行政强制执行权的行政机关可以自期限届满之日起三个月内,依照本章规定申请人民法院强制执行。行政机关申请人民法院强制执行前,应当催告当事人履行义务。催告书送达十日后当事人仍未履行义务的,行政机关可以向所在地有管辖权的人民法院申请强制执行;执行对象是不动产的,向不动产所在地有管辖权的人民法院申请强制执行。根据《中华人民共和国行政强制法》第五十六条、第五十七条之规定,人民法院接到行政机关强制执行的申请,应当在五日内受理。人民法院对行政机关强制执行的申请进行书面审查,对符合本法第五十五条规定,且行政决定具备法定执行效力的,除本法第五十八条规定的情形外,人民法院应当自受理之日起七日内作出执行裁定。根据《中华人民共和国行政诉讼法》的解释第一百五十六条之规定,没有强制执行权的行政机关申请人民法院强制执行其行政行为,应当自被执行人的法定起诉期限届满之日起三个月内提出。某区人民法院收到某区人力资源和社会保障局提交的×人社监察强申字[2018]001号强制执行申请书及相关证据材料后,既未立案,也未裁定不予受理,存在违法情形。

综上,某区人民法院在受理某区人力资源和社会保障局申请强制执行×人社监察罚决字[2018]第001号劳动保障监察行政处罚决定书一案中存在违法情形。依据《中华人民共和国行政诉讼法》第十一条、《最高人民法院、最高人民检察院关于民事执行活动法律监督若干问题的规定》第一条、第二十一条和《人民检察院行政诉讼监督规则》第二十九条的规定,特提出检察建议,建议依法履职、规范行政非诉执行案件受理等工作。

请在收到检察建议后一个月将处理结果书面回复本院。
此致
某区人民法院

20××年×月×日

2. 向人力资源和社会保障局发出的检察建议书：

河南省某市某区人民检察院
检察建议书

××检民（行）执监〔2020〕××号

某区人力资源和社会保障局：

  本院在办理你局向某区人民法院申请强制执行×人社监察罚决字〔2018〕第001号行政处罚决定书的行政非诉执行一案过程中，发现你局在行政非诉执行案件移送和执法方面存在问题，亟需改正和治理。

  经依法审查查明，2018年3月15日，你局依法对某市某页岩砖有限公司做出×人社监察罚决字〔2018〕第001号行政处罚决定，并于2018年11月28日向某区人民法院申请强制执行。2018年1月17日，你局依法向某市公安局某分局移送本案公司涉嫌拒不支付劳动报酬的刑事犯罪案件，并于2018年2月1日收到某市公安局某分局的未立案回复材料。截止目前，本案的行政处罚决定未得到有效执行，涉案公司涉嫌的刑事案件处于未处理状态，某区某镇某村的40名农民工劳动者的合法权益仍未得到有效保障。

  本院认为，根据《中华人民共和国行政强制法》第五十三条、第五十四条之规定，当事人在法定期限内不申请行政复议或者提起行政诉讼，又不履行行政决定的，没有行政强制执行权的行政机关可以自期限届满之日起三个月内，依照本章规定申请人民法院强制执行。根据《关于加强拒不支付劳动报酬犯罪案件查处衔接工作的通知》（人社部发〔2014〕100号）的规定，人力资源和社会保障部门向公安机关移送涉嫌犯罪案件应当移送与案件相关的全部材料，同时应将案件移送书及有关材料目录抄送同级人民检察院。在移送涉嫌犯罪案件时已经作出行政处罚决定的，应当将行政处罚决定书一并抄送公安机关、人民检察院。人力资源和社会保障部门对于公安机关不接受移送的涉嫌犯罪案件或者已受理的案件未依法及时作出立案或不立案决定的，可以建议人民检察院依法进行立案监督。人民检察院发现人力资源和社会保障部门对应当移送公安机关的涉嫌拒不支付劳动报酬犯罪案件不移送或者逾期不移送的，应当督促移送。人力资源和社保障部门接到人民检察院提出移送涉嫌犯罪案件的书面意见后,应当及时移送案件。人民检察院发现相关部门拒不移送案件和拒不立案行为中存在职务犯罪线索的,应当认真审查,依法处理。

综上,依据《人民检察院行政诉讼监督规则(试行)》第二条规定:"人民检察院通过办理行政诉讼监督案件,监督人民法院依法审判和执行,促进行政机关依法行使职权,维护司法公正和司法权威,维护国家利益和社会公共利益,保护公民、法人和其他组织的合法权益,保障国家法律的统一正确实施。"依据《人民检察院检察建议工作规定》第十一条第(四)项规定:"人民检察院在办理案件中发现社会治理工作存在下列情形之一的,可以向有关单位和部门提出改进工作、完善治理的检察建议:……(四)相关单位或者部门不依法及时履行职责,致使个人或者组织合法权益受到损害或者存在损害危险,需要及时整改消除的;……"向你单位提出如下检察建议:

一、在申请行政非诉执行过程中,当出现法院应当受理而不受理、应当立案而不立案或者拖延立案等后,你局应及时寻求检察机关进行法律监督,以督促法院依法受理和执行,维护行政执法活动的权威性和公信力。

二、强化劳动监察的执法能力,按照相关法律和司法解释以及通知要求规范文书送达程序,特别是要加强对恶意欠薪案件的案件调查,确保申请强制执行的行政处罚案件合法合规合理。

三、加强与检察机关的沟通联系,严格按照《关于加强拒不支付劳动报酬犯罪案件查处衔接工作的通知》(人社部发〔2014〕100号)的规定要求,理解并支持配合好检察机关依法开展劳动监察领域的法律监督工作。

请在收到检察建议后一个月内将处理结果书面回复本院。

20××年×月×日

安徽汤某某与某县民政局信息公开
行政裁判执行依职权监督案

——监督法院依法执行生效裁判，促使行政机关依法
公开五保户信息，筑牢社会保障兜底底线

基本案情

安徽省某市某县某乡某村村民汤某某享有政府低保和残疾补助，汤某某认为其母亲持有视力一级残废证，也应纳入低保，但未获某县民政局批准。因某县民政局一直未公开2010年至2013年低保户名单，汤某某对名单的真实性存在怀疑。自2013年开始，向某县民政局申请公开其所在的某县某乡某村2010年至2013年低保户、五保户名单，某县民政局一直未予答复。2016年9月28日，汤某某通过邮寄的方式向某县民政局申请公开2010年至2013年低保户、五保户名单，某县民政局收到后未作答复。汤某某于2017年5月31日向某县人民法院提起诉讼，要求某县民政局公开2010年至2013年某乡某村低保户、五保户名单原件复印件。某县人民法院于2017年8月29日作出（2017）皖1523行初20号行政判决书，判决某县民政局于判决生效后十五日内对汤某某申请政府信息公开事项依法作出答复。后经二审、再审，均维持一审判决。判决生效后，某县民政局未实际履行判决确定的义务，汤某某于2019年2月21日向某县人民法院申请强制执行，该院于2019年2月26日作出受理案件通知书，并向某县民政局送达了执行通知书、传票等相关文书，某县民政局于3月13日向某县人民法院出具"关于汤某某申请政府信息公开的答复"，并公开了某乡某村2010年至2013年的低保户名单，某县人民法院于2019年3月14日结案。

检察机关监督情况

某市人民检察院在审查汤某某与某县民政局信息公开一案中发现,某县人民法院在执行该案过程中存在需要监督的情形,遂将该案交办至某县人民检察院。某县人民检察院依法启动监督程序。

某县人民检察院审查认为,(1)法院执行结案存在违法情形。最高人民法院《关于执行案件立案、结案若干问题的意见》(法发〔2014〕26号)第十五条规定,"生效法律文书确定的执行内容,经被执行人自动履行、人民法院强制执行,已全部执行完毕,或者是当事人达成执行和解协议,且执行和解协议履行完毕,可以以'执行完毕'方式结案。"本案中,汤某某的诉讼请求是要求某县民政局公开 2010 年至 2013 年某乡某村低保户、五保户名单原件复印件,(2017)皖 1523 行初 20 号行政判决书判决某县民政局对汤某某申请政府信息公开事项依法作出答复。即某县民政局需对汤某某申请公开 2010 年至 2013 年某乡官某低保户、五保户名单进行答复,而某县民政局只公开了某乡某村 2010 年至 2013 年低保户名单,未公开某乡某村五保户名单,亦未做出相应答复。判决确定的义务尚未完全履行完毕,某县人民法院即执行结案,明显不当,应当予以纠正。(2)某县民政局应当依法履行信息公开义务。《中华人民共和国政府信息公开条例》(国务院令第 492 号,该条例已于 2019 年 4 月 3 日被修订,以下简称《政府信息公开条例》)第九条规定,行政机关应当主动公开"涉及公民、法人或者其他组织切身利益的"政府信息。某县民政局具有社会救济、核准居民最低生活保障的职责,其在履行职责过程中核准确定的农村低保户、五保户名单不仅涉及到已被确定为低保户、五保户人员的利益,而且也关系到已申请但未获批准人员的切身利益,某县民政局应当主动公开。《政府信息公开条例》第二十四条规定,行政机关收到政府信息公开申请,应当予以当场答复或收到申请之日起 15 个工作日内答复。某县民政局对汤某某申请事项负有答复义务,但未在法定期限内予以答复。在人民法院判决生效后,某县民政局仍未完全履行信息公开义务。

2019 年 12 月 30 日,某县人民检察院向某县人民法院发出行政执行监督检察建议,建议该院及时对本案未执行部分依法执行。某县人民法院回复立即联系县民政局相关人员，督促其依法执行（2017）皖 1523 行初 20 号行政判决。同时，某县人民检察院向某县民政局发出检察建议，建议该局依法就汤某某申请政府信息公开事项给予答复，并依法公开某乡某村 2010 年至 2013 年五保户名单。某县民政局收到检察建议后回复表示尽快研究落实。

2019 年 12 月 31 日，某县民政局派员前往汤某某所在的某乡某村，落实相关信息的公开工作。该乡镇党委政府非常重视汤某某反映某村 2010 年至 2013 年"五保"不公开一事，安排财政、民政工作人员将 2010 年至 2013 年"五保"财政打卡清册调出，在村委会公开栏进行公开、公示，邀请汤某某现场进行查看，征询意见。在村委会办公室，民政工作人员就汤某某关心的其母亲是否符合低保户的纳入标准问题进行了答复和解释，如其母亲符合标准，应当为其依法办理申请；如不符合标准，亦不能因其诉讼、申请检察机关监督而违法纳入。汤某某当场表示非常满意。

指导意义

"保基本、兜底线、促公平、可持续"是社会保障兜底扶贫的基本原则，对无法通过产业扶持和就业帮助实现脱贫的家庭实行政策性保障兜底。低保户、五保户是社会保障兜底扶贫的主要对象。"五保""低保"事关贫困群众基本生活保障，是群众最关心、最直接、最现实的利益问题。做好相关公开公示工作，接受社会各界和人民群众的监督，确保应保尽保、应退则退，对实现社会公平、公正，化解社会矛盾，维护社会稳定有着十分重要作用。本案中，汤某某申请行政机关公开所在村的低保户、五保户名单，既是涉及其切身利益，亦是对政策性保障工作的一种监督。检察机关通过发挥行政检察"一手托两家"职能作用，监督法院将判决结果执行到位，督促行政机关将"五保"信息公开到位，进一步推动政府信息公开、依法行政，规范法院的执行行为，增强帮扶贫困群众工作的公开透明度，依法保障人民群众的知情权、监督权，为筑牢社会保障兜底底线提供司法保障。

相关法律规定

1.《最高人民法院关于执行案件立案、结案若干问题的意见》(法发〔2014〕26 号,2015 年 1 月 1 日实施)

第十五条　生效法律文书确定的执行内容,经被执行人自动履行、人民法院强制执行,已全部执行完毕,或者是当事人达成执行和解协议,且执行和解协议履行完毕,可以以"执行完毕"方式结案。

执行完毕应当制作结案通知书并发送当事人。双方当事人书面认可执行完毕或口头认可执行完毕并记入笔录的,无需制作结案通知书。

执行和解协议应当附卷,没有签订书面执行和解协议的,应当将口头和解协议的内容作成笔录,经当事人签字后附卷。

2.《中华人民共和国政府信息公开条例》(国务院令第 492 号)

*该条例已于 2019 年 4 月 3 日被修订,现行有效为国务院令第 711 号,2019 年 5 月 15 日实施。

第九条　行政机关对符合下列基本要求之一的政府信息应当主动公开:

(一)涉及公民、法人或者其他组织切身利益的;

(二)需要社会公众广泛知晓或者参与的;

(三)反映本行政机关机构设置、职能、办事程序等情况的;

(四)其他依照法律、法规和国家有关规定应当主动公开的。

该条现已修改为:

第十九条　对涉及公众利益调整、需要公众广泛知晓或者需要公众参与决策的政府信息,行政机关应当主动公开。

第二十条　行政机关应当依照本条例第十九条的规定,主动公开本行政机关的下列政府信息:

(一)行政法规、规章和规范性文件;

(二)机关职能、机构设置、办公地址、办公时间、联系方式、负责人姓名;

(三)国民经济和社会发展规划、专项规划、区域规划及相关政策;

(四)国民经济和社会发展统计信息;

(五)办理行政许可和其他对外管理服务事项的依据、条件、程序以及办理结果；

（六）实施行政处罚、行政强制的依据、条件、程序以及本行政机关认为具有一定社会影响的行政处罚决定；

（七）财政预算、决算信息；

（八）行政事业性收费项目及其依据、标准；

（九）政府集中采购项目的目录、标准及实施情况；

（十）重大建设项目的批准和实施情况；

（十一）扶贫、教育、医疗、社会保障、促进就业等方面的政策、措施及其实施情况；

（十二）突发公共事件的应急预案、预警信息及应对情况；

（十三）环境保护、公共卫生、安全生产、食品药品、产品质量的监督检查情况；

（十四）公务员招考的职位、名额、报考条件等事项以及录用结果；

（十五）法律、法规、规章和国家有关规定规定应当主动公开的其他政府信息。

第二十一条 除本条例第二十条规定的政府信息外，设区的市级、县级人民政府及其部门还应当根据本地方的具体情况，主动公开涉及市政建设、公共服务、公益事业、土地征收、房屋征收、治安管理、社会救助等方面的政府信息；乡（镇）人民政府还应当根据本地方的具体情况，主动公开贯彻落实农业农村政策、农田水利工程建设运营、农村土地承包经营权流转、宅基地使用情况审核、土地征收、房屋征收、筹资筹劳、社会救助等方面的政府信息。

第二十四条 行政机关收到政府信息公开申请，能够当场答复的，应当当场予以答复。

行政机关不能当场答复的，应当自收到申请之日起15个工作日内予以答复；如需延长答复期限的，应当经政府信息公开工作机构负责人同意，并告知申请人，延长答复的期限最长不得超过15个工作日。

申请公开的政府信息涉及第三方权益的，行政机关征求第三方意见所需时间不计算在本条第二款规定的期限内。

该条现已修改为：

第三十三条 行政机关收到政府信息公开申请，能够当场答复的，应当当场予以答复。

行政机关不能当场答复的,应当自收到申请之日起20个工作日内予以答复;需要延长答复期限的,应当经政府信息公开工作机构负责人同意并告知申请人,延长的期限最长不得超过20个工作日。

行政机关征求第三方和其他机关意见所需时间不计算在前款规定的期限内。

第三十四条　申请公开的政府信息由两个以上行政机关共同制作的,牵头制作的行政机关收到政府信息公开申请后可以征求相关行政机关的意见,被征求意见机关应当自收到征求意见书之日起15个工作日内提出意见,逾期未提出意见的视为同意公开。

检察建议书

1. 向法院发出的检察建议书:

<h3 style="text-align:center">安徽省某县人民检察院
检察建议书</h3>

×检民(行)执监〔2019〕××号

本院对某县人民法院执行汤某某与某县民政局政府信息公开(2019)皖1523执636号一案的执行活动进行了审查。本案现已审查终结。

现查明:汤某某于2013年向某县民政局申请公开其所在村(某县某乡某村)2010—2013年低保户、五保户名单,某县民政局未答复。2016年9月28日,汤某某通过邮寄的方式向某县民政局申请公开2010—2013年低保户、五保户名单,某县民政局收到后未作答复。汤某某于2017年5月31日向某县人民法院提起诉讼,某县人民法院于2017年8月29日作出(2017)皖1523行初20号行政判决书,判决某县民政局对汤某某申请政府信息公开事项依法作出答复,此后该案经过二审驳回上诉维持原判。汤某某于2019年2月21日向某县人民法院申请强制执行,该院于2月26日作出受理案件通知书,并向某县民政局送达了执行通知书、传票等相关文书,某县民政局于3月13日向某县人民法院出具"关于汤某某申请政府信息公开的答复",并公开了某乡某村2010年至2013年的低保户名单,某县人民法院于 3 月 14 日结案。

本院认为，根据《中华人民共和国政府信息公开条例》第二条的规定，政府信息是指行政机关在履行职责过程中制作或者获取的，以一定形式记录、保存的信息。某县民政局具有社会救济、核准居民最低生活保障的职责，其在履行职责过程中核准确定的农村低保户、五保户名单，属于《中华人民共和国政府信息公开条例》第二条规定的政府信息。汤某某作为某乡某村村民，有申请公开其所在村低保户、五保户名单的权利。本案中，原审法院判决某县民政局对汤某某申请政府信息公开事项依法作出答复，汤某某申请政府信息公开事项包括某乡某村 2010 年至 2013 年低保户、五保户的名单，但在执行过程中，某县民政局仅向某县人民法院作出答复，没有直接答复汤某某，且答复内容只公开了某乡某村 2010 年至 2013 年低保户名单，五保户名单并未公开。某县民政局在未完全执行判决的情形下，某县人民法院即已结案。

综上所述，某县人民法院在执行汤某某与某县民政局政府信息公开一案中存在需要监督的情形。经本院检察委员会讨论决定，根据《中华人民共和国民事诉讼法》第二百三十五条、《人民检察院行政诉讼监督规则（试行）》第三十六条第一款第（六）项的规定，特提出检察建议，建议你院及时对本案未执行部分依法执行。

请在收到检察建议后三个月将处理结果书面回复本院。

此致
某县人民法院

20××年×月×日

2. 向民政局发出的检察建议书：

安徽省某县人民检察院
检察建议书

×检民（行）行政违监〔2019〕××号

某县民政局：

某市人民检察院在审查汤某某与某县民政局信息公开一案中发现，某县民政局在履行信息公开职责过程中存在需要监督的情形，该院以××检民（行）监［2019］××号函的形式交办至本院，本院予以立案审查。

本院经调查核实，现查明：汤某某于2013年向某县民政局申请公开其所在村（某县某乡某村）2010—2013年低保户、五保户名单，某县民政局未答复。2016年9月28日，汤某某通过邮寄的方式向某县民政局申请公开2010—2013年低保户、五保户名单，某县民政局收到后未作答复。汤某某于2017年5月31日向某县人民法院提起诉讼，某县人民法院于2017年8月29日作出（2017）皖1523行初20号行政判决书，判决某县民政局对汤某某申请政府信息公开事项依法作出答复，此后该案经过二审驳回上诉维持原判。判决进入执行程序后，某县民政局向某县人民法院提供《关于汤某某申请政府信息公开的答复》，并公开了2010—2013年的某乡某村的低保户名单。根据《中华人民共和国政府信息公开条例》第二条的规定，政府信息是指行政机关在履行职责过程中制作或者获取的、以一定形式记录、保存的信息。某县民政局具有社会救济、核准居民最低生活保障的职责，其在履行职责过程中核准确定的农村低保户、五保户名单，属于《中华人民共和国政府信息公开条例》第二条规定的政府信息。汤某某作为某乡某村村民，有申请公开其所在村低保户、五保户名单的权利。根据《中华人民共和国信息公开条例》第二十四条的规定，行政机关收到政府信息公开申请，能够当场答复的，应当当场予以答复；不能当场答复的，应当自收到申请之日起15个工作日内予以答复。某县民政局于2016年9月收到汤某某的信息公开申请后，对汤某某申请事项负有答复义务，但未在法定期限内予以答复，构成行政不作为。人民法院判决生效后，某县民政局未直接答复汤某某，且未公开某乡某村2010—2013年五保户的名单。

依据《人民检察院民事行政检察监督规则》第三条第一款之规定，向你单位提出如下建议：

1. 依法就汤某某申请政府信息公开事项给予答复；
2. 依法公开某乡某村2010年至2013年五保户名单。

请在收到后一个月内作出处理并将处理结果书面回复本院。

20××年×月×日

广西张某某与某市人力资源和社会保障局行政确认裁判结果监督案

——依法履行行政检察职能，对符合条件的困难当事人予以司法救助，彰显司法温度

基本案情

张某某系广西壮族自治区某市某县（2015年8月撤县设市）某单位从事安全保卫工作的聘用职工。2010年4月5日，张某某在门卫值班室拆饮水机时，因用力不当摔倒，碰到凳子边沿，导致胸部受伤，当日被送到医院住院治疗，被医院诊断为"食管破裂并破入左侧胸腔，右侧胸腔积液"。

2011年4月28日，张某某向某市人力资源和社会保障局（以下简称某市人社局）提出工伤认定申请。2011年5月17日，某市人社局以张某某超过工伤认定申请时限为由，作出《工伤认定申请不予受理决定书》。张某某不服，向广西壮族自治区人力资源和社会保障厅申请行政复议，该厅行政复议决定维持百色市人社局不予受理工伤认定申请决定。

张某某不服，于2012年8月24日提起行政诉讼。某市某区人民法院一审、某市中级人民法院二审均认定张某某申请工伤认定已经超过1年的法定期限，判决（裁定）维持某市人社局的不予受理工伤认定申请决定。张某某仍不服，向法院申请再审，未获支持。

检察机关监督情况

张某某因不服法院裁判，向某市人民检察院申请监督。某市人民检察

院经审查，认为张某某申请工伤认定已经超过法定期限，法院裁判并无不当，遂作出不支持监督申请决定。张某某仍不服，向广西壮族自治区人民检察院申请复查。

广西壮族自治区人民检察院2019年5月受案后，调阅了审判卷宗和工伤认定档案材料，咨询专业技术人员，向张某某及其工作单位、人社局等核实有关情况，调查查明：（1）张某某于2010年4月5日在门卫室上班时因拆饮水机受伤，2011年4月28日向某市人社局申请工伤认定，期间无应当予以扣除工伤认定申请期限的法定情形。（2）张某某1981年10月应征入伍，退伍后分配到某县某印刷厂工作。2004年印刷厂停产，张某某下岗后根据优抚政策申请了家庭低保，2007年9月，到某县某单位从事文件收发、保卫工作。张某某受伤后失去劳动能力，为治疗已5次住院手术或留院治疗，花费巨大。张某某家庭本就是低保户，因其受伤生活更加困难。

广西壮族自治区人民检察院认为，张某某上班时间在工作岗位上因履行工作职责而受伤，应当属于工伤，但其申请工伤认定确已超过法定期限，根据《工伤保险条例》第十七条第一、二款的规定，某市人社局作出不予受理决定符合法律规定，人民法院、某市人民检察院不支持其诉求并无不当。但经检察机关行政检察部门联合控告申诉检察部门走访调查，认为张某某符合司法救助条件，应当给予司法救助。根据中央六部委《关于印发〈关于建立完善国家司法救助案件制度的意见（试行）〉的通知》《人民检察院国家司法救助工作细则（试行）》等相关规定，对涉法涉诉信访人，其诉求具有一定合理性，但通过法律途径难以解决，且生活困难，愿意接受国家司法救助后息诉息访的，符合国家司法救助条件。张某某的情况符合规定情形。广西壮族自治区人民检察院在作出维持某市人民检察院的不支持监督申请决定的同时，依法决定给予张某某20万元的司法救助金。

指导意义

检察机关在办案中应当积极探索和推进国家司法救助与精准扶贫深度融合，切实提高国家司法救助工作服务脱贫攻坚的精准度和有效性，对符合救助条件的当事人予以救助,帮助他们解决生活面临的困难,防止因案致贫、因案返贫、因案加重贫困。本案中,检察机关经审查,张某某申请工伤认定超过申请期限,法院的裁判并无不当;但同时也了解到张某某受伤而导致其家庭生活陷入困境的现实情况,为张某某申请司法救助,提供了有效的司法帮助,让因案加重贫困家庭切实感受到司法的温度和力度。

相关法律规定

1.《工伤保险条例》(国务院令第586号,2011年1月1日实施)

第十七条 职工发生事故伤害或者按照职业病防治法规定被诊断、鉴定为职业病,所在单位应当自事故伤害发生之日或者被诊断、鉴定为职业病之日起30日内,向统筹地区社会保险行政部门提出工伤认定申请。遇有特殊情况,经报社会保险行政部门同意,申请时限可以适当延长。

用人单位未按前款规定提出工伤认定申请的,工伤职工或者其近亲属、工会组织在事故伤害发生之日或者被诊断、鉴定为职业病之日起1年内,可以直接向用人单位所在地统筹地区社会保险行政部门提出工伤认定申请。

按照本条第一款规定应当由省级社会保险行政部门进行工伤认定的事项,根据属地原则由用人单位所在地的设区的市级社会保险行政部门办理。

用人单位未在本条第一款规定的时限内提交工伤认定申请,在此期间发生符合本条例规定的工伤待遇等有关费用由该用人单位负担。

2.《中共中央政法委员会、财政部、最高人民法院、最高人民检察院、公安部、司法部关于印发〈关于建立完善国家司法救助制度的意见(试行)〉的通知》(中政委〔2014〕3号,2014年1月17日实施)

二、国家司法救助的对象

对下列人员提出国家司法救助申请的,应当予以救助:

(一)刑事案件被害人受到犯罪侵害,致使重伤或严重残疾,因案件无法侦破造成生活困难的;或者因加害人死亡或没有赔偿能力,无法经过诉讼获得赔偿,造成生活困难的。

(二)刑事案件被害人受到犯罪侵害危及生命,急需救治,无力承担医疗救治费用的。

（三）刑事案件被害人受到犯罪侵害而死亡，因案件无法侦破造成依靠其收入为主要生活来源的近亲属生活困难的；或者因加害人死亡或没有赔偿能力，依靠被害人收入为主要生活来源的近亲属无法经过诉讼获得赔偿，造成生活困难的。

（四）刑事案件被害人受到犯罪侵害，致使财产遭受重大损失，因案件无法侦破造成生活困难的；或者因加害人死亡或没有赔偿能力，无法经过诉讼获得赔偿，造成生活困难的。

（五）举报人、证人、鉴定人因举报、作证、鉴定受到打击报复，致使人身受到伤害或财产受到重大损失，无法经过诉讼获得赔偿，造成生活困难的。

（六）追索赡养费、扶养费、抚育费等，因被执行人没有履行能力，造成申请执行人生活困难的。

（七）对于道路交通事故等民事侵权行为造成人身伤害，无法经过诉讼获得赔偿，造成生活困难的。

（八）党委政法委和政法各单位根据实际情况，认为需要救助的其他人员。

涉法涉诉信访人，其诉求具有一定合理性，但通过法律途径难以解决，且生活困难，愿意接受国家司法救助后息诉息访的，可参照执行。

3. 最高人民检察院关于印发《人民检察院国家司法救助工作细则（试行）》的通知（高检发刑申字［2016］1号，2016年8月16日）

第七条　救助申请人符合下列情形之一的，人民检察院应当予以救助：

（一）刑事案件被害人受到犯罪侵害致重伤或者严重残疾，因加害人死亡或者没有赔偿能力，无法通过诉讼获得赔偿，造成生活困难的；

（二）刑事案件被害人受到犯罪侵害危及生命，急需救治，无力承担医疗救治费用的；

（三）刑事案件被害人受到犯罪侵害致死，依靠其收入为主要生活来源的近亲属或者其赡养、扶养、抚养的其他人，因加害人死亡或者没有赔偿能力，无法通过诉讼获得赔偿，造成生活困难的；

（四）刑事案件被害人受到犯罪侵害，致使财产遭受重大损失，因加害人死亡或者没有赔偿能力，无法通过诉讼获得赔偿，造成生活困难的；

（五）举报人、证人、鉴定人因向检察机关举报、作证或者接受检察机关委托进行司法鉴定而受到打击报复，致使人身受到伤害或者财产受到重大损失，无法通过诉讼获得赔偿，造成生活困难的；

（六）因道路交通事故等民事侵权行为造成人身伤害，无法通过诉讼获得赔偿，造成生活困难的；

（七）人民检察院根据实际情况，认为需要救助的其他情形。

涉新冠肺炎疫情典型案例

江苏省某市环境保护局行政处罚非诉执行监督案

基本案情

2017年9月25日,江苏省某市环境保护局发现某建材经营部(个体工商户)未履行环保审批手续,违反了《建设项目环境保护管理条例》的规定,遂对其作出罚款2万元、停止水泥制品加工和制造项目使用的行政处罚决定。该经营部只缴纳了罚款,但未执行"停止水泥制品加工、制造项目的使用"的行政处罚决定,且在规定的期限内未提出行政复议和诉讼,环保部门依法向某高新区人民法院申请强制执行。2018年6月21日,某高新区人民法院作出准予强制执行的行政裁定书。2019年1月21日,某市环保局向泰州高新区人民法院申请强制执行,1月22日,法院对某建材经营部发出限制消费令,并将该经营部的负责人卢某列入限制消费名单予以网上公布。2019年3月19日,某高新区人民法院确认某建材经营部已停产停业,遂于3月20日以执行完毕为由予以结案,但一直未解除卢某限制消费令。

检察机关监督情况

2020年3月3日,卢某向某高新区人民检察院申诉,其已全部履行停产停业义务,环保手续也已齐全,恢复正常经营,尤其是现在疫情形势好转,其准备外出进货,处理订单,但因限制消费令仍未解除,导致其无法购买合适的高铁票、飞机票,影响复工复产。

接到卢某申诉后,检察机关即开展了调查核实工作:一是向法院调阅了案件卷宗材料;二是网上核实卢某限制消费令情况;三是与卢某进行线上调查谈话,线上核实确认其提供的文书材料、微信视频查看订单,具体了解限制消费令对卢某以及复工复产产生的影响;四是检察人员到现场进行实地查看。最终查明:该经营部于 2019 年 3 月 19 日前停产停业,行政处罚决定书规定的义务已全部履行完毕,于同年 12 月获得相关环保许可并重新投入生产。因疫情期间相关业务单位复工复产需要,该经营部订单较多,缺乏生产原材料,但截至调查当日,经营者卢某仍在限制消费名单之内,影响了正常生产经营活动,该经营部复工复产面临困境。

某高新区人民检察院认为,根据《最高人民法院关于限制被执行人高消费及有关消费的若干规定》,被执行人履行完毕生效法律文书确定的义务的,人民法院应当解除限制消费令。2020 年 3 月 18 日,某高新区人民检察院依法向某高新区人民法院提出对卢某限制消费令予以解除的检察建议,并进一步进行沟通,某高新区人民法院采纳检察建议,当天对某建材经营部解除限制消费令,将卢某移出限制消费名单,为该经营部早日复工复产扫清障碍。

相关法律规定

《最高人民法院关于限制被执行人高消费及有关消费的若干规定》(法释〔2015〕17 号,2015 年 7 月 22 日实施)

第九条 在限制消费期间,被执行人提供确实有效的担保或者经申请执行人同意的,人民法院可以解除限制消费令;被执行人履行完毕生效法律文书确定的义务的,人民法院应当在本规定第六条通知或者公告的范围内及时以通知或者公告解除限制消费令。

上海市某区生态环境局行政处罚
非诉执行监督案

基本案情

2014年2月20日,上海市某区生态环境局执法人员对个体经营者金某位于该区某镇的废塑料粉碎、清洗、造粒项目进行检查,金某现场未能提供建设项目的环境保护设施竣工验收相关材料。4月23日,某区生态环境局依法作出罚款人民币10万元、责令停止生产的处罚决定。因金某未履行罚款义务,也未申请行政复议或提起行政诉讼,某区生态环境局于9月15日向法院申请强制执行。人民法院执行时,发现该项目已经关闭、金某去向不明,遂将金某纳入失信被执行人名单。2019年5月7日,金某认为法院将其纳入失信被执行人名单不当,向上海市某区人民检察院申请监督,请求将自己从失信被执行人名单库中删除。主要理由是,当地镇政府在开展非法塑料加工企业专项整治活动中,镇政府承诺,如果金某带头拆迁搬离,可以协调处理之前环保局作出的罚款决定。金某按照镇政府的要求在规定时间内率先完成搬迁。

检察机关监督情况

检察机关审查认为,人民法院对金某采取纳入失信被执行人名单等执行措施符合法律规定,故依法作出不支持监督申请的决定。但金某在接受行政处罚及时停止涉案项目生产时,做到了配合该区环境整治,带头拆除相关设备,彻底消除了生态环境风险。镇政府在此过程中,曾向金某作出过承诺,并就此与区法院、环保局进行过协调,这一事实得到了镇政府工作人员的证实,金某基于对镇政府的信赖,才没有及时缴纳罚款,其请求删除失信信息具有一定合理性。区检察院遂按照最高人民检察院关于开展行政争议实质性化解的工作部署进行深入研究，提出矛盾化解方案并通报了该镇政府。2019年12月，该镇政府正式致函生态环境局，希望妥善处理金某诉求。其间，检察机关积极走访联系生态环境局、法院执行局，探讨论证删除金某失信信息的可行性和合法性。进入新冠肺炎疫情防控特定时期后，面对抗击疫情和复工复产的双重任务，检察机关采取多种形式推进金某合理诉求的解决。2020年3月20日，该镇政府正式回函检察机关，根据《最高人民法院关于公布失信被执行人名单信息的若干规定》（法释〔2017〕7号）第十条第一款第（三）项"申请执行人书面申请撤销失信信息，人民法院审查同意的"人民法院应当在三个工作日内删除失信信息的规定，某区人民法院已经删除金某失信信息。

相关法律规定

《最高人民法院关于公布失信被执行人名单信息的若干规定》（法释〔2017〕7号，2017年5月1日实施）

第十条 具有下列情形之一的，人民法院应当在三个工作日内删除失信信息：

（一）被执行人已履行生效法律文书确定的义务或人民法院已执行完毕的；

（二）当事人达成执行和解协议且已履行完毕的；

（三）申请执行人书面申请删除失信信息，人民法院审查同意的；

（四）终结本次执行程序后，通过网络执行查控系统查询被执行人财产两次以上，未发现有可供执行财产，且申请执行人或者其他人未提供有效财产线索的；

（五）因审判监督或破产程序，人民法院依法裁定对失信被执行人中止执行的；

（六）人民法院依法裁定不予执行的；

（七）人民法院依法裁定终结执行的。

有纳入期限的，不适用前款规定。纳入期限届满后三个工作日内，人民法院应当删除失信信息。

依照本条第一款规定删除失信信息后，被执行人具有本规定第一条规定情形之一的，人民法院可以重新将其纳入失信被执行人名单。

依照本条第一款第三项规定删除失信信息后六个月内，申请执行人申请将该被执行人纳入失信被执行人名单的，人民法院不予支持。

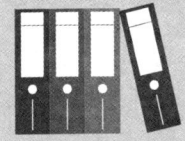

附录1：行政非诉执行监督工作文件

山东省检察机关行政非诉执行监督工作指南（试行）

(2019年9月5日山东省人民检察院第十三届
检察委员会第二十九次会议通过)

行政非诉执行监督是行政检察制度的重要内容，是强化法律监督的重要抓手，具有"一手托两家"的功能作用。加强行政非诉执行监督，有利于推动检察机关全面贯彻落实习近平新时代中国特色社会主义思想，深入贯彻落实党的十八大和十九大精神，积极回应社会公众对"执行难"问题的关切，促进依法行政，维护行政权威和司法公正，维护国家利益、社会公共利益和行政相对人的合法权益。行政非诉执行监督也是当前解决基层检察院行政检察发挥作用难的重要突破口。加强行政非诉执行监督，有利于检察机关补齐行政检察短板，推动完善省、市、县三级检察院各有侧重、全面履职的多元化行政检察工作格局，实现检察工作全面协调充分发展。为落实"做实行政检察工作"要求，深化和规范行政非诉执行监督，结合全省行政检察工作实际，制定本工作指南。

一、行政非诉执行的基本内涵和特点

（一）行政非诉执行的基本内涵

行政非诉执行是我国执行制度的重要组成部分，既涉及法院的司法行为，又涉及行政机关（或者法律、法规、规章授权的组织，下同）的行政行为。目前我国已颁布的法律中未出现行政非诉执行这一术语。对行政非诉执行的内涵，可以从两个方面去把握。1. 从法院视角审视，作为行政执行下位概念的行政非诉执行。行政机关作出行政行为后，一种情况是行政相对人不服，向法院提起行政诉讼，法院作出裁判，其涉及的即为行政裁判结果的执行。另一种情况是行政相对人对行政机关作出的行政行为在法定期限内既不履行确定的义务又不提起行政复议或者行政诉讼，没有强制执行权的行政机关需要向法院申请强制执行（具有强制执行权的行政机关可以自行强制执行）。行政非诉执行指后一种情况，即行政机关向法院申请强制执行，法院对行政机关申请强制执行的行政行为，进行受理、审查、裁定和实施，从而使行政机关的行政行为得以实现的制度。2. 从行政机关视角审视，作为行政强制执行下位概念的行政非诉执行。其与行政机关自行强制执行一起构成行政强制执行的两种形式。根据现有法律规定，行政机关自行拥有强制执行权的情况主要有两种：涉及即时执行或现场执行较多的执法行为，如交通管制、治安管理、海关管理、税务征收等方面的强制执行；对于限制人身自由的行政处罚，原则上其强制执行由公安机关或者国家安全机关进行。在行政机关不具有强制执行权的情况下，行政机关需要申请法院强制执行，即因行政相对人对行政机关的行政决定在法定期限内不履行又不提起行政复议或者行政诉讼，行政机关为了实现行政管理的目的，向法院申请强制执行的制度。

设立行政非诉执行制度，旨在兼顾保障人权和保证行政效率，保障没有强制执行权的行政机关所作出的行政行为得以实现。采用非诉讼的方式，程序相对简单，可以在较短时间内结束行政行为的执行。同时对行政非诉执行实施司法审查，可以阻止违法行政行为进入执行程序，避免行政相对人的合法权益在没有提起诉讼的情况下受到严重侵害。

（二）行政非诉执行的特点

行政非诉执行具有以下特点：1. 行政非诉执行，通俗地说就是"官告民"，申请强制执行人一般为作出行政行为的行政机关，特殊情况下可以是行政行为所确定的权利人，被执行人为公民、法人或者其他组织等行政相对人。2. 行政非诉执行的主体通常为法院，"裁执分离"情况除外。3. 行政非诉执行的依据是行政机关作出的生效行政决定，而非法院的裁判文书。4. 行政非诉执行的对象，可以分为财产类和行为类两大类型。财产类行政决定，表现为罚款、没收违法所得、没收违法财物、没收违法用具或者物品等。行为类行政决定，表现为强制履行相应的义务，如责令停产停业、责令恢复原状、暂扣或者吊销许可证、执照，以及代履行等。5. 进入执行程序的前提是行政行为所指向的行政相对人在规定期限内或者行政机关催告期限内不履行该行政行为确定的义务，又不提出行政复议或者提起行政诉讼。

行政非诉执行案件通常具有以下特点：较之行政诉讼案件，特别是在基层法院，行政非诉执行案件数量大，内容庞杂，涉及范围广泛；常涉及行政执法未能严格遵循程序规定，部分案件行政相对人对抗性较强；法院执行力薄弱，通常需要多个部门协调配合方能解决执行难的问题。

注意事项：1. 行政机关根据法律的授权对平等主体之间民事争议作出裁决后，当事人在法定期限内不起诉又不履行，作出裁决的行政机关在申请执行的期限内未申请人民法院强制执行的，生效行政裁决确定的权利人或者其继承人、权利承受人在6个月内可以申请人民法院强制执行。这类行政非诉执行非常少见。本工作指南主要是指以行政机关申请法院强制执行为内容的行政非诉执行。2.《中华人民共和国行政强制法》第五章规定了没有强制执行权的行政机关"申请人民法院强制执行"。《最高人民法院关于适用〈中华人民共和国行政诉讼法〉的解释》（2018年2月8日法释〔2018〕1号）第一百五十五条规定，行政机关根据《行政诉讼法》第九十七条的规定申请执行其行政行为，应当具备以下条件：（1）行政行为依法可以由法院执行；（2）行政行为已经生效并具有可执行内容；（3）申请人是作出该行政行为的行政机关或者法律、法规、规章授权的组织；（4）被申请人是该行政行为所确定的义务人；（5）被申请人在行政行为确定的期限内或者行政机关催告期限内未履行义务；（6）申请人在法定期限内提出申请；（7）被申请执行的行政案件属于受理执行申请的法院管辖。

二、行政非诉执行监督的法律政策依据

（一）宪法及检察院组织法依据

《中华人民共和国宪法》（2018年修正）第一百三十四条规定："中华人民共和国人民检察院是国家的法律监督机关。"

《中华人民共和国人民检察院组织法》（2018年修订）第二条规定"人民检察院是国家的法律监督机关"。第二十条规定："人民检察院行使下列职权：……（五）对诉讼活动实行法律监督；（六）对判决、裁定等生效法律文书的执行工作实行法律监督"。

（二）行政诉讼、民事诉讼法及相关司法解释依据

《中华人民共和国行政诉讼法》（2017年修正）第十一条规定："人民

检察院有权对行政诉讼实行法律监督。"第九十七条规定："公民、法人或者其他组织对行政行为在法定期限内不提起诉讼又不履行的，行政机关可以申请人民法院强制执行，或者依法强制执行。"第一百零一条规定："人民法院审理行政案件，关于期间、送达、财产保全、开庭审理、调解、中止诉讼、终结诉讼、简易程序、执行等，以及人民检察院对行政案件受理、审理、裁判、执行的监督，本法没有规定的，适用《中华人民共和国民事诉讼法》的相关规定。"

《中华人民共和国民事诉讼法》（2017年修正）第二百三十五条规定："人民检察院有权对民事执行活动实行法律监督。"第二百三十七条规定："对依法设立的仲裁机构的裁决，一方当事人不履行的，对方当事人可以向有管辖权的人民法院申请执行。受申请的人民法院应当执行。"第二百三十八条规定："对公证机关依法赋予强制执行效力的债权文书，一方当事人不履行的，对方当事人可以向有管辖权的人民法院申请执行，受申请的人民法院应当执行。"

2016年11月2日，最高法院、最高检察院印发《关于民事执行活动法律监督若干问题的规定》的通知（法发〔2016〕30号）第二十一条规定："人民检察院对人民法院行政执行活动实施法律监督，行政诉讼法及有关司法解释没有规定的，参照本规定执行。"

《人民检察院行政诉讼监督规则（试行）》（2016年3月22日）第三条规定："人民检察院通过抗诉、检察建议等方式，对行政诉讼实行法律监督。"第五条规定："有下列情形之一的，当事人可以向人民检察院申请监督：……（四）认为人民法院执行活动存在违法情形的。"第五章规定了"对审判程序中审判人员违法行为的监督与对执行活动的监督"。

（三）政策依据

《中共中央关于全面推进依法治国若干重大问题的决定》提出明确要求。2014年10月23日中国共产党第十八届中央委员会第四次全体会议通过了《中共中央关于全面推进依法治国若干重大问题的决定》，其第四部分"保证公正司法，提高司法公信力""（二）优化司法职权配置"中提出，"完善行政诉讼体制机制，合理调整行政诉讼案件管辖制度，切实解决行政诉讼立案难、审理难、执行难等突出问题"……"完善对涉及公民人身、财产权益的行政强制措施实行司法监督制度。检察机关在履行职责中发现行政机关违法行使职权或者不行使职权的行为，应该督促其纠正。"

"（六）加强对司法活动的监督"中提出，"完善检察机关行使监督权的法律制度，加强对刑事诉讼、民事诉讼、行政诉讼的法律监督。"

中央全面依法治国委员会《关于加强综合治理从源头切实解决执行难问题的意见》提出明确要求。2019年7月14日，中央全面依法治国委员会印发《关于加强综合治理从源头切实解决执行难问题的意见》（中法委发〔2019〕1号），指出其目的在于"深入贯彻落实党的十八届四中全会提出的'切实解决执行难'、'依法保障胜诉当事人及时实现权益'等重大决策部署"，其第五部分"全面加强组织保障和工作保障""（二）健全执行工作部门协作联动机制"中明确提出，"检察机关要加强对民事、行政执行包括非诉执行活动的法律监督，推动依法执行、规范执行。"

注意事项：开展行政非诉执行监督，既有法律依据也有政策依据，既有直接依据也有间接依据，既有原则宏观依据也有具体规范依据，开展监督和理论研究中应当根据情况予以适用。

三、行政非诉执行监督的原则和理念

行政非诉执行监督涉及法院、行政机关等多个部门，一些案件涉及的法律、政策问题和利益关系复杂，争议问题解决难度大。为了增强监督的质量和效果，办案中应当坚守正确的监督原则和监督理念。

（一）注重"三个效果"有机统一

坚持讲政治顾大局，围绕服务保障中央、省委和省检察院党组关于经济社会发展的重大决策部署，特别是服务打好"三大攻坚战"、服务乡村振兴等措施意见，充分发挥行政非诉执行监督职能，实现法律效果、政治效果和社会效果最大化，为经济文化强省建设提供优质检察产品。对于类案或者具有典型、引领意义的行政非诉执行监督案件，审慎妥善办理，实现监督一案（类）、带动一片的效果。

（二）坚守客观公正立场

开展行政非诉执行监督，应当秉持客观公正立场，以事实为根据，以法律为准绳，不偏不倚，平等对待、平等保护。应当坚持实体公正与程序公正、实质正义与形式正义并重，既注重维护行政权威、司法权威，又注重促进依法行政、公正司法，维护行政相对人的合法权益，不断提升法律监督的公信力。

（三）坚持双赢多赢共赢

行政非诉执行监督是通过启动法院、行政机关等的纠错纠偏程序，提醒、促进其重新审视并自我纠错纠偏。工作中，应当充分运用政治智慧、法律智慧、监督智慧，与其他司法执法部门建立良性、互动、积极的工作关系，推动法院公正及时审理案件，维护行政权威和促进依法行政，共同维护国家利益、社会利益和行政相对人的合法权益。

（四）依法精准监督

对于行政非诉执行案件的司法审查标准，《最高人民法院关于适用〈中华人民共和国行政诉讼法〉的解释》（2018年2月8日法释〔2018〕1号）第一百六十一条规定了法院应当裁定不予执行的四种情形：实施主体不具有行政主体资格的；明显缺乏事实根据的；明显缺乏法律、法规依据的；其他明显违法并损害被执行人合法权益的情形。《中华人民共和国行政强制法》第五十八条"三个明显"的规定与上述规定基本一致。结合《最高人民法院关于办理行政机关申请强制执行案件有关问题的通知》（法1998年8月18日〔1998〕77号）、《最高人民法院关于办理申请人民法院强制执行国有土地上房屋征收补偿决定案件若干问题的规定》（2012年4月10日法释〔2012〕4号）等相关规定，可以看出法院在审查行政非诉执行案件中确立了"合法性审查"标准。《最高人民法院关于办理申请人民法院强制执行国有土地上房屋征收补偿决定案件若干问题的规定》（2012年4月10日法释〔2012〕4号）第六条在"合法性审查"基础上，又提出了"明显不符合公平补偿原则"应当裁定不准予执行的合理性审查标准、"使被执行人基本生活、生产经营条件没有保障"应当裁定不准予执行的可执行性审查问题。开展监督工作中，应当注重加强对相关法律法规、司法解释等的研究分析，实行关联案件和类案强制检索，准确适用法律规则和法律原则，根据案件实际情况精准审查、精准监督。需要开展调查、组织听证的，及时组织开展；需要组织专家咨询论证或者请示报告的，及时启动程序。具体措施程序按照《中华人民共和国行政诉讼法》《最高人民法院关于适用〈中华人民共和国行政诉讼法〉的解释》、最高检察院《人民检察院行政诉讼监督规则（试行）》、省检察院《民事行政检察监督案件专家咨询论证工作办法》等执行。

四、监督案源和受理渠道

行政非诉执行监督案件的案源渠道一般有以下几种情形：

1. 行政机关认为法院对行政非诉执行申请的受理、审查、裁定或者实施违反法律或者确有错误，或者行政审判程序违法，向检察机关反映情况、申请监督；

2. 公民、法人和其他组织等认为行政机关应当申请行政强制执行而不申请，法院在受理、审查、裁定或者实施中违反法律或者确有错误，损害国家利益、社会公共利益或行政相对人的合法权益，向检察机关反映情况、申请监督或者举报、控告；

3. 有关国家机关移送属于检察机关管辖的案件线索；

4. 检察机关在履行刑事检察、民事检察、行政检察、公益诉讼检察中发现法院、行政机关等存在上述应当监督的情形，依职权进行监督；

5. 其他来源。

可以重点从以下方面作出努力，拓展案件来源：

1. 建立健全刑事检察部门、民事检察部门、公益诉讼检察部门与行政检察部门的工作对接机制，发现行政非诉执行监督案件线索，及时移送。

2. 完善行政检察与控告申诉检察、案件管理部门等之间的工作衔接机制，畅通行政申诉案件受理，提高申诉的便利性、经济性、实效性。

3. 利用报纸刊物"两微一端"、研发智能小程序、举办宣传周、召开新闻发布会等方式，与行政机关、司法机关、律协律所等相关单位建立沟通联系机制，广泛宣传、深入解读检察机关在行政非诉执行中的职能定位、监督方式，宣传解读行政非诉执行监督成效和典型案例。

4. 推进检察与审判、行政执法信息共享平台建设，实现监督信息互联互通。

5. 根据新闻媒体报道和舆情动态，对社会各界高度关注、人民群众反映强烈的重点和热点问题，需要依法行使调查核实权的，依职权进行监督。

五、行政非诉执行监督的领域

检察机关应当忠实履行行政检察职能，依法全面监督。同时，应当注重结合本地行政审判和行政执法的特点，结合本地经济社会发展状况以及制约依法行政和社会治理的突出问题，研究确定本地监督方向和重点领域。附件《我国行政管理领域中行政执行条款汇总表》包含40个行政管理领域约300部行政法律、法规和规章有关行政强制执行包括条文规范、强制执行主体分配等情况，供工作中参考。

根据最高检察院2018年2月印发的《全国检察机关民事行政非诉执行监督专项活动实施方案》和全省行政非诉执行情况，可以对以下行政管理领域非诉执行工作中的突出问题开展重点监督：

1. 资源保护领域：在非法占用的土地上新建建筑物和其他设施；在临时使用的土地上修建永久性建筑物、构筑物；对在土地利用总体规划制定前已建的不符合土地利用总体规划确定的用途的建筑物、构筑物进行重建、扩建；违反规定占用基本农田建窑、建房、建坟、挖砂、采矿等，破坏基本农田，毁坏种植条件；违反林业法规毁林采种等，致使森林、林木受到毁坏；生产经营单位存在重大事故隐患等。

2. 生态环境保护领域：违反水污染防治法，在饮用水水源保护区内设置排污口；城镇污水集中处理设施的运营单位，处理处置后的污泥不符合国家标准；海洋油气矿产资源勘探开发单位违反规定向海洋排放油污水等。

3. 城乡建设管理领域：在乡、村庄规划区内未依法取得乡村建设规划许可证或者未按照乡村建设规划许可证进行建设；在风景名胜区内违法建设的；被征收人违反规定拒不搬迁等。

4. 质量监督领域：生产者、销售者违反产品质量法规定进行生产、销售；企业未依法公开其执行标准；疫苗接种单位接收或者购进疫苗时未依照规定索要温度监测记录，接收、购进不符合要求的疫苗，或者未依照规定报告；疾病预防控制机构、接种单位违反规定，未通过省级公共资源交易平台采购疫苗等。

5. 交通运输管理领域：违反规定在公路用地范围内设置公路标志以外的其他标志；违反规定，擅自在公路上设立收费站（卡）收取车辆通行费或者应当终止收费而不终止；收费公路终止收费后，收费公路经营管理者不及时拆除收费设施等。

6. 税务财政管理领域：当事人对税务机关的处罚决定不申请复议不诉讼又不履行；税务机关责令限期缴纳税款，逾期未缴纳；当事人违反注册会计师法规定，逾期不申请复议不起诉又不履行处罚决定等。

注意事项：(1)注重加强与行政执法部门的沟通联系，建立信息共享、线索移送等机制，明确重点监督领域。针对重点领域问题，可以适时开展"小专项"监督，或者开展类案监督，促进解决一些地方行政非诉执行难的问题，促进解决党委政府关注、人民群众关心的突出问题。(2)最高法院通过司法解释、地方政府和司法机关通过规范性文件等形式，对行政非诉执行案件的"裁执"作出规定、规范，有的甚至与相关法律中的规定不一致，办案时一定全面进行研判。

六、对法院行政非诉执行的受理、审查、裁定和实施的监督

坚持以办案为中心，在办案中监督，在监督中办案，通过具体办案监督纠正行政非诉执行中的违法受理、审查、裁定和实施问题。

(一)依法监督法院对行政非诉执行申请的受理

监督的对象和内容。行政机关申请法院强制执行后，法院是否存在：(1)"客观不作为"，即应当受理而不受理、应当立案而不立案或者拖延立案等问题；(2)"怠于作为"，如因执行力量不足、担心矛盾转移等，逾期不受理行政非诉执行申请；(3)"越界作为"，即不应当受理而受理甚至作出裁定，如属于行政机关自行强制执行案件、无正当理由逾期申请案件；(4)其他不依法受理情形。

监督方式：1. 通过发出检察建议，督促法院依法受理，维护行政执法活动的权威性和公信力。2. 解决个案受理问题的同时，注重通过个案或者类案监督，促进解决普遍性问题，促进法院统一案件受理标准，规范案件材料交接手续，使符合立案条件的案件能够进入司法审查范围。

注意事项：1. 应当注重研究法院行政非诉执行案件的受理标准；2. 实践中一些地方反映法院对行政机关的非诉执行申请既不受理也不出具不予受理裁定问题比较突出，应当探索加强监督。

(二)依法监督法院对行政非诉执行申请的审查、裁定

监督的对象和内容。法院审查行政机关的强制执行申请，是否存在：(1)应当裁定予以执行而裁定不准予执行，或者不应裁定准予执行而裁定准予执行；(2)不属于"裁执分离"案件而作"裁执分离"处理，或者属于"裁执分离"案件而不作"裁执分离"处理，或者对符合"裁执分

离"原则的案件在裁定中应当明确具体组织实施主体而未明确等，导致执行不能、执行困难；（3）裁定认定事实或者适用法律错误，或者合法性、合理性标准运用错误或者明显不当；（4）违法和解；（5）审查裁定程序违反法律或者有关规定，如应当听证而未听证等；（6）其他不依法作出执行裁定的情形。

监督方式：针对审查裁定中的程序违法和裁定错误问题，发出检察建议。

注意事项：1.应当注重研究法院审查行政执行的合法性标准和合理性标准的适用，避免违法行政行为进入执行程序；2.启动监督或者作出监督决定时，应当注意预判裁定实施时的可行性等因素。

（三）依法监督法院对行政非诉执行裁定的实施

坚持程序监督和实体监督并重，注重查清事实证据，准确适用法律依据，加强说理论证，有理有据有节开展监督。

监督对象和内容。法院对行政机关的强制执行申请作出准予执行的裁定后，是否存在：（1）怠于执行或不执行，如无正当理由未在法定期限内采取执行措施或者执行结案，或者依法应当变更、解除执行措施而不变更、解除；（2）违法执行，如法院中止执行、终结执行、终结本次执行、恢复执行等违反法律规定；变更、追加执行主体错误；执行裁定违反法定程序；财产查控措施或者财产处置措施违法，违反规定采取调查、查封、扣押、冻结等执行实施措施；违法执行和解；财产分配和交付措施违法；罚款、拘留等强制措施违法；对行为请求权的执行活动违法；（3）执行不到位，如执行案件查控手段、强制执行措施运用不足等，不能有效查控被执行人的财产；不能按照行政处罚决定书或行政征收决定书内容全面足额执行，或者在执行中遇到障碍未穷尽法定执行措施就裁定终结执行等；（4）其他不依法执行情形。

监督方式：发出检察建议，督促依法执行。对执行案件查控手段、强制执行措施运用不足等问题，建议法院在查询银行账户等过程中化静态查询为动态跟踪，及时有效地查控被执行人的财产。对于法院没有按照行政处罚决定书等内容全面足额执行，或在执行中遇到障碍未穷尽法定执行措施就裁定终结执行的问题，加强审查把关，依法监督予以纠正，并跟踪实际执行效果。对于一些长期难以解决的类案，同时向行政机关和法院发出检察建议，督促开展集中清理活动，促进案件得以执行。

注意事项：1.注重区分财产类执行和非财产类（行为类）执行的特

点,财产类执行相对容易实施,非财产类执行相对实施难度大,应当及时对非财产类执行的实施难度、解决方案作出预判;2. 对申请强制执行的案件,注重审查法院是否对行政行为的合法性、正当性进行了审查,避免具有实体和程序错误或者重大瑕疵的行政行为进入执行程序。

七、对行政机关行政非诉执行申请和实施的监督

对法院行政非诉执行的监督必然涉及行政机关,必然涉及审查行政机关申请法院执行的行政行为的合法性,以督促其规范申请、移送和执行相关案件,促进依法行政和规范执法。

监督对象和内容。行政机关是否存在:(1)应当催告而不催告,应当申请法院强制执行而不及时申请,或者不应当申请而申请;(2)法院裁定由行政机关强制执行而行政机关不执行;(3)(检察机关履职中发现行政机关)具有强制执行权而怠于执行、违法执行等;(4)其他不依法履职情形。

监督方式:发出检察建议,督促其依法执行。结合个案办理,可以跟踪监督行政机关行政行为实施情况,如是否存在该处罚不处罚、该催告不催告等情形,督促其改进工作。如果发现行政机关存在其他共性问题,如行政机关对同类问题适用法律不一致、多次执法中适用法律存在同类错误或有相同违法行为,以及制度规范、管理方法、工作程序违法或者不当,应当提出改进工作的检察建议,引起有关部门重视、研究解决对策。在审查行政机关申请法院执行的行政行为的合法性时,如果发现相应行为的实施主体不具有行政主体资格,或者相应行为明显缺乏事实根据或法律、法规依据,或者相应行为具有其他明显违法并损害被执行人合法权益的情形,法院却对其作出了予以执行的裁定,检察机关应向法院发出检察建议,制止对违法行政行为的实施,审查发现相应行政公职人员有违法乱纪、滥用职权、贪污腐败行为的,或者司法人员涉嫌犯罪的,及时将有关线索移送纪检监察机关或者检察机关职务犯罪侦查部门。

八、"裁执分离"案件行政非诉执行监督应注意的问题

(一)"裁执分离"概念及相关规定

《中共中央关于全面推进依法治国若干重大问题的决定》在"深化行

政执法体制改革"中提出"理顺行政强制执行体制"的改革要求。从最高法院的相关司法政策演变看，裁判与执行分离分为两种情形：内部"裁执分离"和外部"裁执分离"。本工作指南指的是外部"裁执分离"，即行政机关向法院申请强制执行后，法院负责审查裁定，（裁定准予执行的）行政机关或者人民政府负责组织实施。

《最高人民法院关于办理申请人民法院强制执行国有土地上房屋征收补偿决定案件若干问题的规定》（2012年3月26日法释〔2012〕4号）第9条确立了国有土地房屋征迁非诉行政案件的"裁执分离"模式，即法院裁定准予执行的，一般由作出征收补偿决定的市、县级人民政府组织实施。《最高人民法院关于认真贯彻执行〈关于办理申请人民法院强制执行国有土地上房屋征收补偿决定案件若干问题的规定〉的通知》（2012年4月5日法〔2012〕97号）指出"人民法院在作出准予执行的裁定时，可以同时载明由相关政府组织实施"。《最高人民法院关于严格执行法律法规和司法解释妥善办理征收拆迁案件的通知》（2012年6月13日法〔2012〕148号）要求"严把立案、审查、执行关，切实体现'裁执分离'的原则，不得与地方政府搞联合执行、委托执行。"《最高人民法院关于在征收拆迁案件中进一步严格规范司法行为积极推进"裁执分离"的通知》（2014年7月22日法〔2014〕191号）第三条要求：积极推进"裁执分离"，逐步拓宽适用范围，严格落实"由政府组织实施为总原则、由人民法院执行属个别例外情形"的基本要求，以践行立法机关提出给相关改革探索"留有空间"的意见和中央有关部门对法院工作的相关建议。

（二）"裁执分离"案件行政非诉执行监督应注意的问题

开展"裁执分离"案件行政非诉执行监督，应当注意以下问题：1.行政机关申请强制执行强制拆除决定是有条件的。《山东省高级人民法院关于依法推进不动产非诉行政执行案件"裁执分离"的意见》（2014年12月17日鲁高法办〔2014〕97号）第4条规定行政机关申请强制执行强制拆除决定应当符合下列条件：（1）行政决定已经生效并具有可执性；（2）被申请人在法定期限内不申请行政复议或者提起行政诉讼，又未在行政决定所确定的期限内或行政机关指定的期限内履行行政决定；（3）申请机关自被申请人法定申请复议或提起诉讼期限届满3个月内向法院提出申请；（4）申请机关已经按照《中华人民共和国行政强制法》的规定进行了催告且催告期限届满；（5）法律、法规和司法解释规定的其他条件。《意见》第5条规定土地管理部门根据《中华人民共和国土地管理法实施条例》第45条规定向法院申请执行其作出的责令交出土地决定的，还应当符合其他相关条件。2.关于"裁执分离"的依据，目前主要体现在最高法院的司法解释、通知和地方规范性文件，缺乏明确的法律规定。3.监督的方式。"裁执分离"案件是行政非诉执行监督案件的一种"特殊情形"案件，因此本工作指南第五、第六部分中的监督方式均可能在此类案件监督中适用。4."行为类"强制执行特别是强制拆除决定的实施通常涉及诸多方面或者部门，涉及诸多复杂问题，实施难度大，办理这类监督案件需要较高的政治智慧、法律智慧和监督智慧，需要注意监督方式方法，注意"三个效果"有机统一。

九、检察监督的刚性和实效

坚持正确的行政非诉执行监督原则和理念，做到精准监督，是增强检察监督刚性和实效的基础。开展行政非诉执行监督，提出检察建议或者其他监督意见，应当符合《中华人民共和国行政诉讼法》《人民检察院行政诉讼监督规则（试行）》《山东省检察机关检察建议工作细则》等规定要求。

工作中，注重从以下方面进行把握：

（一）坚持办案模式与办事模式相结合

检察建议是行政非诉执行监督的主要方式，应当立足办案积极探索行之有效的形式和方法，个案审查、类案监督、制发社会治理检察建议坚持实行"案件化"办理，也可以根据实际情况，着眼促进类案问题解决，从个案办理入手，形成有原因分析、有对策建议的调研报告，推动相关问题从体制机制上得以破解。

（二）坚持事后监督与事中介入相结合

在对行政相对人人身、财产权益或者国家利益、社会公共利益很大可能造成不可逆损害的情形下，可以通过中止执行检察建议进行"事中介入"。如准予拆除的"违法建筑"包含合法建筑的，可以发出纠正违法的检察建议，同时建议中止执行。

（三）坚持非诉方式与诉讼方式相结合

行政非诉执行监督属于执行活动监督范畴，可通过联合督办、跟进监督等多种途径增强检察建议的刚性,也可以对接行政公益诉讼实现监督。

(四) 坚持行政路径与民事路径相结合

除特殊规定外,行政非诉执行适用民事诉讼法及相关司法解释、规范性文件等规定。如案外人对执行标的物主张所有权或者其他合法权益以排除行政执行的,应当允许其依法提出执行异议、提起案外人异议之诉。个体工商户的字号为被执行人的,法院可以直接执行该字号经营者的财产,法院违反上述规定的,可依法监督解决。同级监督难以达到预期效果的,应当提请上一级检察院跟进监督。

(五) 坚持非刑事路径与刑事路径相结合

开展监督中,注重借助或者督促法院运用法律手段,运用信用联合惩戒、限制高消费、限制或禁止行业准入等失信联合惩戒措施,促使被执行人自觉履行确定的法律义务。对于有能力履行而拒不履行的,督促法院依法采取强制措施,情节严重构成犯罪的,依法追究刑事责任。对国家机关工作人员涉嫌执行判决、裁定失职或者滥用职权,或者其他职务犯罪,按照管辖权限立案侦查或者移送案件线索。行政相对人涉嫌拒不执行判决、裁定罪或其他犯罪的,依法移送公安机关。

十、工作机制

(一) 组织领导机制

行政非诉执行监督涉及部门多、领域广,市、县检察院党组特别是基层检察院党组应当高度重视,认真研究深化和规范监督的措施和途径,及时协调解决工作中的重大问题。必要时,及时向党委、人大、政法委报告,加强与行政执法部门的沟通,推动健全执行联动工作机制,形成共同解决非诉行政案件执行问题的合力。

(二) 上下级院一体化工作机制

行政非诉执行监督案件主要在基层检察院,涉及基层法院和行政机关,个别案件办案压力和阻力大。对监督工作中的重大问题包括法律适用、办案程序、工作机制、困难阻力等,基层检察院应当及时向上级检察院汇报请示。对于行政争议在本地、基层,但监督解决问题需要跨区域、跨层级的,应当认真研究监督工作方案,必要时及时请示报告。上级检察院应当加强工作指导,及时为下级检察院解决实际问题,帮助基层检察院明确工作重点、排除干扰阻力。特别是市级检察院应当积极发挥领导协调作用，通过案件移交、移送机制领办、交办案件，确保案件的实效。

（三）与法院沟通协调机制

通过与法院调研座谈、会签文件等方式，加强沟通，增进共识，研究解决行政非诉执行中的问题。有基础的基层检察院可以与法院会签行政非诉执行监督规范性文件，就监督范围、监督方式、监督程序、保障措施等作出具体规定。借助法院系统开展执行案款集中清理、解决执行难系列活动的契机，开展行政非诉执行案件联合评查等，推动法院解决行政非诉执行中存在的深层次问题。

（四）与行政机关沟通协调机制

积极探索建立与行政机关间的常态化沟通协调机制，有条件的地方与行政机关建立信息共享平台，及时了解掌握本地行政强制执行情况、行政执行焦点问题，以及行政非诉执行案件所在地区、所属类型、所涉部门等信息，做好案件对比，对应当予以监督的执行案件可以建立台账，有序开展工作。全面了解政府制定或者政府与司法机关联合制定的不动产行政非诉执行案件"裁执分离"的规范性文件，了解确定行政机关向法院申请强制执行房屋、建筑物、设施等实行"裁执分离"的执行方式。对于法院裁定由基层政府实施，基层政府以缺乏法律依据不予强制执行的情形，与法院、相关行政执法部门加强沟通，研究症结所在，支持法院、政府部门解决具体案件中遇到的困难和问题。

十一、理论成果、实践成果和制度成果

在办理行政非诉执行监督案件中，应当注重总结归纳重点问题，强化讨论，形成讨论成果并注重运用讨论成果。针对行政非诉执行监督的重点难点问题，开展调查研究，多出理论成果。注重发挥咨询研究机制的作用，借助"外脑"智慧，提高监督精准度，并善于发现、培育典型性案件，多出实践成果。对办案经验、典型个案、调研成果等可以深度利用、形成制度规范的，及时出台制度规范，推进行政非诉执行监督制度化规范化。

上海市人民检察院
环保领域行政非诉执行案件检察监督指引

为规范和加强环保领域行政非诉执行监督，增强监督的针对性和精准性，推动实现监督的高质量和高水平，确保环保领域行政非诉执行监督有力有效，依据有关法律法规，结合办案实践，制定本指引。

一、环保领域行政非诉执行的概念和监督依据

环保领域行政非诉执行是行政非诉执行的类型之一，主要是指县级以上人民政府环境保护主管部门及其委托的机构和其他负有环境保护监督管理职责的部门（以下统称环保职能部门）依法所作出的具体行政行为所确定的公民、法人或者其他组织等行政义务人在法定期限内既不提起行政诉讼也不提起行政复议，又不履行相应义务，环保职能部门向有管辖权的人民法院申请强制执行，从而保障其具体行政行为的目的得以实现。

对环保领域行政非诉执行案件开展检察监督，主要有以下法律和政策依据：

1. 宪法及检察院组织法依据

《中华人民共和国宪法》（2018年修订）第一百三十四条规定："中华人民共和国人民检察院是国家的法律监督机关。"

《中华人民共和国人民检察院组织法》（2018年修订）第二条规定"人民检察院是国家的法律监督机关"。第二十条规定："人民检察院行使下列职权：……（五）对诉讼活动实行法律监督；（六）对判决、裁定等生效法律文书的执行工作实行法律监督"。

2. 行政诉讼、民事诉讼法及相关司法解释依据

《中华人民共和国行政诉讼法》（2017年修订）第十一条规定："人民检察院有权对行政诉讼实行法律监督。"第九十七条规定："公民、法人或者其他组织对行政行为在法定期限内不提起诉讼又不履行的，行政机关可

以申请人民法院强制执行，或者依法强制执行。"第一百零一条规定："人民法院审理行政案件，关于期间、送达、财产保全、开庭审理、调解、中止诉讼、终结诉讼、简易程序、执行等，以及人民检察院对行政案件受理、审理、裁判、执行的监督，本法没有规定的，适用《中华人民共和国民事诉讼法》的相关规定。"

《中华人民共和国民事诉讼法》（2017年修订）第二百三十五条规定："人民检察院有权对民事执行活动实行法律监督。"2016年11月2日，最高法院、最高检察院印发《关于民事执行活动法律监督若干问题的规定》的通知（法发〔2016〕30号）其第二十一条规定："人民检察院对人民法院行政执行活动实施法律监督，行政诉讼法及有关司法解释没有规定的，参照本规定执行。"

《人民检察院行政诉讼监督规则（试行）》（2016年3月22）第三条规定："人民检察院通过抗诉、检察建议等方式，对行政诉讼实行法律监督。"第五条规定："有下列情形之一的，当事人可以向人民检察院申请监督：……（四）认为人民法院执行活动存在违法情形的。"第五章规定了"对审判程序中审判人员违法行为的监督与对执行活动的监督"。

3. 政策依据

《中共中央关于全面推进依法治国若干重大问题的决定》提出明确要求。2014年10月23日中国共产党第十八届中央委员会第四次全体会议通过了《中共中央关于全面推进依法治国若干重大问题的决定》，其第四部分"保证公正司法，提高司法公信力"第二段"优化司法职权配置"中提出，"完善行政诉讼体制机制，合理调整行政诉讼案件管辖制度，切实解决行政诉讼立案难、审理难、执行难等突出问题"……"完善对涉及公民人身、财产权益的行政强制措施实行司法监督制度。检察机关在履行职责中发现行政机关违法行使职权或者不行使职权的行为，应该督促其纠正。"第二段"加强对司法活动的监督"中提出，"完善检察机关行使监督权的法律制度，加强对刑事诉讼、民事诉讼、行政诉讼的法律监督。"

中央全面依法治国委员会《关于加强综合治理从源头切实解决执行难问题的意见》提出明确要求。2019年7月14日，中央全面依法治国委员会印发《关于加强综合治理从源头切实解决执行难问题的意见》（中法委发〔2019〕1号），指出其目的在于"深入贯彻落实党的十八届四中全会提出的'切入解决执行难'、'依法保障胜诉当事人及时实现权益'等重大决策部署",其第五部分"全面加强组织保障和工作保障"第二段"健全执行工作部门协作联动机制"中明确提出,"检察机关要加强对民事、行政执行包括非诉执行活动的法律监督,推动依法执行、规范执行。"

二、监督原则和理念

(一)坚持客观公正原则

我国关于行政非诉执行的法律规定相对原则,法院行政非诉执行活动相对封闭,行政非诉执行监督要在深入调查核实基础上,从证据采信、事实认定和法律适用等方面严格把握监督标准,确保检察建议有事实、有理由、有依据。在监督中应注重对涉案各方的平等对待、平等保护,应当坚持实体公正与程序公正并重,既注重维护行政权威、司法权威,又注重促进依法行政、公正司法,维护行政相对人的合法权益,不断提升法律监督的公信力。

(二)积极开展穿透式监督

监督中不能只满足于法院的裁执是否站得住脚,还要加大对行政行为合法性、合理性的调查核实。要强化能动监督,着眼于当事人的实质诉求,加强依职权启动。在审查行政行为合法性的同时,关注和解决合理性问题,对实质诉求作出积极回应,力求实质正义与形式正义的统一。要做好后续跟踪工作,跟进检察建议落实情况,督促行政机关配合法院开展执行活动,及时将案件执行到位。

(三)注重三个效果的统一

立足"讲政治、顾大局、谋发展、重自强"的总要求,结合上海实际,积极主动服务保障打好"三大攻坚战"、紧紧围绕上海经济社会发展"三项新的重大任务",有效优化法治化营商环境等重大决策部署和政策要求,充分发挥行政非诉执行监督职能,实现办案法律效果、政治效果和社会效果最大化。对于类案或者具有典型、引领意义的行政非诉执行监督案件,积极妥善办理,实现监督一案(类)、影响一片的效果。

(四)力求双赢、多赢、共赢

检察监督要"一手托两家",既要监督法院公正及时审理案件,又要监督行政机关依法行使职权,还要积极化解实质争议,实现案结事了政和。要站在共同推进法治建设的高度,与法院和行政机关开展有效的沟通协调工作；要善于运用政治智慧、法律智慧、检察智慧，与其他司法执法部门建立良性、互动、积极的工作关系，推动法院公正及时审理案件，维护行政权威和促进依法行政，共同维护国家利益、社会利益和行政相对人的合法权益。

三、监督案件来源

环保领域行政非诉执行案件来源渠道一般有以下几种情形：

1. 环保职能部门认为人民法院对行政非诉执行的申请受理、审查、执行存在错误，向人民检察院申请监督；

2. 被执行人认为人民法院对行政非诉执行的申请受理、审查、执行存在错误，向人民检察院申请监督；

3. 公民、法人和其他组织认为环保职能部门怠于申请行政非诉执行，人民法院在受理、审查、执行等存在错误，损害国家利益和社会公共利益，向人民检察院反映情况或者举报、控告；

4. 人民检察院在履行刑事检察、民事检察、行政检察、公益诉讼检察中发现，依职权进行监督；

5. 有关国家机关移送案件线索；

6. 其他来源。

线索匮乏是检察机关开展行政非诉执行监督过程中面临的普遍问题，为拓展案源，可采取以下措施：

（一）依申请监督方面

1. 借助检察门户网站、微信公众号、检察开放日、宣传点、法治宣传活动等载体，有针对性地就行政非诉执行检察监督进行宣传，积极畅通申请监督渠道，提高行政非诉执行监督社会认知度。

2. 完善行政检察与控申、案管部门间的工作衔接机制，畅通行政申诉案件受理程序，提高群众申诉的便利性、经济性、实效性。

（二）依职权监督方面

1. 深入开展非诉执行专项检察活动。加强与法院及环保职能部门联系，借助多方力量，以抽查、联合检查、专项评查等多种形式，大力推进行政非诉执行专项检察工作，厚植案源基础。

2. 充分利用中国裁判文书网、中国执行信息公开网等渠道发现非诉执行案件监督线索。根据新闻媒体报道和舆情动态,对于社会各界高度关注、群众反映强烈、社会影响大的非诉执行案件开展调查,发现确有问题的,及时依职权监督。

(三)线索移送方面

1. 积极争取地方党委、人大、政法委的重视支持,充分利用党委、人大和政法委转办、交办、协调处理等多种形式发现案件线索。

2. 健全刑事检察部门、民事检察部门、公益诉讼检察部门与行政检察部门的工作对接机制,发现行政非诉执行监督线索及时移送。

3. 与环保职能部门、司法机关、律协、律所等相关单位建立沟通联系机制,广泛宣传行政检察职能,探索实现相关审判、行政执法信息共享,积极拓宽行政检察业务来源渠道。

四、监督要点

环保领域行政非诉执行监督内容主要包括:1. 人民法院对环保领域行政非诉执行申请的受理、审查、裁决和实施行为;2. 在监督法院执行活动的过程中,发现环保职能部门行政行为不规范、违法或者制度漏洞等。具体如下:

(一)法院受理、立案环节

▲监督重点:法院是否存在怠于立案情形。

▲主要监督事项:

1. 是否存在应立不立或不应立而立的情形

《最高人民法院关于适用〈中华人民共和国行政诉讼法〉的解释》(以下简称《行诉法解释》)第一百五十五条规定,法院受理的环保领域非诉执行案件,应符合以下条件:

(1)申请主体及被申请人适格

申请主体应是作出具体行政行为的环保职能部门。被申请人则是具体行政行为所确定的义务人。在环保类行政非诉执行案件中,申请主体一般为县级以上人民政府环境保护主管部门,同时气象主管机构、海事管理机构、渔业主管部门等其他负有环境保护职责的行政机关也可能成为申请主体。

(2)法院有管辖权

《行诉法解释》第一百五十七条规定,行政机关申请人民法院强制执行其行政行为的，由申请人所在地的基层人民法院受理；执行对象为不动产的，由不动产所在地的基层人民法院受理。

（3）申请执行的行政行为符合受理的有关规定，法院可以依法执行

申请执行的具体行政行为应是已生效并具有可执行内容的，且该行政行为依法可由人民法院执行。《中华人民共和国行政强制法》（以下简称《行政强制法》）第十三条规定，行政强制执行由法律规定。法律没有规定行政机关强制执行的，作出行政决定的行政机关应当申请人民法院强制执行。目前，多数环保领域法律法规未赋予行政机关强制执行权，因此，一般情况下，环保领域的行政决定都可以申请法院强制执行。但部分环保法律法规也有例外规定，赋予了有关职能部门强制代履行、强制拆除、责令停产、责令停业、关闭、责令临时停航等强制执行权。

（4）被申请人在行政行为确定的期限内或者行政机关催告期限内未履行义务

《行政强制法》第五十四条规定，环保职能部门申请人民法院强制执行前，应当催告当事人履行义务，催告书送达十日后当事人仍不履行义务，申请强制执行。

（5）申请人在法定期限内提出申请

环境职能部门申请人民法院强制执行其行政行为，应在被执行人行使行政救济权的法定期限届满之日起三个月内提出。

2. 是否存在拖延立案、人为控制立案、干扰依法立案等情况

如不在法定期限内受理申请，且不说明正当理由、不提供法律依据、不以法定形式作出的；人为设置受理障碍，导致申请"空转"、无法正常进入法律程序的；选择性受理的。

3. 法院的立案程序是否规范

如法院接到环保职能部门强制执行的申请，符合条件的是否在五日内受理并通知申请人；对不符合条件的申请，是否出具不予受理裁定。对当事人提交的证据材料，是否出具收据，并由经办人员签名或者盖章等。

（二）审查、裁定环节

▲监督重点：法院是否按照"重大明显违法"的标准尽到了依法审查义务。

▲主要监督事项：

1. 是否存在不应执行而裁定准予执行的情形或应予执行而裁定不予执行的情形

（1）裁定准予执行是否符合法律规定

根据《行政强制法》《行诉法解释》的相关规定，有以下情形的应裁定不予执行：申请人不具有行政主体资格；申请执行的行政行为明显缺乏事实依据；申请执行的行政行为明显缺乏法律、法规依据的；其他明显违法并损害被执行人合法权益的情形。

实践中，法院对环境保护职能部门的强制执行申请审查多以书面方式为主，且部分区级环境保护职能部门与法院间的沟通机制不畅，容易导致法院对一些关键情节调查核实上存在疏漏而做出错误裁定，如法院对一些被执行人已经主动的执行案件做出准予执行的裁定，又如存在被执行人在环境保护局做出行政处罚时已被注销的情形，而法院未予查明，仍作出准予裁定等情形。

（2）裁定认定的事实或适用的法律是否存在错误

如对申请人是否有权做出具体行政行为、申请执行的具体行政行为是否合法，被执行人是否履行义务等事实未予查清即做出裁定；在裁定中使用了错误的法律规范或遗漏应适用的法律规范。

（3）裁定程序是否符合法律有关规定

如未在法定期限内做出裁定；发现行政行为明显违法并损害被执行人合法权益的，未听取被执行人和行政机关的意见直接做出裁定。

（4）是否存在选择性裁定执行内容的

如环保职能部门对多个执行事项进行申请，仅对其中部分申请内容裁定准予执行或不予执行。

（5）是否存在把不属于法定"裁执分离"类型的非诉行政执行案件作"裁执分离"处理的情形

关于环保领域的行政非诉执行案件是否可以运用"裁执分离"问题，最高人民法院2012年3月公布的《关于办理申请人民法院强制执行国有土地上房屋征收补偿决定案件若干问题的规定》针对的是办理国有土地上房屋征收补偿决定或者征收拆迁案件。同时，法院在2014年7月下发的《关于在征收拆迁案件中进一步严格规范司法行为积极推进"裁执分离"的通知》中提出，积极推进"裁执分离"，逐步拓宽适用范围，严格落实"由政府组织实施为总原则、由人民法院执行属个别例外情形"，目前有部分其他省市对裁执分离的扩大适用以法院意见等形式作了规定，如山东省高级法院2014年12月下发的《关于依法推进不动产非诉行政执行案件

"裁执分离"的意见》(鲁高法办〔2014〕97号),明确对行政机关向法院申请强制执行房屋、建筑物、设施等,实行"裁执分离"的执行方式。2017年,浦东新区人民法院在环保执行领域探索适用"裁执分离"模式,即由法院审查、政府组织实施的模式处理此类案件。但这一模式并未予以推广并以立法方式确认。

(三)执行、实施环节

▲监督重点:法院是否存在执行不规范问题。

▲主要监督事项:

1. 是否存在怠于执行的情形

(1)作出准予执行裁定后,超出三个月内未予执行的。

(2)作出准予执行裁定后未采取及时、适当的执行措施导致案件久拖未能执行或直接以未发现可供执行财产为由终结执行。

(3)其他怠于执行的情形。

2. 是否存在执行不全面、不到位的情形

(1)未按照行政处罚决定书内容全面足额执行。如在被执行人未申请延期或者分期缴纳罚款的情况下,仅执行一部分罚款就擅自结案;在存在罚款本金和逾期加处罚款或滞纳金情况下,只收缴罚款本金,不执行加处罚款等;在同时存在罚款处罚和责令恢复原状、限期拆除等内容情况下,只执行罚款处罚。

(2)执行中遇到障碍未穷尽法定执行措施就裁定终结执行。如仅对被执行人的银行账户进行查询,而不查询车辆、证券等情况。

(3)执行案件查控手段、强制措施运用不足,不能有效查控被执行人的财产。如对于拒不执行的被执行人不采取限制消费及列入失信名单等措施等。

(4)选择性执行。

(5)其他执行不全面、不到位的情形。

3. 是否存在违法执行的情形

如中止执行、终结本次执行、终结执行、恢复执行违反法律规定;变更追加执行主体错误;财产查控措施或财产处置措施违法,违反规定采取调查、查封、扣押、冻结等执行实施措施;财产分配和交付措施违法;罚款、拘留等强制措施违法等。

实践中,法院执行结案方式存在错误的情形时有发生,如对于环境保护职能部门撤回申请的,以执行完毕方式结案;执行金额尚未完全到位的，以执行完毕方式结案；被执行人的财产尚在拍卖等处置中，以终结本次执行方式结案等。

4. 是否存在违法执行和解的情形

《中华人民共和国行政诉讼法》第一百零一条规定，人民法院审理行政案件，关于期间、送达、财产保全、开庭审理、调解、中止诉讼、终结诉讼、简易程序、执行等，以及人民检察院对行政案件受理、审理、裁判、执行的监督，本法没有规定的，适用《中华人民共和国民事诉讼法》的相关规定。《中华人民共和国民事诉讼法》第二百三十条规定，在执行中，双方当事人自行和解达成协议的，执行员应当将协议内容记入笔录，由双方当事人签名或者盖章。同时《行政强制法》第四十二条规定，实施行政强制执行，行政机关可以在不损害公共利益和他人合法权益的情况下，与当事人达成执行协议。因此，对于环保行政非诉执行案件，环保职能部门和被执行人双方可在强制执行过程中达成和解，但法院应当对该和解协议是否合法，是否损害国家、集体利益，也未侵害其他人的合法权益尽到审查职责。

5. 是否存在其他执行不规范，或存在重大瑕疵，侵害行政相对人或者案外人合法利益的情形

具体包括：执行费计算错误；留置送达、邮寄送达等送达程序不规范；未将到账的执行款物及时发放给申请执行人；未经申请执行人同意就擅自终结执行程序；在行政处罚执行中，将被执行人账户资金全部冻结，导致生产、经营、生活困难等情形；执行完毕后未寄发结案通知书、制作执行完毕笔录。

（四）对环保职能部门的具体行政行为的"穿透式"监督

▲监督重点：具体行政行为的合法性。

▲主要监督事项：

1. 具体行政行为认定事实是否存在错误

如对处罚对象的认定存在错误、被处罚对象已注销仍给予行政处罚，对污染后果的认定存在错误等。

2. 具体行政行为程序是否存在违法

如未按法律规定举行听证、未将处罚决定在七日内送达给相对人等。

3. 具体行政行为法律适用是否存在错误

行政执法应当适用的法律法规未适用，或者错误适用法律法规。

4. 其他情形

如其他违法或不当履职，损害国家、社会公共利益或个人合法权益的情形。

（五）对环保职能部门的行政非诉执行申请和实施的"穿透式"监督

▲监督重点：行政机关是否及时申请法院强制执行或及时强制执行。

▲主要监督事项：

1. 检察机关在办理其他行政非诉执行监督案件时发现行政机关存在的应申请法院强制执行，未申请或怠于申请；

2. 不应申请强制执行而提出申请的。如在法定起诉期限尚未届满或已超过三个月的情况下向法院申请强制执行的；

3. 未履行催告程序；

4. 遗漏申请事项的；

5. 与被执行人违法和解的；

6. 与被执行人达成和解后怠于督促被执行人履行和解协议的；

7. 具有行政强制执行权而怠于执行、违法执行的；

8. 其他应当依法监督的情形。

实践办案中，上述问题中的第6项较为多见，在一些案件中环境保护职能部门与被执行人（法人或非法人组织）和解后，未采取积极措施追讨罚款，后被执行人注销，导致执行无法继续进行。

五、监督的主要方式

（一）针对法院的执行问题

1. 针对法院执行工作违法的，采用执行监督的违法检察建议的方式予以监督。

2. 针对法院执行工作不规范的，可以制发改进工作类检察建议。

3. 针对法院在同类案件中，存在同类问题的，可以制发类案检察建议。

4. 针对法院无故不接受检察建议的，应跟进监督。

（二）针对行政机关的执法问题

1. 针对行政机关违法、可能影响人民法院公正审理和执行的，可以制发纠正违法类检察建议。

2. 针对行政机关工作不规范，工作制度需要改进的，可以制发社会综合治理类检察建议。

3. 针对行政机关不履行或违法履行职权，导致国家利益和社会公共利益受到侵害的，经研判符合公益诉讼案件受理条件，作为公益诉讼案件处理更适宜妥当的，移送公益诉讼检察部门。

4. 行政机关工作人员存在违法乱纪、滥用职权或贪污腐败的行为的，移送纪检监察机关调查处理。

5. 针对行政机关无故不接受检察建议的，可以提请上级检察院向被建议机关的上一级部门提出监督意见，必要时向同级人大常委会报告。

六、其他应注意的问题

1. 对法院进行跟进监督的方式方法问题。高检院第七厅在《关于行政非诉执行监督有关问题的解答》中提出，要充分运用政治智慧、法律智慧、监督智慧，努力把行政非诉执行监督做到刚性、做成刚性。从一些地方检察院实践经验看，一是坚持"在监督中支持，在支持中监督"的理念，主动加强与法院沟通，争取法院理解与配合，分析研究争议症结点，最大限度消除认识分歧。二是当同级监督难以达到预期效果情况下，提请上一级检察院跟进监督，由上一级检察院向同级法院提出监督意见，上下级检察院接力监督。三是探索建立检察建议抄送人大常委会备案制度、将检察建议落实情况纳入同级党委政府法治建设目标绩效等考核。对于法院不接受检察监督的，及时向当地人大常委会反映并提请督促法院依法履行职责。

2. 关于在检察监督中运用执行和解的问题。促进行政争议实质性化解是当前及今后一段时期行政检察工作的重点内容，在办理环保领域的非诉执行监督案中，应注重落实高检院"加强行政检察监督促进行政争议实质性化解"专项活动的部署要求，对于双方对执行存在争议，且有和解可行性的案件，可积极协调、督促双方在执行阶段达成和解。

3. 关于环保领域行政强制执行权的立法矛盾问题。根据《行政强制法》，只有法律能赋予行政机关强制执行权，但环保领域的部分行政法规如《太湖流域管理条例》《防治海洋工程建设项目污染损害海洋管理条例》等设定了相关行政机关自行强制执行权，存在与《行政强制法》相抵触的情况，对于此类行政非诉执行案件如出现受理问题的争议，不宜采用检察建议的方式监督，应通过沟通协商、请示汇报予以妥善处理。

4. 关于环保领域的裁执分离问题。依据我国《行政强制法》第十三条第一款"行政强制执行由法律设定"以及《立法法》第八条规定，关于人民政府的职权只能制定法律，行政机关的强制执行权只能由法律赋予，因此，对于环保领域适用裁执分离是否合法有一定争议。在监督中如发现此类案件应注意监督方式方法，注重三个效果统一，在监督中应当根据具体案件、案件事实等因素，综合研判，需向区委、市委、上一级检察机关汇报请示的应及时予以汇报请示，对于不宜用检察建议形式开展监督的应积极与争议各方协调，推动争议的实质性解决。

5. 关于涉及《生态环境轻微违法违规行为免罚清单》的问题。2020年5月7日上海市司法局和上海市生态环境局5月7日对外发布《生态环境轻微违法违规行为免罚清单》，对生态环境领域的11项轻微违法行为若及时纠正，没有造成危害后果的将不予行政处罚。由于"不予处罚"是行政机关的裁量权之一，清单并不具有法律意义上的强制性，因此，检察机关在监督中发现有行为属于免罚范畴，但环保职能部门仍予以处罚，并申请强制执行，法院也进行了受理，检察机关不宜以纠正违法的方式向法院、行政机关制发检察建议，而应制发改进工作建议为妥。

广东省检察机关
行政非诉执行监督办案指引

(节选)

六、行政非诉执行监督案件管辖

(一) 主要法律规定

1.《中华人民共和国行政强制法》

第五十四条 行政机关申请人民法院强制执行前,应当催告当事人履行义务。催告书送达十日后当事人仍未履行义务的,行政机关可以向所在地有管辖权的人民法院申请强制执行;执行对象是不动产的,向不动产所在地有管辖权的人民法院申请强制执行。

2.《最高人民法院关于适用〈中华人民共和国行政诉讼法〉的解释》

第一百五十七条 行政机关申请人民法院强制执行其行政行为的,由申请人所在地的基层人民法院受理;执行对象为不动产的,由不动产所在地的基层人民法院受理。

基层人民法院认为执行确有困难的,可以报请上级人民法院执行;上级人民法院可以决定由其执行,也可以决定由下级人民法院执行。

3.《最高人民法院关于办理申请人民法院强制执行国有土地上房屋征收补偿决定案件若干问题的规定》

第一条 申请人民法院强制执行征收补偿决定案件,由房屋所在地基层人民法院管辖,高级人民法院可以根据本地实际情况决定管辖法院。

4.《最高人民法院关于执行权合理配置和科学运行的若干意见》

二、关于执行局与立案、审判等机构之间的分工协作

10. 执行权由人民法院的执行局行使;人民法庭可根据执行局授权执

行自审案件，但应接受执行局的管理和业务指导。

13. 行政非诉案件、行政诉讼案件的执行申请，由立案机构登记后转行政审判机构进行合法性审查；裁定准予强制执行的，再由立案机构办理执行立案登记后移交执行局执行。

（二）行政非诉执行监督案件管辖确定的原则和方法

广东全省各地市人民法院关于行政非诉执行案件的管辖主要可以分为三种类型：一是没有实行集中管辖，行政非诉执行案件的审查和执行均由行政机关所在地基层人民法院管辖。二是行政非诉执行案件的审查由该地市行政案件集中管辖的基层人民法院集中管辖，行政非诉执行案件的执行则由行政机关所在地基层人民法院管辖。三是行政非诉执行案件的审查和执行均由该地市行政案件集中管辖的基层人民法院集中管辖。

行政非诉执行监督案件的管辖划分总的原则是：各地市级检察院按照相关法律规定，同时根据人民法院不同管辖类型，积极加强与人民法院、各行政机关的协商，确定本辖区行政非诉执行监督案件的管辖划分。

各地市级检察院在确定管辖划分时应当注意的要点是：第一，遵守法律关于管辖的规定，尊重人民法院行政案件集中管辖的规定。第二，各地市级检察院作为上级领导机关，有权决定本辖区案件的管辖。第三，提高工作效率，对于多发的管辖权变更、移转问题，应通过协商、文件、通知、办案平台、指挥中心等形式一次性解决，尽量减少逐案请示批复，尽量减少各基层检察院间案件相互移送。第四，科学配比案件数量和人员力量，避免案件过于集中于某个检察院。

建议各地市级检察院在确定管辖划分时采取以下方法：

1. 行政机关向所在地基层检察院移送案件线索。各基层检察院对其受理或者自行发现的案件线索进行审查。

2. 该院如发现行政非诉执行案件在人民法院受理、审查环节可能存在违法情形，由该人民法院所在地的基层检察院管辖。

3. 该院如发现行政非诉执行案件在人民法院执行环节可能存在违法情形，由该人民法院所在地的基层检察院管辖。

4. 该院如发现行政机关原行政行为，或者裁执分离情况下行政机关执行行为存在违法情形，由该院直接管辖。如该行政机关为地市级行政机关的派出机构，仍由该院直接管辖，地市级检察院应当做好地市级行政机关的沟通协调工作。

5. 该院如同时发现人民法院或行政机关存在多种违法情形，只要其中一种违法情形归该院直接管辖，则全案归该院管辖，无需移送。

6. 行政非诉执行案件的受理、审查和执行均由该地市行政案件集中管辖的基层人民法院集中管辖的，为避免该人民法院所在地的基层检察院办案负荷过大，地市级检察院应当组织实行基层检察院跨行政区划监督。

七、行政非诉执行监督案件线索

（一）线索挖掘

行政非诉执行监督案件来源，有依职权监督和依申请监督两种，其中前者是当前主要途径。来源渠道具体包括：

1. 行政机关认为人民法院对行政非诉执行申请的受理、审查、裁定或者实施违反法律或者确有错误，或者行政审判程序违法，向检察机关反映情况、申请监督。

2. 公民、法人和其他组织等认为行政机关应当申请人民法院强制执行而不申请，法院在受理、审查、裁定或者实施中违反法律或者确有错误，损害国家利益、社会公共利益或行政相对人的合法权益，向检察机关反映情况、申请监督或者举报、控告。

3. 检察机关在履行刑事检察、民事检察、行政检察、公益诉讼检察中发现人民法院、行政机关等存在上述应当监督的情形，依职权启动监督。

4. 有关国家机关移送属于检察机关管辖的案件线索。

5. 其他来源。

根据线索来源渠道，行政检察部门平时工作中可以重点从以下方面拓展案件来源：

1. 建立健全刑事检察、民事检察、公益诉讼检察部门与行政检察部门的案件线索相互移送机制。

2. 完善行政检察与控告申诉检察、案件管理部门等之间的工作衔接机制，畅通行政申诉案件受理，提高申诉的便利性。

3. 推进检察与审判、行政执法信息共享平台建设，通过大数据实现案件信息和监督信息实时同步互联互通。

4. 利用报纸刊物"两微一端"、研发智能小程序、举办宣传周、召开新闻发布会等方式，与行政机关、司法机关、律协、律所等相关单位建立沟通联系机制，广泛宣传、深入解读检察机关在行政非诉执行中的职能定位、监督方式，宣传解读行政非诉执行监督成效和典型案例。

5. 善于发现典型个案。根据新闻媒体报道和舆情动态，对社会各界高度关注、人民群众反映强烈的重点和热点问题，需要依法行使调查核实权的，依职权进行监督。可以与地区相关媒体和政务投诉中心衔接，及时有效掌握它们收集、受理的各类有关行政非诉执行问题的投诉、意见。

6. 积极走访行政机关、人民法院。通过走访行政执法机关，对近年来行政非诉执行案件进行分批摸排。还可以向相关执法机关发函了解行政处罚决定的非诉执行情况。定期走访、调阅法院行政非诉执行案件清单，摸清案件底数，从中发现违法行为线索。

7. 积极参与人大、政法委、司法行政部门等组织的行政执法评查活动，做好行政检察与行政执法监督衔接工作。检察机关可以主动参与到政府组织的行政执法评查活动，通过评查行政机关的行政非诉执行相关工作，从中摸排违法行为线索。

8. 积极开展专项监督系统、行业问题。针对公众关注的行政执法热点、难点问题，或涉及公共利益，社会矛盾突出的领域，以点带线、以线带面，挖掘出一批行政非诉执行类案线索。注重以个案为突破口，积极开展专项活动，促进一个区域内一类问题的解决。

（二）线索管理

1. 申请监督材料审查

控告申诉部门负责对外受理各类申请监督事项。对申请检察监督的，需要审查申请人提交的申请监督材料，包括监督申请书、身份证明、相关法律文书及证据材料、证据清单、送达地址确认书等，从形式上审查提交的材料是否符合行政非诉执行监督受理条件，注意副本份数并在条件允许的情况下取得监督申请书及主要法律文书的电子文字版本。

行政检察部门在接收案件时，要对上述材料进行验收确认。必要时，可请控告申诉部门要求申请人，或者直接要求申请人补正。

2. 录入

对有初步证据证明存在违法行为、符合受理条件的，作为案件录入案管系统。

对没有初步证据证明存在违法的，如行政机关主动移送的已向人民法院申请强制执行但尚未发现行政机关、人民法院存在违法情形的案件，可以作为"线索"。行政检察部门应当建立案件线索台账，对线索来源、案件类型、被监督对象、分流转办、案件承办人、审查意见等逐一列明,实行一案一登记、一案一跟进,并对线索流转、审查意见等节点实行层级管理。现阶段,在案管系统尚未设置"线索"类别时,除确定不存在违法行为的案件外,应当作为"案件"全部录入案管系统,尽量避免选择性录入,防止廉政风险。

以"线索"或"案件"形式录入案管系统时,应当注意对于同一行政机关对不同行政相对人分别作出行政行为的案件,以及同一法院对不同当事人分别作出的裁判,作为各自独立的案件录入案管系统。这类似于民事检察中的串案和系列案。

3. 评估

行政检察部门承办人应当对线索进行初步审查评估。评估线索应当重点围绕以下内容展开:

(1) 线索的真实性,是属于检察机关履行职责中发现的情形还是依申请发现,当事人身份,是否有初步证据证明存在违法行为。

(2) 线索的可查性,是否属于行政非诉执行监督案件范围,违法事实和程度是否可以得到查证,调查取证存在什么困难和障碍等。

(3) 线索的风险性,包括社会舆情、信访风险、群体性事件风险等。

4. 处理

线索经评估后,有以下几种处理方式:

(1) 对于存在违法行为的,报请检察长或经检察长授权的行政检察部门负责人决定立案监督,将案管系统中的"线索"转为"案件"。

(2) 对于不存在违法行为的,不予立案,终结审查并依法答复申请人。申请人仍然有异议,或者行政机关与行政相对人之间的矛盾仍然存在的,检察机关可以发挥主观能动性,协调借助多方力量,积极促成行政争议实质化解,实现办案效果的双赢多赢共赢。

(3) 对法律已明确规定行政机关无须向人民法院申请强制执行即可自行强制执行,但是行政机关怠于执行、也未向人民法院申请强制执行,或行政机关、司法机关人员涉嫌职务犯罪等,不属于行政非诉执行监督范畴的,行政检察部门应当以违法违纪犯罪线索移送函的形式,移送公益诉讼、职务犯罪检察部门或司法行政部门、纪检监察机关等有权单位或部门处理。

八、行政非诉执行监督案件审查的一般方法

(一) 确定涉案主体和法律关系

涉案主体主要包括：1. 行政机关；2. 行政相对人；3. 人民法院；4. 其他权利人。

法律关系主要包括：1. 行政机关与行政相对人的法律关系；2. 法院与行政机关、行政相对人的法律关系；3. 执行法院与行政机关、被执行人的法律关系；4. 裁执分离情况下执行行政机关及被执行人的法律关系；5. 检察机关与行政机关、行政相对人（被执行人）、人民法院的法律关系；等等。

(二) 明确监督对象、职责和可能存在的违法情形

1. 确定所办案件的监督对象是行政机关、人民法院，还是同时监督两者。

2. 应当查明监督对象的相关职责，查明方式包括查询法定职责、权限和法律文件依据等，包括行政诉讼法、民事诉讼法、行政强制法、单行法、司法解释等法律法规；政策依据、党政授权（行政机关主要职责、内设机构和人员编制规定的"三定"方案）、案件属地临时调整的规范性文件等。

3. 可能存在的违法情形

(1) 行政机关方面

实体违法。作为审查：违法违规行政行为，体现为作出行政决定越权；不作为审查：分为完全不作为或不完全作为，完全不作为体现为应当履职却没有任何的履职行为；不完全作为体现为遗漏决定、遗漏申请、遗漏执行等事项。

程序违法。行政机关首次履职的时间不当；行政机关履职调查未依法进行（如调查人数、手段方式等）；行政机关作出行政决定的时间和行政决定处理的期限不当；未告知行政相对人具有提起行政复议或提起行政诉讼的权利和应当履行的义务；行政机关未进行催告履行；没有行政强制执行权的行政机关申请法院执行的法定期限不当；对行政相对人依法享有的听证、陈述、申辩等重要程序性权利产生实质损害的；其他程序违法情形。

(2) 人民法院方面

受理环节：应当受理而不受理、应当立案而不立案或者拖延立案的情

形;逾期不受理行政非诉执行申请;不应当受理而受理甚至作出裁定等情形。

审查环节:超期裁定的;应当裁定予以执行而裁定不准予执行,或者不应当裁定准予执行而裁定准予执行;裁定认定事实或者适用法律错误,或者合法性、合理性标准错误或者明显不当;不属于裁执分离案件而作裁执分离处理;违法和解;裁定程序违反法律规定或者有关规定;其他不依法作出执行裁定的情形。

执行环节:完全不执行或不完全执行;超范围、标的或者减范围、标的执行;执行程序违法;其他不依法执行的情形。

(三) 梳理现有证据材料和事实

1. 行政机关方面

调阅行政机关的案卷材料,对作出行政行为的实体和程序进行审查。

实体:行政机关作出行政行为的案件事实是否清楚;行政机关作出行政行为适用法律法规等是否正确。

程序:行政机关的首次履职时间、调查人数、调查方式是否合法;作出处理决定时间、文书送达时间及签名、向法院申请强制执行的时间是否合法等;行政机关是否告知行政相对人具有提出行政复议或提起行政诉讼的权利和应当履行的义务;行政机关的催告履行情况;没有行政强制执行权的行政机关申请法院执行的法定期限;对行政机关进行物证、书证、现场勘验的情况审查;对行政机关进行委托鉴定、评估、审计的情况审查;对行政机关咨询专业人员、相关部门或者行业协会等关于专门问题的意见的情况审查;其他审查内容。

2. 人民法院方面

(1) 调阅人民法院的案卷材料,审查行政机关向人民法院提交的申请书中的申请事项,事实和理由的说明;向人民法院申请执行的时间;人民法院作出裁判文书的时间,裁判文书的送达时间。

(2) 结合行政机关、行政相对人以及其他相关证据材料,审查人民法院认定事实是否清楚,适用法律是否正确,理由是否充足。

(3) 审查人民法院是否送达传票、执行通知书、财产报告令等。

(4) 审查执行法院或者执行行政机关对案件进行执行的情况;如果案件未依法执行,则还应当审查执行法院或者执行行政机关有无履行以下相关职责:①查清被执行人的基本情况;②执行法院或执行行政机关未能执行的原因;③调查被执行人权利、义务关联主体的情况;④查清被执行人的财产情况。如到财政局、银行、市场监管部门、不动产登记中心、证券交易所、车管所等单位核实;⑤人民法院将被执行人纳入失信被执行人名单的情况等。

(5) 其他审查内容。

(四) 关于人民法院案件中止、恢复、扣除、延长、暂缓、终结的规定

1. 关于中止和恢复的规定

(1)《中华人民共和国民事诉讼法》

第二百五十六条 有下列情形之一的,人民法院应当裁定中止执行:

(一) 申请人表示可以延期执行的;

(二) 案外人对执行标的提出确有理由的异议的;

(三) 作为一方当事人的公民死亡,需要等待继承人继承权利或者承担义务的;

(四) 作为一方当事人的法人或者其他组织终止,尚未确定权利义务承受人的;

(五) 人民法院认为应当中止执行的其他情形。

中止的情形消失后,恢复执行。

(2)《最高人民法院关于人民法院执行工作若干问题的规定(试行)》

102. 有下列情形之一的,人民法院应当依照民事诉讼法第二百三十二条第一款第五项的规定裁定中止执行:

(1) 人民法院已受理以被执行人为债务人的破产申请的;

(2) 被执行人确无财产可供执行的;

(3) 执行的标的物是其他法院或仲裁机构正在审理的案件争议标的物,需要等待该案件审理完毕确定权属的;

(4) 一方当事人申请执行仲裁裁决,另一方当事人申请撤销仲裁裁决的;

(5) 仲裁裁决的被申请执行人依据民事诉讼法第二百一十三条第二款的规定向人民法院提出不予执行请求,并提供适当担保的。

104. 中止执行的情形消失后,执行法院可以根据当事人的申请或依职权恢复执行。

恢复执行应当书面通知当事人。

106. 中止执行和终结执行的裁定书应当写明中止或终结执行的理由和法律依据。

2. 关于扣除的规定

《最高人民法院关于严格执行案件审理期限制度的若干规定》

第九条 下列期间不计入审理、执行期限：

……

（五）因当事人、诉讼代理人、辩护人申请通知新的证人到庭、调取新的证据、申请重新鉴定或者勘验，法院决定延期审理一个月之内的期间；

（六）民事、行政案件公告、鉴定的期间；

（七）审理当事人提出的管辖权异议和处理法院之间的管辖争议的期间；

（八）民事、行政、执行案件由有关专业机构进行审计、评估、资产清理的期间；

（九）中止诉讼（审理）或执行至恢复诉讼（审理）或执行的期间；

（十）当事人达成执行和解或者提供执行担保后，执行法院决定暂缓执行的期间；

（十一）上级人民法院通知暂缓执行的期间；

（十二）执行中拍卖、变卖被查封、扣押财产的期间。

3. 关于延长的规定

《最高人民法院关于严格执行案件审理期限制度的若干规定》

第五条第一款 执行案件应当在立案之日起六个月内执结，非诉执行案件应当在立案之日起三个月内执结；有特殊情况需要延长的，经本院院长批准，可以延长三个月，还需延长的，层报高级人民法院备案。

4. 关于暂缓执行的规定

《最高人民法院关于人民法院执行工作若干问题的规定》

135. 上级法院通知暂缓执行的，应同时指定暂缓执行的期限。暂缓执行的期限一般不得超过三个月。有特殊情况需要延长的，应报经院长批准，并及时通知下级法院。

暂缓执行的原因消除后，应当及时通知执行法院恢复执行。期满后上级法院未通知继续暂缓执行的，执行法院可以恢复执行。

5. 关于终结的规定

《中华人民共和国民事诉讼法》

第二百五十七条 有下列情形之一的,人民法院裁定终结执行:
(一)申请人撤销申请的;
(二)据以执行的法律文书被撤销的;
(三)作为被执行人的公民死亡,无遗产可供执行,又无义务承担人的;
(四)追索赡养费、扶养费、抚育费案件的权利人死亡的;
(五)作为被执行人的公民因生活困难无力偿还借款,无收入来源,又丧失劳动能力的;
(六)人民法院认为应当终结执行的其他情形。

第二百五十八条 中止和终结执行的裁定,送达当事人后立即生效。

(五)案件审查应当注意的问题

1. 阅卷的顺序:首先查阅行政机关的案卷材料,其次查阅人民法院审理的案卷材料,最后查阅执行法院或者执行行政机关的案卷材料。

2. 在查阅案卷时要做好相应的阅卷笔录,笔录主要记录的内容为上述审查证据的相关材料,围绕案件的争议焦点审查相关法律法规、认定事实、重要证据等实体及法定程序方面的问题。

3. 检索法律法规、案例等的方法:以案由、案件性质、争议焦点作为关键词进行检索;北大法宝、法信等检索法律法规;互联网上查询;查阅相关的书籍、法律文书、案例指引等;查阅最高检、最高法、省检、省法的同类型案例;检答网咨询等。

九、行政非诉执行监督案件调查核实的一般方法

(一)调查核实的法律依据

1.《中华人民共和国人民检察院组织法》
第二十条、第二十一条

2.《人民检察院行政诉讼监督规则(试行)》
第十三条

3.《人民检察院民事诉讼监督规则(试行)》
第六十六条、第六十七条、第六十八条、第六十九条、第七十条、第七十一条、第七十二条、第七十三条

4.《人民检察院检察建议工作规定》
第十三条、第十四条、第十五条

（二）调查核实的主要手段

检察机关办理案件需要调查核实的问题可概括为实体问题和程序问题，而这些问题又主要表现为事实认定与法律适用问题。因此，办理行政非诉执行监督案件过程中，在书面审查案件材料尚不能认定程序或事实问题以及执行人员存在违规违法行为等情况下，应当进行调查核实。根据前述法律和司法解释规定，结合检察的工作特点，调查核实可采用如下手段：

1. 询问。这是最常用最直接的调查手段。主要依据审查案件发现的问题和线索，向案件当事人或案外人了解核实情况，形成笔录。

2. 函询。在不方便直接接触的情况下，通过信函等通讯形式向相关单位或相关人了解核实可疑情况。

3. 调取证据材料。在明确有关单位存在相关证据材料，且该材料有助于审查案件的前提下，可以参照原"两高"《关于对民事审判活动与行政诉讼活动实行法律监督的若干意见（试行）》第三条规定的精神，书面向相关单位调取相关材料。

4. 委托调查。在不方便外调及时间较为充裕的情况下，可根据《人民检察院民事诉讼监督规则（试行）》第七十二条规定，以《指令调查通知》或《委托调查函》形式指令下级或委托外地检察院调查核实。

5. 专业咨询。办案中碰到有关专业或技术性等专门问题，可依照《人民检察院民事诉讼监督规则（试行）》第六十七条规定，书面或口头咨询有关专业人员、相关部门或行会协会的意见。

6. 技术性鉴定。包括但不限于评估、审计。

7. 勘验。该手段在办理行政非诉案时极少使用，但不排除可以通过勘验验证陈述、证言等情况，比如在对审判人员违法行为监督方面。

（三）调查核实的预案设计

在办理行政非诉执行监督案件时，如果认为需要调查核实，其前提是全面审查已取的案件材料，熟悉掌握大致案情，对案件中存在的事实和程序问题进行深入的逻辑和现实思考，然后有针对性地着手准备调查方案。具体来说，调查方案要注意如下几点：

1. 明确调查目的。就是要清楚调查核实目的在与解决案件存在的什么问题，这是调查基础，没有调查目的，调查就毫无意义。

2. 确定调查内容。围绕调查目的，根据审查发现的某些事实和线索，搜集资料，查明事实或消除案情的疑点。

3. 选定调查对象。一般而言，办理行政非诉案件涉及的调查对象主要有行政相对人、行政机关、案外人甚至法院的执行人员。但并非选定对象越多越好，具体还是看案情需要。

4. 评估困难程度。从目前实践经验看，检察机关的调查核实工作是存在相当困难的，最根本原因就是缺乏调查的强力保障。所以，选定调查对象后，应该根据不同对象研判其配合程度，做好应对策略准备，以保证工作顺利进行。

5. 准备替代预案。主要就是在预定计划推进遇到阻碍的情况下，如何克服困难以及能否选择其他调查替代方案以实现调查目的的问题。

在目前的法制条件下，检察调查遇到的困难主要是行政相对人因利益考虑而逃避，案外人怕麻烦的抵触情绪及有关单位不尊重法律的拒不配合。解决这些问题的方法主要是法律教育、思想说服以及有限度的施加压力。具体而言：

法律教育，主要是强调配合检察调查核实是单位及公民义务，并通过告知法律规定等形式进行。

思想说服，主要基于学识、经验消除被调查对象的疑虑、取得其信任。

施加压力，可依据《人民检察院民事诉讼监督规则（试行）》第七十三条的规定，向有关单位或者其上级主管部门提出检察建议等。也可探索结合法律精神有限度地通知征信部门公示情况（银行、法院等单位已有类似做法）。特别需要指出的是，人民法院及其审判、执行人员也均在可以调查之列，"两高"《关于民事执行法律监督若干问题的决定》第十条就明确对人民法院执行中可能存在怠于履职的情况，检察机关可书面向人民法院了解情况。

（四）调查核实的注意事项

1. 必要性原则。主要是根据办案需要才开展调查核实。如果案情并不复杂且运用正常的逻辑推理就可得出事实判断，不能为了追求形式完美而调查核实。

2. 客观性原则。从法律监督机关的职能出发，注意检察工作的客观中立性。除非出于公益性考虑，不应该把监督行为当事人化。

3. 经济性原则。也就是实用性原则。主要是考虑选择哪种调查途径、调查方式更为便捷有效。能开展一项调查解决问题就不要浪费其他时间精力。

4. 有限性原则。尊重调查对象的合法权益和隐私。

5. 法律性原则。这是依法办案的基础，无规矩不成方圆，办案当然要严格遵守法律规范。

十、案件汇报与集体讨论

（一）法律规定和一般方法

1. 法律规定

(1)《中华人民共和国人民检察院组织法》

第三十一条　检察委员会履行下列职能：

（一）总结检察工作经验；

（二）讨论决定重大、疑难、复杂案件；

（三）讨论决定其他有关检察工作的重大问题。

最高人民检察院对属于检察工作中具体应用法律的问题进行解释、发布指导性案例，应当由检察委员会讨论通过。

第三十三条　检察官可以就重大案件和其他重大问题，提请检察长决定。检察长可以根据案件情况，提交检察委员会讨论决定。

检察委员会讨论案件，检察官对其汇报的事实负责，检察委员会委员对本人发表的意见和表决负责。检察委员会的决定，检察官应当执行。

(2)《最高人民检察院关于完善人民检察院司法责任制的若干意见》

13. 检察官可以就承办的案件提出提请检察委员会讨论的请求，依程序报检察长决定。

14. 检察委员会对案件进行表决前，应当进行充分讨论。表决实行主持人末位表态制。检察委员会会议由专门人员如实记录，并按照规定存档备查。

……

19. 业务部门负责人除作为检察官承办案件外，还应当履行以下职责：

……

（三）召集检察官联席会议，对重大、疑难、复杂案件进行讨论，为承办案件的检察官或检察官办案组提供参考意见；

……

23. 下级人民检察院就本院正在办理的案件的处理或检察工作中的重大问题请示上级人民检察院的,应当经本院检察委员会讨论。在请示中应当载明检察委员会讨论情况,包括各种意见及其理由以及检察长意见。

(3)《最高人民检察院机关司法办案组织设置及运行办法(试行)》

第六条 独任检察官、检察官办案组承办案件,依据《最高人民检察院机关检察官司法办案权力清单》,由独任检察官、主任检察官在其职责范围内对办案事项作出决定或者提出处理意见,提请业务部门负责人召开检察官联席会议讨论。

主任检察官作出决定或者提出处理意见前,应当组织办案组检察官进行讨论或者听取组内其他检察官意见。

第八条 对于《最高人民检察院机关检察官司法办案权力清单》确定由检察官在职权范围内负责决定的办案事项,独任检察官或者主任检察官作出决定前,原则上应当报请业务部门负责人审核。通知、告知等程序性办案事项除外。

对于应当由检察长(分管副检察长)批准、决定或者检察委员会讨论决定的办案事项,由业务部门负责人审核后报请检察长(分管副检察长)批准、决定或者由检察长(分管副检察长)提请检察委员会讨论决定。

(4)《人民检察院检察建议工作规定》

第十五条 检察官一般应当在检察长作出决定后两个月以内完成检察建议事项的调查核实。情况紧急的,应当及时办结。

检察官调查核实完毕,应当制作调查终结报告,写明调查过程和认定的事实与证据,提出处理意见。认为需要提出检察建议的,应当起草检察建议书,一并报送检察长,由检察长或者检察委员会讨论决定是否提出检察建议。

2. 一般方法

(1)开门见山,指出问题

由于行政非诉执行监督案件案情往往不会太复杂,因此建议汇报者应首先阐明汇报目的,明确本次讨论是要讨论案件定性问题还是讨论解决办案中存在的问题。如存在监督事项,也应在开始时一并说明。

(2)确定重点,详略得当

对于案情的汇报一般应包含以下几个要素:行政相对人违法情况、行政机关作出行政决定的时间及内容、行政机关申请执行及法院审理裁定的情况及检察机关调查核实的情形。汇报者在汇报时应提炼出案件的关键问题，展开阐述与问题相关的信息，尽量简短描述无关情形。如，对于终结审查的案件，关键问题必然是终结审查的原因，即案件事实情况的变化。而对于存在监督事项的案件，法院或者行政机关的违法情节和相应的法律规定则是重中之重，应围绕这一问题进行重点阐述。

另外，无论拟以何种方式结案，行政机关作出行政决定的时间及内容、行政机关申请执行及法院审理裁定的情况这两点内容都十分重要，建议辅助使用时间轴图形进行全面、客观的阐述，以便听取汇报者发现可能被汇报者遗漏的问题。

(3) 旗帜鲜明，观点明确

汇报者应有明确的处理意见或者倾向性意见，不能不发表处理意见。同时，汇报时可反映审查过程中搜集到的其他意见，但如果该意见和承办人意见相左，承办人应当一针见血指出不采纳的理由，不能简单进行观点罗列。

(二) 案件汇报注意事项

1. 不能"照本宣科"

现实汇报中，一般应提前准备好案件审查报告并发送给听取汇报者，以便听取汇报者提前了解案情。因此，汇报者在汇报前一定要做到对案情了然于心，在汇报时切忌机械宣读报告内容，否则既显冗长又突出不了重点，应注意提炼出更加具体、更加直观的关键问题以提高讨论效率。

2. 不能"一稿走天下"

汇报案件一般分为科室汇报和检委会汇报两种情形，汇报者根据汇报对象不同应制作不同的汇报材料。

具体而言，科室汇报只需准备审查报告和汇报提纲即可，科室汇报一般以解决问题为重点，因此汇报者汇报时应抓住关键问题、关键环节以及提出需要共同讨论或协商解决的问题。而向检委会汇报时，此时案件一般存在监督事项需提出监督意见，且听取汇报时间有限，因此汇报者需要更加精确提炼案情和监督事项，除审查报告和汇报提纲外，一般建议制作PPT以辅助和方便检委会委员更迅速理解案情。

3. 列明法律法规

鉴于行政法律法规较为繁杂，汇报者在汇报前一定要把案件相关的法律法规尤其是本地相关的地方性法规查全、查明，并在审查报告及PPT上列明法律法规具体内容，以便听取汇报者准确作出判断。

（三）案件集体讨论注意事项

1. 围绕主题开展讨论

要切实围绕"法院执行审查活动、执行实施活动以及行政机关行政行为是否存在违法"展开讨论，对于其他情节不过多讨论，以免淡化讨论主题。

2. 坚持级别高者末位发言原则

无论是检委会讨论还是科室讨论，建议均应遵循级别高者末位发言原则，即承办人汇报案情后，按照行政级别由低到高进行发言，以便参会人员能够更加勇于表达内心真实想法，达到兼听则明的效果。

3. 审慎考虑案外因素

鉴于行政非诉执行在实际中可能往往涉及到上访、维稳等案外因素，在对案件定性进行充分讨论并得出结论后，可对案外因素进行审慎考虑，对于其中需要沟通协调的部分讨论相应做法。但应注意检察机关是不能包打天下的，一切讨论均应在检察职责范围内进行。

十一、法律文书撰写

（一）法律规定和一般方法

1. 法律规定

行政非诉执行监督法律文书没有通行的格式模板或者范本，而撰写检察建议书的有关要求则散见于最高人民法院、最高人民检察院的有关规定。如最高人民法院、最高人民检察院联合制定的《关于民事执行活动法律监督若干问题规定》第十一条规定，检察建议应当载明检察机关查明的事实、监督理由、依据以及建议内容等；《人民检察院检察建议工作规定》第十六条对检察建议有关内容作出更为细化的规定，要求检察建议一般包括以下七项内容，案件或者问题来源、依法认定的案件事实或者经调查核实的事实及其证据、存在的违法情形或者应当消除的隐患、建议的具体内容及所依据的法律法规和有关文件等的规定、被建议单位提出异议的期限、被建议单位书面回复落实情况的期限以及其他需要说明的事项。另外，《人民检察院检察建议工作规定》还提出撰写检察建议书的原则性要求，即提出的建议应当符合法律、法规及其他有关规定，明确具体、说理充分、论证严谨、语言简洁、有操作性。上述规定在法律层面上奠定检察机关制发检察建议的总体要求，同时也作为撰写行政检察相关法律文书的重要依据和参考。

2. 一般方法

（1）文书格式规范、体例清晰、结构合理。

（2）陈述清晰，明确、简洁载明当事人基本信息、案件或问题来源等必要信息。

（3）突出检察工作亲历性，列清载明各项调查核实工作。

（4）注重释法说理，逻辑性、释法说理性强，适用法律正确。

（5）建议相关内容明确，具有可操作性。

（二）审查终结报告撰写注意事项

1. 明确、清晰、简洁载明案件或问题来源、案件事实。

当事人申请监督的，写明当事人信息、案由、案号，申请监督理由依据及其他当事人意见；未提出意见的，亦应当写明。

2. 突出工作亲历性，着重展现各项询问当事人、查阅档案资料等调查核实工作。在文书中列明调查方式、调查前期准备、调查内容、认定的事实。

3. 从法、理、情综合论证采用具体监督措施的必要性以及行政检察监督涉入程度。重点列明被监督单位的法定职责和存在不合法、明显不合理的情况。审查意见应结合审查查明的情况，具体论述审判活动及执行活动是否存在违法情形的理由及依据，并提出明确、有操作性的审查处理建议。

4. 详细列明相关证据名称、来源及证实内容，根据具体办案调查收集的证据资料，列明物证书证、咨询鉴定和询问相关人员笔录等资料。

5. 提出检察建议预期目标和社会成效，着重阐述检察建议的具体目标以及产生的法律效果、社会效果、政治效果。如存在办案风险的，还应予以列明并提出防控方案；案件存在"涉拆""涉众""涉大额罚款"等特征的，根据实际情况可以启动检察机关"三同步"工作流程，提出并撰写综合办案、执法风险防控方案。

6. 根据案件具体情况决定是否写明其他需要说明的事项。比如，在办案过程中是否发现相关国家工作人员违法违纪犯罪线索，是否建议移送本院侦查部门或纪检监察机关等。

（三）检察建议撰写注意事项

1. 载明启动检察监督的线索来源（依申请、依职权）。

2. 载明检察机关调查经过和认定的事实，事实要突出被建议单位怠于或不当履职及造成的后果等有关情况。

3. 写明有关单位法定职责和存在的问题、造成的损害结果或风险以及理由和法律依据，具体说明审判活动或执行活动存在的实体或程序问题，对应列明相关法条依据。

4. 列明制发检察建议的法律依据、内容以及必要性，建议的内容必须具体明确，对被建议单位具有可行性。

5. 明确有关单位回复检察机关相关采纳、整改情况的期限以及提出异议期限和方式。

6. 列明制发检察建议的检察机关联系人和联系方式。

（四）违法违纪犯罪线索移送函撰写注意事项

1. 线索移送程序相关规定，行政检察部门在办理行政非诉执行监督案件过程中，发现涉嫌违法违纪或者职务犯罪线索，应当移送有管辖权的单位或部门。

2. 明确、清晰载明线索来源（依申请、依职权）。

3. 写明开展各项询问当事人、查阅档案资料等调查核实工作情况以及初步核查结果。

4. 以事实为依据，以法律为准绳，综合阐述移送相关违法违纪犯罪线索具体事实和法律依据。

5. 列明移送函涉及的有关证据材料及目录清单。

十二、监督方式的综合运用

（一）个案检察建议和类案检察建议

1. 个案检察建议

（1）适用情形：

行政机关移送或行政相对人、有关权利人的申请符合《人民检察院检察建议工作规定》等中关于检察建议适用范围的，都可以个案检察建议的形式进行监督。

（2）法律规定：

《人民检察院检察建议工作规定》

第九条 人民检察院在履行对诉讼活动的法律监督职责中发现有关执法、司法机关具有下列情形之一的，可以向有关执法、司法机关提出纠正违法检察建议：

（一）人民法院审判人员在民事、行政审判活动中存在违法行为的；

（二）人民法院在执行生效民事、行政判决、裁定、决定或者调解书、支付令、仲裁裁决书、公证债权文书等法律文书过程中存在违法执行、不执行、怠于执行等行为，或者有其他重大隐患的；

（三）人民检察院办理行政诉讼监督案件或者执行监督案件，发现行政机关有违反法律规定、可能影响人民法院公正审理和执行的行为的；

（四）公安机关、人民法院、监狱、社区矫正机构、强制医疗执行机构等在刑事诉讼活动中或者执行人民法院生效刑事判决、裁定、决定等法律文书过程中存在普遍性、倾向性违法问题，或者有其他重大隐患，需要引起重视予以解决的；

（五）诉讼活动中其他需要以检察建议形式纠正违法的情形。

第十一条 人民检察院在办理案件中发现社会治理工作存在下列情形之一的，可以向有关单位和部门提出改进工作、完善治理的检察建议：

（一）涉案单位在预防违法犯罪方面制度不健全、不落实，管理不完善，存在违法犯罪隐患，需要及时消除的；

（二）一定时期某类违法犯罪案件多发、频发，或者已发生的案件暴露出明显的管理监督漏洞，需要督促行业主管部门加强和改进管理监督工作的；

（三）涉及一定群体的民间纠纷问题突出，可能导致发生群体性事件或者恶性案件，需要督促相关部门完善风险预警防范措施，加强调解疏导工作的；

（四）相关单位或者部门不依法及时履行职责，致使个人或者组织合法权益受到损害或者存在损害危险，需要及时整改消除的；

（五）需要给予有关涉案人员、责任人员或者组织行政处罚、政务处分、行业惩戒，或者需要追究有关责任人员的司法责任的；

（六）其他需要提出检察建议的情形。

（3）注意事项：检察建议书制作要规范，内容要明晰，问题要有针对性，提出的建议具有可行性。

2. 类案检察建议

（1）适用情形：

①对重大隐患且具有普遍性、倾向性的违法问题，需要引起重视予以解决纠正。

②行政机关对同类问题适用法律不一致，多次执法中适用法律存在同类错误或有相同违法行为，以及制度规范、管理方法、工作程序违法或者不当，可以用类案检察建议的形式进行监督。

③对行政机关或者人民法院的同一批次案件发现存在相同或类似违法情形的，应当以类案检察建议进行监督。

（2）法律规定：

《人民检察院检察建议工作规定》

第十一条 人民检察院在办理案件中发现社会治理工作存在下列情形之一的，可以向有关单位和部门提出改进工作、完善治理的检察建议：

（一）涉案单位在预防违法犯罪方面制度不健全、不落实，管理不完善，存在违法犯罪隐患，需要及时消除的；

（二）一定时期某类违法犯罪案件多发、频发，或者已发生的案件暴露出明显的管理监督漏洞，需要督促行业主管部门加强和改进管理监督工作的；

（三）涉及一定群体的民间纠纷问题突出，可能导致发生群体性事件或者恶性案件，需要督促相关部门完善风险预警防范措施，加强调解疏导工作的；

（四）相关单位或者部门不依法及时履行职责，致使个人或者组织合法权益受到损害或者存在损害危险，需要及时整改消除的；

（五）需要给予有关涉案人员、责任人员或者组织行政处罚、政务处分、行业惩戒，或者需要追究有关责任人员的司法责任的；

（六）其他需要提出检察建议的情形。

（3）注意事项：

《人民检察院检察建议工作规定》第十一条中既有个案检察建议，也有类案检察建议的规定。要发挥类案检察建议在推动建章立制方面的功效，所提建议既要有必要性，也要有可行性。可以视情况将类案检察建议同时抄送本级党委、人大、政协、纪检监察部门、上级主管部门、新闻媒体等，引起有关部门的关注和跟进。

（二）口头检察建议和书面检察建议

1. 口头检察建议

（1）适用情形：对于违法情节和违法后果轻微的案件，也应当严格依法进行监督，不应当轻易终结审查或作出不支持监督申请的决定，但可以灵活采用口头检察建议等监督方式。在案管系统暂未设置口头检察建议的情况下，可以在案管系统中生成检察建议法律文书，对口头检察建议的时间、地点、方式（如当面、电话、座谈会等）、双方人员、内容、违法行为、法律规定，以及回复采纳情况进行简要记录，以检察建议方式结案。

（2）法律规定：《最高人民法院最高人民检察院关于民事执行活动法律监督若干问题的规定》《人民检察院检察建议工作规定》。

（3）注意事项：口头检察建议内容应当客观、公正、规范、严肃，不应受个人情绪所左右。不能因为是口头检察建议，过于随意导致检察监督流于形式。

2. 书面检察建议

对于违法情节或者违法后果比较严重的案件，应当以书面检察建议的方式进行监督。为提高检察建议的严肃性，增强教育效果，还可以视情况选择公开送达、法治教育的方式。

（三）违法违纪犯罪线索移送

1. 适用情形

法律已明确规定行政机关无须向人民法院申请强制执行即可自行强制执行，行政机关怠于执行、也未向人民法院申请执行的，不属于行政非诉执行监督范围的，应当以线索移送函形式移送公益诉讼检察部门或司法行政、纪检监察机关处理。人民法院、行政机关的工作人员在办理行政非诉执行案件过程中，如涉嫌贪污贿赂、失职渎职等职务违法犯罪，应当将线索移送监察机关。

2. 法律规定

（1）《中华人民共和国监察法》

第三十四条 人民法院、人民检察院、公安机关、审计机关等国家机关在工作中发现公职人员涉嫌贪污贿赂、失职渎职等职务违法或者职务犯罪的问题线索，应当移送监察机关，由监察机关依法调查处置。

（2）《执法机关和司法机关向纪检监察机关移送问题线索工作办法》

（3）《人民检察院行政诉讼监督规则（试行）》

第三十五条 人民检察院行政检察部门在履行职责过程中,发现违法违纪或者涉嫌犯罪线索,应当及时将相关材料移送有关职能部门。

(4)《最高人民法院最高人民检察院关于民事执行活动法律监督若干问题的规定》第十九条

3. 注意事项

移送线索应当及时、准确、规范,经行政检察部门调查核实有初步证据予以证明;对于司法工作人员职务违法犯罪问题应当移送检察机关侦查部门;移送纪检监察机关的必须是公职人员涉嫌职务违法或者职务犯罪线索。

(四)通报

1. 适用情形

被建议单位在规定期限内经督促无正当理由不予整改或者整改不到位的,行政检察部门可以将相关情况报告上级检察院,通报被建议单位的上级机关或行政主管部门,必要时可以报告同级党委、人大,也可以通报同级政府、纪检监察机关。

2. 法律规定

《人民检察院检察建议工作规定》

第二十五条 被建议单位在规定期限内经督促无正当理由不予整改或者整改不到位的,经检察长决定,可以将相关情况报告上级人民检察院,通报被建议单位的上级机关、行政主管部门或者行业自律组织等,必要时可以报告同级党委、人大,通报同级政府、纪检监察机关。符合提起公益诉讼条件的,依法提起公益诉讼。

3. 注意事项

通报应当经检察长或主管检察长决定。行政检察部门应当及时跟进通报后的落实情况。

(五)跟进监督

1. 适用情形

当监督对象对检察建议无正当理由不按时回复、不予采纳或者不予整改,检察建议未能达到预期监督效果时,行政检察部门可以提请上一级检察院跟进监督。

2. 法律规定

《人民检察院民事诉讼监督规则(试行)》第一百一十七条;《人民检

察院行政诉讼监督规则（试行）》第三十六条；《最高人民法院最高人民检察院关于民事执行活动法律监督若干问题的规定》第十四条。

3. 注意事项

跟进监督应当经检察长或主管检察长决定。

十三、行政争议实质性化解

检察机关加强行政检察监督，促进行政争议实质性化解旨在贯彻落实党的十九届四中全会精神，集中解决一批群众反映强烈的行政争议，促进解决行政诉讼"程序空转"问题，维护社会和谐稳定，助推国家治理体系和治理能力现代化。《全国检察机关"加强行政检察监督督促行政争议实质性化解"专项活动实施方案》是现阶段开展行政争议实质性化解的重要工作文件。

（一）风险评估与释法说理

认真落实执法办案风险评估与预警机制，坚持每案必评，对可能引发社会稳定风险的案件，制定防范和处置预案，坚决防止因办案引发次生矛盾，减少社会不稳定因素。对涉及人数多、可能引发群体性事件等有重大风险的案件，争取多方面支持，最大限度地把矛盾解决在当地，预防重大社会风险发生。根据案件实际情况，采用公开听证、专家咨询、心理疏导、检察宣告等方式，做好释法说理、息诉服判、动员撤回监督申请等工作。

1. 法律及政策依据

（1）《人民检察院案件流程监控工作规定（试行）》（2016年7月14日最高人民检察院第十二届检察委员会第五十三次会议审议通过）

第十三条 在司法办案风险评估方面，应当重点监督、审查下列内容：

（一）对应当进行司法办案风险评估的案件是否作出评估；

（二）对存在重大涉检信访或者引发社会矛盾的风险是否及时向有关部门提示；

（三）对存在办案风险的案件是否制定、落实相应司法办案风险预警工作预案。

（2）《最高人民检察院关于实行检察官以案释法制度的规定》（2017年6月8日最高人民检察院第十二届检察委员会第六十五次会议审议通过）

第二条 检察官以案释法，是指检察官对所办理案件的事实认定、法律适用和办案程序等问题进行答疑解惑、释法说理，开展法治宣传教育的活动。

第八条 检察官对所办理的案件，应当适时、主动进行释法说理。办案过程中，当事人等提出释法请求的，应当进行释法说理。检察长或者分管副检察长可以指令检察官进行释法说理。

第九条 重大复杂案件的释法说理，应当报检察长或者分管副检察长同意后进行。检察长或者分管副检察长应当对检察官以案释法予以指导。

第十条 检察官应当围绕检察法律文书内容及检察机关办案过程中涉及的重点问题，或者释法对象要求说明的重点问题进行释法说理，具体包括：

（一）认定的案件事实；

（二）适用的法律条文；

（三）涉及的司法政策；

（四）办案的程序和进度；

（五）释法对象提出的其他相关问题。

第十一条 检察官进行办案释法，可以根据需要采取口头、书面或者其他适当方式。

采取口头方式释法，是指在案件办理中或者案件办结后，检察官约谈释法对象进行释法说理。口头方式释法，应当做好工作记录。

采取书面方式进行释法，既可以在相关检察法律文书中直接进行叙述式说理，也可以增加附页或者另行制作以案释法说明书进行释法。

制作以案释法说明书应当写明释法时间、地点、对象、内容等。

第十二条 检察官在释法说理过程中形成的工作记录、附页或者释法说明书等材料应当归入检察工作卷宗。

第十七条 人民检察院对舆论高度关注的重大敏感案件、重大职务犯罪案件、其他重大案件向社会公众以案释法，办案部门应当会同新闻宣传部门就释法的方式、内容、时机等进行评估，准备好释法资料及应对舆情的预案，报检察长批准后进行；必要时，应当报上级人民检察院批准。

（3）《最高人民检察院关于加强检察法律文书说理工作的意见》（高检发研字〔2017〕7号）（2017年7月4日最高人民检察院第十二届检察委员会第六十六次会议通过）

人民检察院在履行法律监督职能过程中制作的决定书、意见书、建议书、告知书、通知书等各类检察法律文书，涉及公民、组织重要权利处置或者诉讼重要进程，可能引发质疑、异议或者舆论炒作的，应当在叙述式法律文书中或者送达、宣告决定时有重点地进行说理。以下办案环节涉及的检察法律文书应当着重进行说理：

……

（七）民事行政检察工作中，对当事人及其法定代理人申请监督的案件，决定不予受理、不支持监督申请或者作出终结审查决定的；向人民法院提出检察建议的；提请上级人民检察院抗诉的；对涉及国家利益、社会公共利益的民事、行政案件提出检察建议或者提起公益诉讼的。

（4）广东省高级人民法院、广东省人民检察院、广东省公安厅、广东省司法厅《律师参与化解和代理涉法涉诉信访案件工作指引》（粤司〔2016〕162号）

第十一条 律师应当履行下列职责：

1. 接谈信访群众。听取信访人陈述，阅读信访材料，了解信访人诉求。对合理合法诉求，记录在案，向省法院、省检察院、省公安厅、省司法厅提出书面意见或者建议，同时引导信访人采取法律方式解决。对不合理、不合法诉求，详细解释相关法律规定，劝导其息诉罢访。

（5）《广东省检察机关执法办案风险评估预警工作办法》（粤检发案管字〔2013〕6号）（广东省人民检察院第十一届检察委员会第七十二次会议通过）

第二条 本办法所称执法办案风险评估预警，是指检察机关业务部门和案件承办人员在执法办案过程中，对检察执法行为是否存在引发不稳定因素、激化社会矛盾等执法办案风险，进行分析研判、论证评估；对有可能发生执法办案风险的案件，提出处理意见，积极采取应对措施，及时向有关部门发出预警通报，主动做好释法说理、心理疏导、协调联络、司法救助、教育稳控等风险防范和矛盾化解工作，有效预防和减少执法办案风险发生。

第五条 执法办案风险评估预警工作应当遵循以下原则：

（一）依法办案与化解矛盾相结合；

（二）每案必评，动态评估；

（三）谁承办、谁评估；

（四）提前防范、密切配合、依法处置、及时化解；

（五）注重释法说理；

（六）主动接受群众监督。

第六条 对存在执法办案风险的案件,承办部门和承办人要在法律、政策框架内,慎重选择适当的处理方法,及时做好检调对接、刑事和解、释法说理、司法救助、息诉稳控及舆情应对等工作,以法、理、情相结合的方式努力化解风险和矛盾。

(6)《关于民事行政检察部门息诉工作的指导意见》(粤检发民行字〔2014〕2号)

第五条 在审查民事、行政检察案件过程中,民事行政检察部门应当注重做好法律文书特别是不支持监督申请决定书的说理工作,坚持以事实和法律为依据,详细阐释检察机关不支持申请人请求的理由,保障申请人及其他当事人对检察机关处理决定的知情权和监督权。

第六条 对于拟作出不支持监督申请决定的案件,民事行政检察部门承办人在提交领导审批时需同时对案件风险进行评估。对越级访案件、群体性案件和其他有重大影响的案件,应当提前制定息诉工作预案。

第七条 民事行政检察部门应当充分利用检调对接工作机制,将建议和解工作贯穿办案各个环节。对于当事人有和解意愿的案件,可以引导当事人和解,平息纠纷。

第十一条 对于部分矛盾冲突剧烈、闹访缠访风险大的案件,在检察机关作出审查结论前,民事行政检察部门、控告检察部门可以组织有关当事人听证,通过严肃、规范、公开的听证形式增强检察机关的公信力,提前缓解上访压力。

第十二条 检察机关作出审查结论后,经控告检察部门、民事行政检察部门两次当面释法说理仍不信服的申请人,民事行政检察部门应当向申请人释明《中华人民共和国民事诉讼法》第一百九十八条、《中华人民共和国行政诉讼法》第六十三条关于法院院长依职权启动再审程序的规定。

第十三条 对于经多次答复仍然坚持提出异议,而民事行政检察部门已穷尽各种法律救济程序的申请人,民事行政检察部门应当商请控告检察部门,按照人民检察院信访工作的有关规定处理。

2. 工作注意事项

(1)对存在执法办案风险的案件,检察人员应在法律框架内,谨慎选择处理方法,及时做好检调对接、释法说理、息诉稳控和舆情应对等工作。评估内容应当包括可能发生的风险及其程度、性质和影响,客观全面评定风险等级,按照事态的轻重缓急程度分为重大风险案件、较大风险案件和一般风险案件,并根据实际情况的发展变化,及时调整风险等级。评定风险等级采用"就高不就低"原则,以最高风险为该案件的风险等级,采取相应预警。

(2) 对越级访案件、群体性案件和其他有重大影响的案件,应当提前制定息诉工作预案。在案件风险事项处理中需要其他机关或部门协作的,应当及时与相关机关或部门沟通,并将《执法办案风险评估预警工作预案》抄送相关机关或部门。充分运用当地党委政府和其他政法机关的敏感案件协调联络机制,形成化解执法办案风险的合力。

(3) 办案风险评估、预警上报、风险处置、信访管理、文书制作等环节应如实反映于检察业务办案系统中,保证办案质效。《执法办案风险评估登记表》《执法办案风险评估预警工作预案》《风险事项处理情况表》等文书亦应归入检察工作卷宗。

(4) 检察官对所办理的案件,应当适时、主动进行释法说理。办案过程中,当事人等提出释法请求的,应当进行释法说理。检察官以案释法不得泄露国家秘密、商业秘密,不得违反规定披露个人隐私以及涉案未成年人的身份信息和依法应当封存的犯罪记录等不应公开的信息。重视当事人的委托代理人在释法过程中的积极作用,充分保障当事人委托代理人的程序权利。

(5) 根据案件实际情况,采用公开听证、专家咨询、心理疏导、检察宣告等方式进行释法说理的,都应当形成的工作记录、附页或者释法说明书等材料,归入检察工作卷宗。

(6) 对舆论高度关注的重大敏感案件,若采取公开听证、公开宣告等方式进行释法说理,应当会同新闻宣传和舆情监控部门就释法说理方式、内容、时机等进行评估,准备好释法资料及舆情应对方案。

(二) 权益保障与纠纷化解

检察机关推动行政争议实质性化解,着力解决群众的操心事、烦心事、揪心事。适应新时代人民群众对民主、法治、公平、正义、安全、环境的新需求,重点瞄准当事人没有有效的救济途径、合理诉求得不到重视和满足等问题,依法履行行政检察监督职责,促进行政争议的实质性化解。

1. 法律及政策依据

(1) 《中华人民共和国行政诉讼法》

第六十条 人民法院审理行政案件,不适用调解。但是,行政赔偿、补偿以及行政机关行使法律、法规规定的自由裁量权的案件可以调解。

调解应当遵循自愿、合法原则，不得损害国家利益、社会公共利益和他人合法权益。

第一百零一条 人民法院审理行政案件，关于期间、送达、财产保全、开庭审理、调解、中止诉讼、终结诉讼、简易程序、执行等，以及人民检察院对行政案件受理、审理、裁判、执行的监督，本法没有规定的，适用《中华人民共和国民事诉讼法》的相关规定。

（2）《最高人民法院关于审理行政协议案件若干问题的规定》（法释〔2019〕17号）（2019年11月12日由最高人民法院审判委员会第1781次会议通过）

（3）《人民检察院行政诉讼监督规则（试行）》

（4）《人民检察院民事诉讼监督规则（试行）》

第五十五条 人民检察院在办理民事诉讼监督案件过程中，当事人有和解意愿的，可以建议当事人自行和解。

第七十条 需要调查核实的，由承办人提出，部门负责人或者检察长批准。

（5）最高人民法院、最高人民检察院《关于对民事审判活动与行政诉讼实行法律监督的若干意见（试行）》（高检会〔2011〕1号）

（6）最高人民法院、最高人民检察院、公安部、司法部《关于依法处理涉法涉诉信访工作衔接配合的规定》（高检会〔2017〕3号）

（7）《最高人民检察院关于加强信访工作的决定》（1985年1月16日）

（8）《人民检察院信访工作规定》（高检发控字〔2007〕1号）（2007年3月2日最高人民检察院第十届检察委员会第七十三次会议通过）

第三十九条 信访事项办理结果的答复由承办该信访事项的人民检察院控告申诉检察部门负责，除因通讯地址不详等情况无法答复的以外，原则上应当书面答复信访人。

重大、复杂、疑难信访事项的答复应当由承办部门和控告申诉检察部门共同负责，必要时可以举行公开听证，通过答询、辩论、评议、合议等方式，辩明事实，分清责任，做好化解矛盾、教育疏导工作。

举报答复应当注意保密，依法保护举报人的合法权益。需要以邮寄方式书面答复署名举报人的，应当挂号邮寄并不得使用有人民检察院字样的信封。

（9）《最高人民检察院关于贯彻实施〈关于建立完善国家司法救助制度的意见（试行）〉的若干意见》（高检发办字〔2014〕33号）

（10）《人民检察院受理控告申诉依法导入法律程序实施办法》（高检发办字〔2014〕78号）（2014年8月28日最高人民检察院第十二届检察委员会第二十六次会议通过）

（11）《最高人民法院关于人民法院深化"分调裁审"机制改革的意见》（法发〔2020〕8号）

"探索建立行政争议审前和解（调解）中心，促进行政争议实质化化解。"

（12）《信访条例》（国务院令第431号）（2005年1月5日国务院第76次常务会议通过）

第五条 各级人民政府、县级以上人民政府工作部门应当科学、民主决策，依法履行职责，从源头上预防导致信访事项的矛盾和纠纷。

县级以上人民政府应当建立统一领导、部门协调，统筹兼顾、标本兼治，各负其责、齐抓共管的信访工作格局，通过联席会议、建立排查调处机制、建立信访督查工作制度等方式，及时化解矛盾和纠纷。

各级人民政府、县级以上人民政府各工作部门的负责人应当阅批重要来信、接待重要来访、听取信访工作汇报，研究解决信访工作中的突出问题。

（13）中共中央办公厅、国务院办公厅《关于依法处理涉法涉诉信访问题的意见》

（14）《广东省检察机关信访案件首办责任制实施细则》（粤检发控字〔2010〕16号）

（15）《广东省涉法涉诉信访终结事项后续管理工作的意见（试行）》（粤政发〔2018〕1号）

2. 工作注意事项

（1）充分运用调查核实手段，查明案件事实，明确法律责任是化解行政争议的前提和基础。开展工作的过程中必须坚持法治思维，坚守法律底线，明辨是非。对于申请监督人的正当诉求，积极回应，予以支持；对于行政裁判和行政决定合法合理、申请人没有法律依据且不合理的诉求，检察机关应当依法处置，决不能"和稀泥"，更不能混淆黑白、放弃原则，无底线地满足。

（2）对生活确有困难的当事人，检察机关可以在依法办案的同时帮助其协调解决诉求之外的最低生活保障问题，相应的调查核实工作应当延伸至当事人的生活状况，深入了解当事人真实诉求。

（3）对于行政裁判和行政行为并无明显不当，但当事人因多年诉讼确有生活困难的，可以按照法律规定协调司法救助。如司法救助后仍然存在实际困难，可积极协调民政部门等通过民政救济、社会救助等多元救助方案解决当事人实际困难。同时，严格把握救助标准和条件，特别是行政相对人众多的案件，应综合相关情况确定救助标准，防止因救助不公引发新的矛盾。

（4）已与司法局等相关部门在推进行政争议实质性化解方面达成长效机制的检察机关，可有限度地探索职能发挥关口前移，促进诉源治理。检察人员在过程中应秉持客观公正立场，以适度为原则，避免成为一方当事人的代言人，更不可代替行政机关作出决定。

（5）检察机关组织当事人进行调解应依法进行，不可"每案必调"。《中华人民共和国行政诉讼法》第六十条限制了人民法院审理行政案件可调解的范围，行政赔偿、补偿以及行政机关行使法律、法规规定的自由裁量权的案件方可以调解。

遵循精准监督理念，针对可以协商、调处概率高的案件，对于行政裁判确有错误的，以抗促调，把抗诉的"势能"转化成调处争议的"动能"，同时，还应做好"调不成"的后续跟进方案。

（6）重大信访案件信息应当及早进行信访风险研判，并报送当地党委及其政法委、人大和上级检察机关，做好应对预案，防范社会风险。

（7）在纠纷化解的过程中，部分争议具有公共性和敏感性，检察机关应低调务实开展工作，涉案宣传除经上级检察机关严格审核把关外，还应咨询行政机关、人民法院的意见和建议，把握对外宣传的尺度，维护执法和司法的权威性和公信力，实现双赢多赢共赢。

十四、人民法院立案环节监督案件办理要点

（一）常见违法情形和相应的法律法规

1. 在监督法院的过程中，发现行政机关怠于申请强制执行的违法情形
（1）行政机关超过法定期限申请法院强制执行或者超期仍未申请。
行政机关超期申请或超期仍未申请，都将导致行政处罚"落空"，属

严重违法情形，检察机关在监督法院行政非诉执行活动过程中，发现行政机关超期申请或超期仍未申请的，应当予以监督。监督有多重目的，包括要求行政机关采取补救措施，纠正违法情形，追究相关工作人员责任，防止类似情形再次发生。第一，我国法律规定的"一事不再罚"原则仅适用于罚款，不适用于其他行政处罚种类。行政机关仍可处以其他行政处罚。第二，对于行政相对人的违法行为存在连续性，即在行政处罚后又重复实施该违法行为的，行政机关可依法处以包括罚款在内的行政处罚。第三，行政机关仍可以采用思想教育等方式，促使行政相对人自觉履行行政处罚。第四，即使行政处罚"落空"已无法补救，行政检察部门仍应当通过检察建议、移送违法违纪犯罪线索函等方式，要求行政机关改进工作、完善制度，或者建议有关部门追究相应责任，防止类似违法情形再次发生。

法律规定：

①《中华人民共和国行政处罚法》

第二十四条　对当事人的同一个违法行为，不得给予两次以上罚款的行政处罚。

第二十九条　违法行为在二年内未被发现的，不再给予行政处罚。法律另有规定的除外。

前款规定的期限，从违法行为发生之日起计算；违法行为有连续或者继续状态的，从行为终了之日起计算。

②《中华人民共和国行政强制法》

第五十三条　当事人在法定期限内不申请行政复议或者提起行政诉讼，又不履行行政决定的，没有行政强制执行权的行政机关可以自期限届满之日起三个月内，依照本章规定申请人民法院强制执行。

③《最高人民法院关于适用〈中华人民共和国行政诉讼法〉的解释》

第一百五十六条　没有强制执行权的行政机关申请人民法院强制执行其行政行为，应当自被执行人的法定起诉期限届满之日起三个月内提出。逾期申请的，除有正当理由外，人民法院不予受理。

第一百五十八条　行政机关根据法律的授权对平等主体之间民事争议作出裁决后，当事人在法定期限内不起诉又不履行，作出裁决的行政机关在申请执行的期限内未申请人民法院强制执行的，生效行政裁决确定的权利人或者其继承人、权利承受人在六个月内可以申请人民法院强制执行。

（2）行政机关未依法履行或逾期履行催告程序。如行政机关在申请法院强制执行法定期限三个月届满前的最后一天或者前几天才发出催告书，导致超过申请执行期限的情形。

法律规定：《中华人民共和国行政强制法》

第五十四条 行政机关申请人民法院强制执行前，应当催告当事人履行义务。催告书送达十日后当事人仍未履行义务的，行政机关可以向所在地有管辖权的人民法院申请强制执行；执行对象是不动产的，向不动产所在地有管辖权的人民法院申请强制执行。

（3）行政机关申请强制执行时遗漏相关具体行政行为事项，如对加处罚款或滞纳金未一并申请强制执行。

法律规定：《中华人民共和国行政强制法》

第四十五条 行政机关依法作出金钱给付义务的行政决定，当事人逾期不履行的，行政机关可以依法加处罚款或者滞纳金。加处罚款或者滞纳金的标准应当告知当事人。

加处罚款或者滞纳金的数额不得超出金钱给付义务的数额。

第四十六条 行政机关依照本法第四十五条规定实施加处罚款或者滞纳金超过三十日，经催告当事人仍不履行的，具有行政强制执行权的行政机关可以强制执行。

行政机关实施强制执行前，需要采取查封、扣押、冻结措施的，依照本法第三章规定办理。

没有行政强制执行权的行政机关应当申请人民法院强制执行。但是，当事人在法定期限内不申请行政复议或者提起行政诉讼，经催告仍不履行的，在实施行政管理过程中已经采取查封、扣押措施的行政机关，可以将查封、扣押的财物依法拍卖抵缴罚款。

2. 人民法院受理工作可能存在的违法情形

（1）人民法院对行政机关的申请符合立案受理条件而不立案受理，或受理后拖延立案，或立案受理后未通知申请人。如法院因执行力量不足、担心矛盾转移等，逾期不受理申请，或者错误适用相关法律和司法解释。

法律规定：

①《最高人民法院关于适用〈中华人民共和国行政诉讼法〉的解释》

第一百五十五条 行政机关根据行政诉讼法第九十七条的规定申请执行其行政行为，应当具备以下条件：

（一）行政行为依法可以由人民法院执行；

（二）行政行为已经生效并具有可执行内容；

（三）申请人是作出该行政行为的行政机关或者法律、法规、规章授权的组织；

（四）被申请人是该行政行为所确定的义务人；

（五）被申请人在行政行为确定的期限内或者行政机关催告期限内未履行义务；

（六）申请人在法定期限内提出申请；

（七）被申请执行的行政案件属于受理执行申请的人民法院管辖。

行政机关申请人民法院执行，应当提交行政强制法第五十五条规定的相关材料。

人民法院对符合条件的申请，应当在五日内立案受理，并通知申请人；对不符合条件的申请，应当裁定不予受理。行政机关对不予受理裁定有异议，在十五日内向上一级人民法院申请复议的，上一级人民法院应当在收到复议申请之日起十五日内作出裁定。

②《中华人民共和国行政强制法》

第五十五条 行政机关向人民法院申请强制执行，应当提供下列材料：

（一）强制执行申请书；

（二）行政决定书及作出决定的事实、理由和依据；

（三）当事人的意见及行政机关催告情况；

（四）申请强制执行标的情况；

（五）法律、行政法规规定的其他材料。

强制执行申请书应当由行政机关负责人签名，加盖行政机关的印章，并注明日期。

③《最高人民法院关于办理申请人民法院强制执行国有土地上房屋征收补偿决定案件若干问题的规定》（法释〔2012〕4号）

第二条 申请机关向人民法院申请强制执行，除提供《条例》第二十八条规定的强制执行申请书及附具材料外，还应当提供下列材料：

（一）征收补偿决定及相关证据和所依据的规范性文件；

（二）征收补偿决定送达凭证、催告情况及房屋被征收人、直接利害关系人的意见；

（三）社会稳定风险评估材料；

（四）申请强制执行的房屋状况；

（五）被执行人的姓名或者名称、住址及与强制执行相关的财产状况等具体情况；

（六）法律、行政法规规定应当提交的其他材料。

强制执行申请书应当由申请机关负责人签名，加盖申请机关印章，并注明日期。

强制执行的申请应当自被执行人的法定起诉期限届满之日起三个月内提出；逾期申请的，除有正当理由外，人民法院不予受理。

（2）人民法院对行政机关申请不应当立案受理而立案受理。

不应当立案受理的情形包括：法律赋予行政机关强制执行权，但未规定可以向人民法院申请强制执行的；行政机关无正当理由逾期申请；国防外交等国家行为；行政机关的内部管理行为；限制人身自由的行政决定；发布针对不特定对象的具有普遍约束力的规范性文件；执行内容不具体不明确。

法律规定：

①《最高人民法院关于违法的建筑物、构筑物、设施等强制拆除问题的批复》

根据行政强制法和城乡规划法有关规定精神，对涉及违反城乡规划法的违法建筑物、构筑物、设施等的强制拆除，法律已经授予行政机关强制执行权，人民法院不受理行政机关提出的非诉行政执行申请。

②《最高人民法院关于办理申请人民法院强制执行国有土地上房屋征收补偿决定案件若干问题的规定》（法释〔2012〕4号）

第二条第三款 强制执行的申请应当自被执行人的法定起诉期限届满之日起三个月内提出；逾期申请的，除有正当理由外，人民法院不予受理。

（二）审查、调查工作注意事项

1. 注重审查行政机关申请强制执行的执行卷宗材料

（1）行政机关的授权类型。重点审查行政机关作出的具体行政行为是否可以申请法院强制执行。原则上只有没有行政强制执行权的行政机关才有权申请法院强制执行。如果行政机关依据法律授权享有行政强制执行权，只能自行强制执行具体行政行为，不得申请法院强制执行。但注意存在例外情形，按照特别法优于一般法适用原则，如果特别法规定了行政机关既可以自行强制,也可以申请法院强制执行的,则按照特别法的规定执行。例如:《税收征收管理法》第八十八条、《海关法》第九十三条分别授权税务机关和海关既可以自行强制执行,也可以申请法院强制执行具体行政行为。

(2) 申请执行期限。重点审查行政机关是否超过法定期限申请强制执行。具体期限为:

①行政决定书送达行政相对人后,行政相对人未提起行政复议且未提起行政诉讼,又不履行行政决定的,在行政决定书送达之日起六个月后起算的三个月内;

②行政决定书送达行政相对人后,行政相对人提起行政复议但未提起行政诉讼的,行政复议维持行政决定的,在行政复议决定书送达之日起15日后起算的三个月内;

③行政决定书送达行政相对人后,行政相对人提起行政诉讼的,不再是行政非诉执行,而是行政诉讼执行。

注意:上述三个月为除斥期间,没有中止、中断的情形。另外,《最高人民法院关于适用〈中华人民共和国行政诉讼法〉的解释》第一百五十六条新增了"正当理由"逾期申请的例外规定。

(3) 申请行政复议和提起行政诉讼的法定期限。《行政复议法》第九条规定,申请行政复议的法定期限,一般为知道行政行为之日起六十日,但是法律规定的申请期限超过六十日的除外;因不可抗力或者其他正当理由耽误法定申请期限的,申请期限自障碍消除之日起继续计算。《行政复议法实施条例》第十五条和第十六条,分别针对行政作为行为和行政不作为行为申请行政复议法定期限的起算规则作出了规定。《行政复议法实施条例》第十七条还规定,行政机关作出的具体行政行为对公民、法人或者其他组织的权利、义务可能产生不利影响的,应当告知其申请行政复议的权利、行政复议机关和行政复议申请期限。关于提起行政诉讼的法定期限,《行政诉讼法》第四十五条规定,公民、法人或者其他组织不服复议决定的,可以在收到复议决定书之日起十五日内向人民法院提起诉讼。复议机关逾期不作决定的,申请人可以在复议期满之日起十五日内向人民法院提起诉讼。法律另有规定的除外。未经复议直接起诉的,《行政诉讼法》第四十六条规定,公民、法人或者其他组织直接向人民法院提起诉讼的,应当自知道或者应当知道作出行政行为之日起六个月内提出。法律另有规定的除外。因不动产提起诉讼的案件自行政行为作出之日起超过二十年，其他案件自行政行为作出之日起超过五年提起诉讼的，人民法院不予受理。

《全国人民代表大会常务委员会关于修改〈中华人民共和国水污染防治法〉的决定》将原《中华人民共和国水污染防治法》关于当事人对行政处罚不服可以在收到通知之日起十五日内向人民法院起诉的第八十四条删除，应当认为，环境保护领域一般应适用六个月的起诉期限。

（4）行政复议与行政诉讼的衔接关系。行政复议与行政诉讼的衔接关系可以概括为四种基本类型：

一是复议、诉讼自由选择，即可先选择复议，对复议决定不服可以提起行政诉讼，或者不经复议直接提起行政诉讼。

二是复议前置但不终局，常见的是如下几类：

①纳税争议案件。《税收征收管理法》第八十八条第一款规定："纳税人、扣缴义务人、纳税担保人同税务机关在纳税上发生争议时，必须先依照税务机关的纳税决定缴纳或者解缴税款及滞纳金或者提供相应的担保，然后可以依法申请行政复议；对行政复议决定不服的，可以依法向人民法院起诉。"但要注意，当事人对税务机关的处罚决定、强制执行措施或者税收保全措施不服的，可以依法申请行政复议，也可以依法向人民法院起诉。

②侵犯既得自然资源权利案件。《行政复议法》第三十条第一款规定，公民、法人或者其他组织认为行政机关的具体行政行为侵犯其已经依法取得的土地、矿藏、水流、森林、山岭、草原、荒地、滩涂、海域等自然资源的所有权或者使用权的，应当先申请行政复议；对行政复议决定不服的，可以依法向人民法院提起行政诉讼。《最高人民法院关于适用〈行政复议法〉第三十条第一款有关问题的批复》规定，根据《行政复议法》第三十条第一款的规定，公民、法人或者其他组织认为行政机关确认土地、矿藏、水流、森林、山岭、草原、荒地、滩涂、海域等自然资源的所有权或者使用权的具体行政行为，侵犯其已经依法取得的自然资源所有权或者使用权的，经行政复议后才可以向人民法院提起行政诉讼，但法律另有规定的除外；对涉及自然资源所有权或者使用权的行政处罚、行政强制措施等其他具体行政行为提起行政诉讼的，不适用《行政复议法》第三十条第一款的规定。

③禁止或限制经营者集中的行为。《中华人民共和国反垄断法》第五十三条第一款规定:"对反垄断执法机构依据本法第二十八条、第二十九条作出的决定不服的,可以先依法申请行政复议;对行政复议决定不服的,可以依法提起行政诉讼。"但要注意,对反垄断执法机构作出的前款规定以外的决定不服的,可以依法申请行政复议或者提起行政诉讼。

三是复议自由但复议终局。主要包括以下两种情况:

①出入境处罚决定。《中华人民共和国出境入境管理法》第六十四条规定:外国人对依照本法规定对其实施的继续盘问、拘留审查、限制活动范围、遣送出境措施不服的,可以依法申请行政复议,该行政复议决定为最终决定。其他境外人员对依照本法规定对其实施的遣送出境措施不服,申请行政复议的,适用前款规定。

②省部级单位对自身行为的复议决定。《行政复议法》第十四条规定,对国务院部门或者省、自治区、直辖市人民政府的具体行政行为不服的,向作出该具体行政行为的国务院部门或者省、自治区、直辖市人民政府申请行政复议。对行政复议决定不服的,可以向人民法院提起行政诉讼;也可以向国务院申请裁决,国务院依照本法的规定作出最终裁决。

四是复议前置且终局。《行政复议法》第三十条第二款规定,根据国务院或者省、自治区、直辖市人民政府对行政区划的勘定、调整或者征收土地的决定,省、自治区、直辖市人民政府确认土地、矿藏、水流、森林、山岭、草原、荒地、滩涂、海域等自然资源的所有权或者使用权的行政复议决定为最终裁决。

(5)催告程序。注意审查行政机关申请法院强制执行前是否以书面方式履行法定催告程序。

催告程序要求:

①催告应当以书面形式作出。

②催告书应当载明当事人履行义务的期限、履行方式;涉及金钱给付的,应当有明确的金额和给付方式;当事人的陈述权、申辩权。

③催告书送达10日后当事人仍未履行义务的,行政机关就可以向法院申请强制执行。(注意行政机关向当事人发出催告书的时间节点,应当在法律规定的申请期限三个月届满之前的十天前发出催告书)

(6)行政执法文书送达问题。行政机关送达文书,应当直接交送行政相对人。若无法直接送达的,应注意审查行政机关其他方式送达是否严格执行法律规定。若采取公告送达的方式，应依据《民事诉讼法》第九十二条规定，注意审查行政机关送达文书是否达到公告送达的前提条件，公告送达方式是否合法。

（7）行政行为程序轻微违法问题。

①属于程序轻微违法的情形：程序轻微违法但对原告权利不产生实际影响的，《最高人民法院关于适用〈中华人民共和国行政诉讼法〉的解释》第九十六条列举的处理期限轻微违法，通知、送达等程序轻微违法，其他程序轻微违法三种情形并非全面列举。一般而言，只要不违反正当程序原则，就属于程序轻微违法的情形。

②不属于程序轻微违法的情形。对原告依法享有的听证、陈述申辩等重要程序性权利产生实质损害的程序违法，不属于程序轻微违法情形。应当指出，违反正当程序原则的程序违法情形主要包括未依法举行听证、未遵守回避原则、作出不利行政行为时，未听取利害关系人的陈述、申辩等。

《最高人民法院关于适用〈中华人民共和国行政诉讼法〉的解释》第九十六条："有下列情形之一，且对原告依法享有的听证、陈述、申辩等重要程序性权利不产生实质损害的，属于行政诉讼法第七十四条第一款第二项规定的'程序轻微违法'：（一）处理期限轻微违法；（二）通知、送达等程序轻微违法；（三）其他程序轻微违法的情形。"

2. 注重审查人民法院立案卷宗材料

（1）管辖问题。行政机关申请法院强制执行案件的管辖，主要涉及地域管辖和级别管辖。

①地域管辖。申请人所在地法院管辖。申请人所在地一般是指行政机关办公地点所在地（注意部分地区法院可能对行政案件采取集中管辖模式，由集中管辖的法院对非诉行政案件进行审查并作出行政裁定书，在行政裁定书生效后，再由行政机关向当地法院申请强制执行）；不动产案件由不动产所在地法院管辖。这里不动产案件是指案件中强制执行的标的涉及不动产的使用权或者所有权。

②级别管辖。行政机关申请法院强制执行案件的级别管辖，采用与行政诉讼级别管辖同样的确定规则。根据《最高人民法院关于适用〈中华人民共和国行政诉讼法〉的解释》第一百五十七条的规定，基层法院认为执行确有困难的，可以报请上级法院执行，同时赋予上级法院在决定执行管辖上的裁量权。

(2) 受理期限。注意审查人民法院在接到行政机关强制执行申请后，应当在 5 日内受理。对于不符合受理条件的，裁定不予受理。

十五、人民法院审查环节监督案件办理要点

(一) 常见的违法情形和相应法律法规

1. 办案超期

人民法院受理行政非诉执行案件后应当在法定期限内进行审查，并作出是否准予执行的裁定。

法律规定：

(1)《中华人民共和国行政强制法》

第五十七条　人民法院对行政机关强制执行的申请进行书面审查，对符合本法第五十五条规定，且行政决定具备法定执行效力的，除本法第五十八条规定的情形外，人民法院应当自受理之日起七日内作出执行裁定。

第五十八条　人民法院发现有下列情形之一的，在作出裁定前可以听取被执行人和行政机关的意见：

（一）明显缺乏事实根据的；

（二）明显缺乏法律、法规依据的；

（三）其他明显违法并损害被执行人合法权益的。

人民法院应当自受理之日起三十日内作出是否执行的裁定。裁定不予执行的，应当说明理由，并在五日内将不予执行的裁定送达行政机关。

行政机关对人民法院不予执行的裁定有异议的，可以自收到裁定之日起十五日内向上一级人民法院申请复议，上一级人民法院应当自收到复议申请之日起三十日内作出是否执行的裁定。

(2)《最高人民法院关于适用〈中华人民共和国行政诉讼法〉的解释》

第一百六十条　人民法院受理行政机关申请执行其行政行为的案件后，应当在七日内由行政审判庭对行政行为的合法性进行审查，并作出是否准予执行裁定。

人民法院在作出裁定前发现行政行为明显违法并损害被执行人合法权益的，应当听取被执行人和行政机关的意见，并自受理之日起三十日内作出是否准予执行的裁定。

2. 人民法院送达法律文书违法

人民法院裁定不予执行的，应当将裁定送达行政机关，涉及到国有土

地房屋征收补偿决定案件的,还应送达给被执行人。

法律规定:

(1)《中华人民共和国行政强制法》

第五十八条第二款 人民法院应当自受理之日起三十日内作出是否执行的裁定。裁定不予执行的,应当说明理由,并在五日内将不予执行的裁定送达行政机关。

(2)《最高人民法院关于办理申请人民法院强制执行国有土地上房屋征收补偿决定案件若干问题的规定》

第八条 人民法院裁定准予执行的,应当在五日内将裁定送达申请机关和被执行人,并可以根据实际情况建议申请机关依法采取必要措施,保障征收与补偿活动顺利实施。

(3)《中华人民共和国民事诉讼法》

第八十四条 送达诉讼文书必须有送达回证,由受送达人在送达回证上记明收到日期,签名或者盖章。

受送达人在送达回证上的签收日期为送达日期。

第八十五条 送达诉讼文书,应当直接送交受送达人。受送达人是公民的,本人不在交他的同住成年家属签收;受送达人是法人或者其他组织的,应当由法人的法定代表人、其他组织的主要负责人或者该法人、组织负责收件的人签收;受送达人有诉讼代理人的,可以送交其代理人签收;受送达人已向人民法院指定代收人的,送交代收人签收。

受送达人的同住成年家属,法人或者其他组织的负责收件的人,诉讼代理人或者代收人在送达回证上签收的日期为送达日期。

第八十六条 受送达人或者他的同住成年家属拒绝接收诉讼文书的,送达人可以邀请有关基层组织或者所在单位的代表到场,说明情况,在送达回证上记明拒收事由和日期,由送达人、见证人签名或者盖章,把诉讼文书留在受送达人的住所;也可以把诉讼文书留在受送达人的住所,并采用拍照、录像等方式记录送达过程,即视为送达。

第八十七条 经受送达人同意,人民法院可以采用传真、电子邮件等能够确认其收悉的方式送达诉讼文书,但判决书、裁定书、调解书除外。

采用前款方式送达的,以传真、电子邮件等到达受送达人特定系统的日期为送达日期。

第八十八条 直接送达诉讼文书有困难的,可以委托其他人民法院代为送达,或者邮寄送达。邮寄送达的,以回执上注明的收件日期为送达日期。

第八十九条 受送达人是军人的,通过其所在部队团以上单位的政治机关转交。

第九十条 受送达人被监禁的,通过其所在监所转交。

受送达人被采取强制性教育措施的,通过其所在强制性教育机构转交。

第九十一条 代为转交的机关、单位收到诉讼文书后,必须立即交受送达人签收,以在送达回证上的签收日期,为送达日期。

第九十二条 受送达人下落不明,或者用本节规定的其他方式无法送达的,公告送达。自发出公告之日起,经过六十日,即视为送达。

公告送达,应当在案卷中记明原因和经过。

3. 人民法院作出的裁定违反法律规定

法院对违法的行政行为裁定准予执行,或者对合法的行政行为裁定不准予执行。

4. 行政机关文书送达程序违法错误

如未穷尽送法方式便采用公告送达。

法律规定:《中华人民共和国行政强制法》

第三十八条 催告书、行政强制执行决定书应当直接送达当事人。当事人拒绝接收或者无法直接送达当事人的,应当依照《中华人民共和国民事诉讼法》的有关规定送达。

5. 行政机关作出行政处罚决定之前未履行行政处罚告知义务

法律规定:《中华人民共和国行政处罚法》

第三十一条 行政机关在作出行政处罚决定之前,应当告知当事人作出行政处罚决定的事实、理由及依据,并告知当事人依法享有的权利。

6. 行政机关在作出责令停产停业、吊销许可证或者执照、较大数额罚款等行政处罚决定之前未依法履行听证告知义务

法律规定:《中华人民共和国行政处罚法》

第四十二条 行政机关作出责令停产停业、吊销许可证或者执照、较大数额罚款等行政处罚决定之前,应当告知当事人有要求举行听证的权利;当事人要求听证的,行政机关应当组织听证。当事人不承担行政机关组织听证的费用。听证依照以下程序组织:

（一）当事人要求听证的，应当在行政机关告知后三日内提出；

（二）行政机关应当在听证的七日前，通知当事人举行听证的时间、地点；

（三）除涉及国家秘密、商业秘密或者个人隐私外，听证公开举行；

（四）听证由行政机关指定的非本案调查人员主持；当事人认为主持人与本案有直接利害关系的，有权申请回避；

（五）当事人可以亲自参加听证，也可以委托一至二人代理；

（六）举行听证时，调查人员提出当事人违法的事实、证据和行政处罚建议；当事人进行申辩和质证；

（七）听证应当制作笔录；笔录应当交当事人审核无误后签字或者盖章。

当事人对限制人身自由的行政处罚有异议的，依照治安管理处罚法有关规定执行。

7. 行政机关对当事人的申辩未进行复核即申请法院强制执行

法律规定：《中华人民共和国行政处罚法》

第三十二条 当事人有权进行陈述和申辩。行政机关必须充分听取当事人的意见，对当事人提出的事实、理由和证据，应当进行复核；当事人提出的事实、理由或者证据成立的，行政机关应当采纳。

行政机关不得因当事人申辩而加重处罚。

8. 行政机关严重违反程序收集的证据材料，如行政机关询问、检查笔录上的执法人员少于二人

法律规定：

（1）《最高人民法院关于适用〈中华人民共和国行政诉讼法〉的解释》

第四十三条 有下列情形之一的，属于行政诉讼法第四十三条第三款规定的"以非法手段取得的证据"：

（一）严重违反法定程序收集的证据材料；

（二）以违反法律强制性规定的手段获取且侵害他人合法权益的证据材料；

（三）以利诱、欺诈、胁迫、暴力等手段获取的证据材料。

（2）《中华人民共和国行政处罚法》

第三十七条 行政机关在调查或者进行检查时，执法人员不得少于两人，并应当向当事人或者有关人员出示证件。当事人或者有关人员应当如

实回答询问,并协助调查或者检查,不得阻挠。询问或者检查应当制作笔录。

行政机关在收集证据时,可以采取抽样取证的方法;在证据可能灭失或者以后难以取得的情况下,经行政机关负责人批准,可以先行登记保存,并应当在七日内及时作出处理决定,在此期间,当事人或者有关人员不得销毁或者转移证据。

执法人员与当事人有直接利害关系的,应当回避。

9. 人民法院认为有必要的,要求行政机关执法人员到庭就案件的有关事实接受询问,行政机关执法人员拒不到庭

法律规定:《最高人民法院关于适用〈中华人民共和国行政诉讼法〉的解释》

第四十四条 人民法院认为有必要的,可以要求当事人本人或者行政机关执法人员到庭,就案件有关事实接受询问。在询问之前,可以要求其签署保证书。

保证书应当载明据实陈述、如有虚假陈述愿意接受处罚等内容。当事人或者行政机关执法人员应当在保证书上签名或者捺印。

负有举证责任的当事人拒绝到庭、拒绝接受询问或者拒绝签署保证书,待证事实又欠缺其他证据加以佐证的,人民法院对其主张的事实不予认定。

10. 人民法院责令行政机关提交证据,行政机关无正当理由拒不提交

法律规定:《最高人民法院关于适用〈中华人民共和国行政诉讼法〉的解释》

第四十六条 原告或者第三人确有证据证明被告持有的证据对原告或者第三人有利的,可以在开庭审理前书面申请人民法院责令行政机关提交。

申请理由成立的,人民法院应当责令行政机关提交,因提交证据所产生的费用,由申请人预付。行政机关无正当理由拒不提交的,人民法院可以推定原告或者第三人基于该证据主张的事实成立。

持有证据的当事人以妨碍对方当事人使用为目的,毁灭有关证据或者实施其他致使证据不能使用行为的,人民法院可以推定对方当事人基于该证据主张的事实成立,并可依照行政诉讼法第五十九条规定处理。

11. 行政机关的行政行为存在程序轻微违法

人民法院受理行政机关申请执行其行政行为的案件后,发现行政机关

作出的行政行为存在程序轻微违法情形,如对被申请执行人的权利不产生实质损害的,人民法院应当予以受理并裁定准予执行。如人民法院以行政行为存在轻微违法为由,裁定不予执行的,检察机关应当予以监督。

法律规定:《最高人民法院关于适用〈中华人民共和国行政诉讼法〉的解释》

第九十六条 有下列情形之一,且对原告依法享有的听证、陈述、申辩等重要程序性权利不产生实质损害的,属于行政诉讼法第七十四条第一款第二项规定的"程序轻微违法":

(一)处理期限轻微违法;

(二)通知、送达等程序轻微违法;

(三)其他程序轻微违法的情形。

12. 行政机关作出的行政行为适用法律法规错误

(二)审查、调查工作注意事项

行政检察部门的监督工作应当突出重点环节,尤其是针对人民法院审查环节的监督,要充分发挥"一手托两家"的职能作用,在监督中既要发现人民法院可能存在的违法情形,也要善于从裁定不予执行的案件中发现行政机关存在的违法情形。

行政检察部门可以通过与人民法院建立案件信息通报机制,定期调阅人民法院裁定不予执行的案卷材料,审查人民法院裁定不予执行的理由是否合法,进而发现人民法院或者行政机关可能存在的问题。如人民法院或同一行政机关一定时期内存在的问题具有普遍性,可以通过类案检察建议的方式进行监督。

十六、人民法院执行环节监督案件办理要点

坚持程序监督和实体监督并重,注重查清事实证据,准确适用法律依据,加强说理论证,有理有据有节开展监督。

监督对象和内容。人民法院对行政机关的强制执行申请作出准予执行的裁定后,是否存在:1. 怠于执行或不执行,如无正当理由未在法定期限内采取执行措施或者执行结案,或者依法应当变更、解除执行措施而不变更、解除;2. 违法执行,如人民法院中止执行、终结执行、终结本次执行、恢复执行等违反法律规定;变更、追加执行主体错误;执行裁定违反法定程序;财产查控措施或者财产处置措施违法,违反规定采取调查、查

封、扣押、冻结等执行实施措施；违法执行和解；财产分配和交付措施违法；罚款、拘留等强制措施违法；对行为请求权的执行活动违法；3. 执行不到位，如执行案件查控手段、强制执行措施运用不足等，不能有效查控被执行人的财产；不能按照行政处罚决定书或行政征收决定书内容全面足额执行，或者在执行中遇到障碍未穷尽法定执行措施就裁定终结本次执行或终结执行等；4. 其他不依法执行情形。

监督方式。发出检察建议督促依法执行，或者移送违法违纪犯罪线索。对执行案件查控手段、强制执行措施运用不足等问题，建议法院在查询银行账户等过程中化静态查询为动态跟踪，及时有效地查控被执行人的财产。对于法院没有按照行政处罚决定书等内容全面足额执行，或在执行中遇到障碍未穷尽法定执行措施就裁定终结本次执行或终结执行的问题，加强审查把关，依法监督予以纠正，并跟踪实际执行效果。对于一些长期难以解决的类案，同时向行政机关和人民法院发出检察建议，督促开展集中清理活动，促进案件得以执行。

注意事项。1. 注重区分财产类执行和非财产类（行为类）执行的特点，财产类执行相对容易实施，非财产类执行相对实施难度大，应当及时对非财产类执行的实施难度、解决方案作出预判；2. 对申请强制执行的案件，注重审查法院是否对行政行为的合法性、正当性进行了审查，避免具有实体和程序错误或者重大瑕疵的行政行为进入执行程序。

常见违法情形：

1. 法院对行政非诉案件执行申请进行合法性审查后迟延移交执行，超期执行

（1）主要违法情形：
①法院对行政非诉案件执行申请立案登记后未及时移交执行机构执行。
②未依法定期限办结行政非诉执行案件。

（2）法律规定：
①《最高人民法院关于执行权合理配置和科学运行的若干意见》

第十三条 行政非诉案件、行政诉讼案件的执行申请，由立案机构登记后转行政审判机构进行合法性审查；裁定准予强制执行的，再由立案机构办理执行立案登记后移交执行局执行。

②《最高人民法院关于人民法院办理执行案件若干期限的规定》

第一条 被执行人有财产可供执行的案件，一般应当在立案之日起6

个月内执结；非诉执行案件一般应当在立案之日起 3 个月内执结。

有特殊情况须延长执行期限的，应当报请本院院长或副院长批准。

申请延长执行期限的，应当在期限届满前 5 日内提出。

2. 执行通知制作及送达不规范

（1）主要违法情形：

①执行通知对象错误，通知执行的内容与法律文书、执行申请确定的义务不一致。

②人民法院未在收到申请执行书或者移交执行书后十日内发出执行通知。

③执行通知未依法遵照直接送达为原则的规定，错误选择迳行公告送达。

（2）法律规定：

①《中华人民共和国民事诉讼法》

第二百四十条 执行员接到申请执行书或者移交执行书，应当向被执行人发出执行通知，并可以立即采取强制执行措施。

②《最高人民法院关于适用〈中华人民共和国民事诉讼法〉的解释》

第四百八十二条 人民法院应当在收到申请执行书或者移交执行书后十日内发出执行通知。执行通知中除应责令被执行人履行法律文书确定的义务外，还应通知其承担民事诉讼法第二百五十三条规定的迟延履行利息或者迟延履行金。

③《中华人民共和国民事诉讼法》

第九十二条 受送达人下落不明，或者用本节规定的其他方式无法送达的，公告送达。自发出公告之日起，经过六十日，即视为送达。公告送达，应当在案卷中记明原因和经过。

对送达不规范的监督强调是否未经直接送达即予以公告送达，但对公告时间等生效要素未做要求，是考虑执行时效的操作性需求，以及执行相关的法律司法解释中均遵此原则未对公告时间做特别规定。

3. 法院查封、扣押、冻结等执行措施不规范

（1）主要违法情形：

①查封、扣押动产未依法通知当事人或相关人员到场。

②查封、扣押财产没有制作清单，或制作清单不规范；无执行措施实施时间、执行人员；清单内容笼统，未记载与查扣物的特点、状态、性

能、数量等要素。

③对查封、扣押的动产未依法指定保管责任。

（2）法律规定：

①《中华人民共和国民事诉讼法》

第二百四十五条 人民法院查封、扣押财产时，被执行人是公民的，应当通知被执行人或者他的成年家属到场；被执行人是法人或者其他组织的，应当通知其法定代表人或者主要负责人到场。拒不到场的，不影响执行。被执行人是公民的，其工作单位或者财产所在地的基层组织应当派人参加。

对被查封、扣押的财产，执行员必须造具清单，由在场人签名或者盖章后，交被执行人一份。被执行人是公民的，也可以交他的成年家属一份。

第二百四十六条 被查封的财产，执行员可以指定被执行人负责保管。因被执行人的过错造成的损失，由被执行人承担。

②《最高人民法院关于人民法院民事执行中查封、扣押、冻结财产的规定》

第八条 查封、扣押动产的，人民法院可以直接控制该项财产。人民法院将查封、扣押的动产交付其他人控制的，应当在该动产上加贴封条或者采取其他足以公示查封、扣押的适当方式。

第十二条 查封、扣押的财产不宜由人民法院保管的，人民法院可以指定被执行人负责保管；不宜由被执行人保管的，可以委托第三人或者申请执行人保管。

第二十条 查封、扣押、冻结被执行人的财产时，执行人员应当制作笔录，载明下列内容：

（一）执行措施开始及完成的时间；

（二）财产的所在地、种类、数量；

（三）财产的保管人；

（四）其他应当记明的事项。

执行人员及保管人应当在笔录上签名，有民事诉讼法第二百二十一条规定的人员到场的，到场人员也应当在笔录上签名。

4. 终结本次执行程序不规范

（1）主要违法情形：

①终结本次执行程序前未依法将相关信息告知申请执行人,听取其意见,并记录入卷。

②对未向被执行人发出执行通知、责令被执行人报告财产的案件,做终结本次执行程序处理的。

③未向被执行人发出限制消费令,并将符合条件的被执行人纳入失信被执行人名单,即做终结本次执行程序处理的。

④未穷尽财产调查措施,发现被执行人有可供执行的财产不及时处置,即做终结本次执行程序处理的。

⑤执行案件立案之日起未超过三个月做终结本次执行程序处理的。

⑥未依法查找被执行人下落即做终结本次执行程序处理的。

(2) 法律规定:

《最高人民法院关于严格规范终结本次执行程序的规定(试行)》

第一条 人民法院终结本次执行程序,应当同时符合下列条件:

(一)已向被执行人发出执行通知、责令被执行人报告财产;

(二)已向被执行人发出限制消费令,并将符合条件的被执行人纳入失信被执行人名单;

(三)已穷尽财产调查措施,未发现被执行人有可供执行的财产或者发现的财产不能处置;

(四)自执行案件立案之日起已超过三个月;

(五)被执行人下落不明的,已依法予以查找;被执行人或者其他人妨害执行的,已依法采取罚款、拘留等强制措施,构成犯罪的,已依法启动刑事责任追究程序。

第五条 终结本次执行程序前,人民法院应当将案件执行情况、采取的财产调查措施、被执行人的财产情况、终结本次执行程序的依据及法律后果等信息告知申请执行人,并听取其对终结本次执行程序的意见。

人民法院应当将申请执行人的意见记录入卷。

5. 行政机关与行政相对人自行达成和解协议,人民法院未审查和解协议是否存在损害公共利益和他人合法权益的情形

《中华人民共和国行政强制法》第四十二条规定了行政强制执行和解原则。行政非诉执行案件的和解应当遵循合法性原则和自愿性原则。常见违法情形是双方当事人自行和解达成协议,法院未做笔录,未审查是否存在损害公共利益和他人合法权益的情形。

法律规定：

①《中华人民共和国行政强制法》

第四十二条 实施行政强制执行，行政机关可以在不损害公共利益和他人合法权益的情况下，与当事人达成执行协议。执行协议可以约定分阶段履行，当事人采取补救措施的，可以减免加处的罚款或者滞纳金。

执行协议应当履行。当事人不履行执行协议的，行政机关应当恢复强制执行。

②《中华人民共和国民事诉讼法》

第二百三十条 在执行中，双方当事人自行和解达成协议的，执行员应当将协议内容记入笔录，由双方当事人签名或者盖章。

6. 法院适用"裁执分离"模式案件中，对行政机关依裁定实施强制执行，所存在的违法或不当情形

裁执分离是指人民法院受理行政机关申请执行其行政行为的案件，对行政行为的合法性进行审查后，作出准予执行裁定，由行政机关实施相关强制执行行为。人民法院行使强制执行权是法律赋予人民法院的职责，除法律另行规定，该权力由其行使，责任亦由其承担。对于裁执分离，我们既要认识到人民法院作出准予执行裁定，由行政机关实施相关强制执行行为，从根本上说是缺乏法律依据的，但又要正视裁执分离类执行案件离不开行政机关主导实施的现实必要性。因此，对裁执分离不应当一概认定为应予监督的违法情形，对最高人民法院已明确规定可以采用裁执分离的案件，法院可以采用该办案模式。

根据最高人民法院的规定，被执行人及利害关系人仅以行政机关据以申请执行的行政行为（决定）本身违法等为由，主张行政机关实施的强制执行行为违法提起行政诉讼或者行政赔偿诉讼的，人民法院不予受理。被执行人及利害关系人以行政机关实施的强制执行行为存在违反法定程序，与人民法院作出的准予执行裁定确定的范围、对象不符等特定情形，给其造成损失为由提起行政诉讼或者行政赔偿诉讼的，人民法院应当依法受理。与此条情形类似的规定是，行政机关根据人民法院的协助执行通知书实施的行为，是行政机关必须履行的法定协助义务，不属于人民法院行政诉讼受案范围。但如果当事人认为行政机关在协助执行是扩大了范围或违法采取措施造成其损害，提起行政诉讼的，人民法院应当受理。

我们应当认识到，之所以有上述规定，是因为裁执分离中行政机关实

施强制执行的行为,本质上是司法执行行为,行政机关的执行只是依人民法院裁定的代为执行行为,而非行政行为(这与《最高人民法院关于"裁执分离"后行政机关组织实施行为是否具有可诉性问题的批复》中的性质认定不同)。此外,如果人民法院执行部门不予立案,仅由行政机关一方强制执行,将严重影响执行的效果。例如,根据法律规定,行政机关无权采取查封、扣押、冻结、纳入失信人名单、罚款、拘留、直接追缴执行费用等执行措施,法律也没有就行政机关裁执分离的执行期限作出规定,等等。

综上,裁执分离中行政机关怠于执行的,行政检察部门应当对行政机关及人民法院一并监督。

法律规定:

(1)《最高人民法院关于"裁执分离"后行政机关组织实施行为是否具有可诉性问题的批复》

人民法院受理行政机关申请执行其行政行为的案件,对行政行为的合法性进行审查。人民法院依法作出准予执行裁定的,行政机关就其申请并经法院审查准予执行的行政决定所实施的强制执行行为,仍属于行政行为。该行为是否可诉,应根据当事人的诉讼请求及理由作区分处理:

一、人民法院作出准予执行裁定后,公民、法人或者其他组织又就行政机关申请执行的行政行为提起行政诉讼或者行政赔偿诉讼的,人民法院不予受理。

二、被执行人及利害关系人仅以行政机关据以申请执行的行政行为(决定)本身违法等为由主张行政机关实施的强制执行行为违法提起行政诉讼或者行政赔偿诉讼的,人民法院不予受理。

三、被执行人及利害关系人以行政机关实施的强制执行行为存在违反法定程序,与人民法院作出的准予执行裁定确定的范围、对象不符等特定情形,给其造成损失为由提起行政诉讼或者行政赔偿诉讼的,人民法院应当依法受理。

(2)《最高人民法院关于行政机关根据法院的协助执行通知书实施的行政行为是否属于人民法院行政诉讼受案范围的批复》

行政机关根据人民法院的协助执行通知书实施的行为,是行政机关必须履行的法定协助义务,不属于人民法院行政诉讼受案范围。但如果当事人认为行政机关在协助执行是扩大了范围或违法采取措施造成其损害,提起行政诉讼的,人民法院应当受理。

陕西省铜川市人民检察院
行政非诉执行监督要点

一、监督法院行政非诉执行活动

（一）监督点一：人民法院逾期立案受理

监督依据：

1.《最高人民法院关于适用〈中华人民共和国行政诉讼法〉的解释》第一百五十五条："……人民法院对符合条件的申请，应当在五日内立案受理，并通知申请人；……"

2.《中华人民共和国行政强制法》第五十六条："人民法院接到行政机关强制执行的申请，应当在五日内受理。行政机关对人民法院不予受理的裁定有异议的，可以在十五日内向上一级人民法院申请复议，上一级人民法院应当自收到复议申请之日起十五日内作出是否受理的裁定。"

监督方式：向人民法院提出非诉执行监督检察建议。

（二）监督点二：对符合受理条件的案件不予受理

如收到行政机关申请材料后，或直接退回行政机关，或不作任何处理，或只口头告知行政机关不予受理。

监督依据：1.《最高人民法院关于适用〈中华人民共和国行政诉讼法〉的解释》第一百五十五条："行政机关根据行政诉讼法第九十七条的规定申请执行其行政行为，应当具备以下条件：（一）行政行为依法可以由人民法院执行；（二）行政行为已经生效并具有可执行的内容；（三）申请人是作出该行政行为的行政机关或者法律、法规、规章授权的组织；（四）被申请人是该行政行为所确定的义务人；（五）被申请人在行政行为确定的期限内或者行政机关催告期限内未履行义务；（六）申请人在法定期限内提出申请；（七）被申请执行的行政案件属于受理执行申请的人民法院管辖。行政机关申请人民法院执行，应当提交行政强制法第五十五条规定的相关材料。……"第一百五十七条:"行政机关申请人民法院强制执行其行政行为的,由申请人所在地的基层人民法院受理;执行对象为不动产的,由不动产所在地的基层人民法院受理。基层人民法院认为执行确有困难的,可以报请上级人民法院执行;上级人民法院可以决定由其执行,也可以决定由下级人民法院执行。"

2.《中华人民共和国行政强制法》第五十五条:"行政机关向人民法院申请强制执行,应当提供下列材料:(一)强制执行申请书;(二)行政决定书及作出决定的事实、理由和依据;(三)当事人的意见及行政机关催告情况;(四)申请强制执行标的情况;(五)法律、行政法规规定的其他材料。"

监督方式:向人民法院提出非诉执行监督检察建议。

(三)监督点三:向申请执行的行政机关收取执行费

监督依据:《中华人民共和国行政强制法》第六十条规定:"行政机关申请人民法院强制执行,不缴纳申请费。强制执行的费用由被执行人承担。人民法院以划拨、拍卖方式强制执行的,可以在划拨、拍卖后将强制执行的费用扣除。"

监督方式:向人民法院提出非诉执行监督检察建议。

(四)监督点四:人民法院违法做出裁定

包括逾期做出裁定或在作出准予执行裁定后,既不移交本院执行部门执行,也不送达申请人。

监督依据:

1. 最高人民法院 1998 年 1 月 1 日颁布的《关于办理行政机关申请强制执行案件有关问题的通知》规定:"一、行政机关申请人民法院强制执行案件由行政审判庭负责审查。经教育,行政行为相对人自动履行的,即可结案。需要强制执行的,由行政审判庭移送执行庭办理。"

2.《最高人民法院关于执行案件立案、结案若干问题的意见》第二条:"执行案件统一由人民法院立案机构进行审查立案,人民法庭经授权执行自审案件的,可以自行审查立案,法律、司法解释规定可以移送执行的,相关审判机构可以移送立案机构办理立案登记手续。"

3.《中华人民共和国行政强制法》第五十七条:"人民法院对行政机关强制执行的申请进行书面审查,对符合本法第五十五条规定,且行政决定具备法定执行效力的,除本法第五十八条规定的情形外,人民法院应当自受理之日起七日内作出执行裁定。"第五十八条:"人民法院发现有下列情形之一的,在作出裁定前可以听取被执行人和行政机关的意见:(一)明显缺乏事实根据的;(二)明显缺乏法律、法规依据的;(三)其他明显违法并损害被执行人合法权益的。人民法院应当自受理之日起三十日内作出是否执行的裁定。裁定不予执行的,应当说明理由,并在五日内将不予执行的裁定送达行政机关。"

4.《最高人民法院关于适用〈中华人民共和国行政诉讼法〉的解释》第一百六十条规定:"人民法院受理行政机关申请执行其行政行为的案件后,应当在七日内由行政审判庭对行政行为的合法性进行审查,并作出是否准予执行的裁定。人民法院在作出裁定前发现行政行为明显违法并损害被执行人的合法权益的,应当听取被执行人和行政机关的意见,并自受理之日起三十日内作出是否准予执行的裁定。需要采取强制执行措施的,由本院负责强制执行非诉行政行为的机构执行。"

监督方式:向人民法院提出非诉执行监督检察建议。

(五)监督点五:执行通知书违法

违法情形主要包括逾期发出执行通知书、与执行依据即生效行政行为不一致、与最新实际履行情况不符等。

监督依据:

1.《中华人民共和国民事诉讼法》第二百四十条规定:"执行员接到申请执行书或者移交执行书,应当向被执行人发出执行通知,并可以立即采取强制执行措施。"

2.《最高人民法院关于适用〈中华人民共和国民事诉讼法〉的解释》第四百八十二条规定:"人民法院应当在收到申请执行书或者移交执行书后十日内发出执行通知。执行通知中除应责令被执行人履行法律文书确定的义务外,还应通知其承担民事诉讼法第二百五十三条规定的迟延履行利息或者迟延履行金。"

执行通知书的送达,适用民事诉讼法关于送达的规定。被执行人未按执行通知书指定的期间履行生效法律文书确定的义务的,应当及时采取执行措施。

监督方式:向人民法院提出非诉执行监督检察建议。

(六)监督点六:执行裁定适用法律错误

在《最高人民法院关于适用〈中华人民共和国行政诉讼法〉的解释》

已经生效后,仍适用失效的《最高人民法院关于执行〈中华人民共和国行政诉讼法〉若干问题的解释》。

监督方式:向人民法院提出非诉执行监督检察建议。

(七)监督点七:人民法院明显超标的额查封、扣押、冻结财产

监督依据:

1.《最高人民法院关于人民法院民事执行中查封、扣押、冻结财产的规定》第二十一条规定:"查封、扣押、冻结被执行人的财产,以其价额足以清偿法律文书确定的债权额及执行费用为限,不得明显超标的额查封、扣押、冻结。发现超标的额查封、扣押、冻结的,人民法院应当根据被执行人的申请或者依职权,及时解除对超标的额部分财产的查封、扣押、冻结,但该财产为不可分物且被执行人无其他可供执行的财产或者其他财产不足以清偿债务的除外。"

2.《最高人民法院人民法院规范执行行为"十个严禁"》(2017年4月19日发布实施)规定:"二、严禁明显超标的额查封、扣押、冻结财产及违规执行案外人财产。"

3.《最高人民法院关于在执行工作中进一步强化善意文明执行理念的意见》(2019年12月16日发布实施)规定:"二、严禁超标的查封和乱查封。……4.严禁超标的查封。强制执行被执行人的财产,以其价值足以清偿生效法律文书确定的债权额为限,坚决杜绝明显超标的查封。冻结被执行人银行账户内存款的,应当明确具体冻结数额,不得影响冻结之外资金的流转和账户的使用。需要查封的不动产整体价值明显超出债权额的,应当对该不动产相应价值部分采取查封措施;相关部门以不动产登记在同一权利证书下为由提出不能办理分割查封的,人民法院在对不动产进行整体查封后,经被执行人申请,应当及时协调相关部门办理分割登记并解除对超标的部分的查封。相关部门无正当理由拒不协助办理分割登记和查封的,依照民事诉讼法第一百一十四条采取相应的处罚措施。"

监督方式:向人民法院提出非诉执行监督检察建议。

(八)监督点八:未依法续查封、续扣押、续冻结

监督依据:

1.《最高人民法院关于适用〈中华人民共和国民事诉讼法〉的解释》第四百八十七条规定:"人民法院冻结被执行人的银行存款的期限不得超过一年,查封、扣押动产的期限不得超过两年,查封不动产、冻结其他财

产权的期限不得超过三年。申请执行人申请延长期限的,人民法院应当在查封、扣押、冻结期限届满前办理续行查封、扣押、冻结手续,续行期限不得超过前款规定的期限。人民法院也可以依职权办理续行查封、扣押、冻结手续。"

2.《最高人民法院关于人民法院办理财产保全案件若干问题的规定》第十八条规定:"申请保全人申请续行财产保全的,应当在保全期限届满七日前向人民法院提出;逾期申请或者不申请的,自行承担不能续行保全的法律后果。人民法院进行财产保全时,应当书面告知申请保全人明确的保全期限届满日以及前款有关申请续行保全的事项。"

监督方式:对人民法院未告知行政机关申请延长查封、扣押、冻结期限的,或者申请人申请后人民法院未采取续行手续的,可以向人民法院提出非诉执行监督检察建议。对期满前,行政机关未向人民法院提出续行手续的,可以提出改进工作、完善治理的检察建议。对逾期申请,无正当理由仍然受理的,也可以向人民法院提出非诉执行监督检察建议。

(九)监督点九:人民法院拍卖被执行人财产,未优先采用网络拍卖方式

司法拍卖是司法腐败、权力寻租的重灾区,可以通过中国执行信息公开网设立财产处置专栏调查核实拍卖案件信息,网址为http://zxgk.court.gov.cn/sfpm/。

监督依据:

1.《最高人民法院关于人民法院网络司法拍卖若干问题的规定》第二条规定:"人民法院以拍卖方式处置财产的,应当采取网络司法拍卖方式,但法律、行政法规和司法解释规定必须通过其他途径处置,或者不宜采用网络拍卖方式处置的除外。"

2.《最高人民法院关于在执行工作中规范执行行为切实保护各方当事人财产权益的通知》第四条规定:"提高财产处置变现效率。对被依法查封的财产进行变价处置时,要依法优先采取拍卖等有利于公开公平公正实现财产价值的变现方式。要严格规范评估、拍卖、变卖和以物抵债等变价环节,防止对拟处置财产低估贱卖,侵害被执行人合法权益。对于司法强制拍卖要求一次性付清价款,门槛较高,可能不利于扩大竞买范围的问题,可借鉴部分地方法院的成熟经验,在司法拍卖中开展与银行业金融机构的按揭合作,降低竞买门槛,通过更广范围的竞价更好地让拍品变现。

2017年1月1日起，全面推行优先用网络法拍卖方式处置财产，以降低处置成本、提高成交率、溢价率，保护双方当事人的合法权益。各级人民法院要认真贯彻落实《最高人民法院关于人民法院网络司法拍卖若干问题的规定》最大限度提高司法财产处置的公开性、透明度，坚决杜绝任何形式的暗箱操作，有效去除拍卖环节的权力寻租空间，斩断利益链条。"

3.《最高人民法院关于认真做好网络司法拍卖与网络司法变卖衔接工作的通知》第二条规定："关于发布网络司法变卖公告期限的问题。网拍二拍流拍后，人民法院应当于10日内询问申请执行人或其他执行债权人是否接受以物抵债。不接受以物抵债的，人民法院应当于网拍二拍流拍之日起15日内发布网络司法变卖公告。"

监督方式：向人民法院提出非诉执行监督检察建议。

（十）监督点十：违反债权清偿顺序，分配执行财产

监督依据：《最高人民法院关于人民法院执行工作若干问题的规定（试行）》第八十八条规定："多份生效法律文书确定金钱给付内容的多个债权人分别对同一被执行人申请执行，各债权人对执行标的物均无担保物权的，按照执行法院采取执行措施的先后顺序受偿。多个债权人的债权种类不同的，基于所有权和担保物权而享有的债权，优先于金钱债权受偿。有多个担保物权的，按照各担保物权成立的先后顺序清偿。一份生效法律文书确定金钱给付内容的多个债权人对同一被执行人申请执行，执行的财产不足清偿全部债务的，各债权人对执行标的物均无担保物权的，按照各债权比例受偿。"

监督方式：向人民法院提出非诉执行监督检察建议。

（十一）监督点十一：违法采取，或者违法不采取、不及时解除限制高消费令

调查核实限制高消费令信息，可以通过在中国执行信息公开网项下：http：//zxgk.court.gov.cn/xgl 进行。

监督依据：

1.中央政法委等五部门《关于政法机关依法保障疫情防控期间复工复产的意见》要求，加强对行政非诉执行案件的监督，对确有错误的裁定或行政决定提出检察建议予以纠正。

2.《最高人民法院关于限制被执行人高消费的若干规定》第一条规定："被执行人未按执行通知书指定的期间履行生效法律文书确定的给付

义务的，人民法院可以限制其高消费。"第九条规定："在限制高消费期间，被执行人提供确实有效的担保或者经申请执行人同意的，人民法院可以解除限制高消费令；被执行人履行完毕生效法律文书确定的义务的，人民法院应当在本规定第六条通知或者公告的范围内及时以通知或者公告解除限制高消费令。"

3. 《最高人民法院关于在执行工作中进一步强化善意文明执行理念的意见》（2019年12月16日发布实施）规定："……14. 严格适用条件和程序。采取纳入失信名单或限制消费措施，必须严格依照民事诉讼法、《最高人民法院关于限制被执行人高消费及有关消费的若干规定》等规定的条件和程序进行。对于不符合法定条件的被执行人，坚决不得采取限制消费惩戒措施。对于符合法定条件的被执行人，决定采取惩戒措施的，应当制作决定书或限制消费令，并依法由院长审核后签发。……"

根据司法解释规定，虽然纳入失信名单决定书由院长签发后即生效，但也应当依照民事诉讼法规定的送达方式送达当事人。

监督方式：向人民法院提出非诉执行监督检察建议。

（十二）监督点十二：违反公布失信被执行人名单信息相关规定，违法纳入，或者违法不纳入、不及时删除失信信息

可以通过http：//zxgk. court. gov. cn/shixin/，输入被执行人姓名或名称、身份证号码或组织机构代码、验证码调查核实失信被执行人名单相关信息。

监督依据：

1. 《最高人民法院关于公布失信被执行人名单信息的若干规定》第一条规定："被执行人未履行生效法律文书确定的义务，并具有下列情形之一的，人民法院应当将其纳入失信被执行人名单，依法对其进行信用惩戒：（一）有履行能力而拒不履行生效法律文书确定义务的；（二）以伪造证据、暴力、威胁等方法妨碍、抗拒执行的；（三）以虚假诉讼、虚假仲裁或者以隐匿、转移财产等方法规避执行的；（四）违反财产报告制度的；（五）违反限制消费令的；（六）无正当理由拒不履行执行和解协议的。"第九条规定："不应纳入失信被执行人名单的公民、法人或其他组织被纳入失信被执行人名单的，人民法院应当在三个工作日内撤销失信信息。记载和公布的失信信息不准确的，人民法院应当在三个工作日内更正失信信息。"第十条规定："具有下列情形之一的，人民法院应当在三个工

作日内删除失信信息：（一）被执行人已履行生效法律文书确定的义务或人民法院已执行完毕的；（二）当事人达成执行和解协议且已履行完毕的；（三）申请执行人书面申请删除失信信息，人民法院审查同意的；（四）终结本次执行程序后，通过网络执行查控系统查询被执行人财产两次以上，未发现有可供执行财产，且申请执行人或者其他人未提供有效财产线索的；（五）因审判监督或破产程序，人民法院依法裁定对失信被执行人中止执行的；（六）人民法院依法裁定不予执行的；（七）人民法院依法裁定终结执行的。有纳入期限的，不适用前款规定。纳入期限届满后三个工作日内，人民法院应当删除失信信息。"第十三条规定："人民法院工作人员违反本规定公布、撤销、更正、删除失信信息的，参照有关规定追究责任。"

2.《人民法院规范执行行为"十个严禁"》（2017年4月19日发布实施）规定："七、严禁违规纳入、删除、撤销失信被执行人名单。"

3.《最高人民法院关于在执行工作中进一步强化善意文明执行理念的意见》（2019年12月16日发布实施）规定："五、严格规范纳入失信名单和限制消费措施……16.不采取惩戒措施的几类情形。被执行人虽然存在有履行能力而拒不履行生效法律文书确定义务、无正当理由拒不履行和解协议的情形，但人民法院已经控制其足以清偿债务的财产或者申请执行人申请暂不采取惩戒措施的，不得对被执行人采取纳入失信名单或限制消费措施。单位是失信被执行人的，人民法院不得将其法定代表人、主要负责人、影响债务履行的直接责任人员、实际控制人等纳入失信名单。全日制在校生因'校园贷'纠纷成为被执行人的，一般不得对其采取纳入失信名单或限制消费措施。……19.及时删除失信信息。失信名单信息依法应当删除（屏蔽）的，应当及时采取删除（屏蔽）措施。超过三个工作日采取删除（屏蔽）措施，或者虽未超过三个工作日但能够立即采取措施却未采取造成严重后果的，依法追究相关人员责任。被执行人因存在多种失信情形，被同时纳入有固定期限的失信名单和无固定期限的失信名单的，其主动履行完毕生效法律文书确定义务后，一般应当将有固定期限的名单信息和无固定期限的名单信息同时删除（屏蔽）。"

监督方式：向人民法院提出非诉执行监督检察建议。

（十三）监督点十三：违法变更、追加被执行人

包括将符合规定条件的人员不依法变更、追加为被执行人，或者将不

符合规定条件的人变更、追加为被执行人,以及超过法定期限作出变更、追加裁定。

监督依据:

1.《最高人民法院关于民事执行中变更、追加当事人若干问题的规定》第十五条规定:"作为被执行人的法人分支机构,不能清偿生效法律文书确定的债务,申请执行人申请变更、追加该法人为被执行人的,人民法院应予支持。法人直接管理的责任财产仍不能清偿债务的,人民法院可以直接执行该法人其他分支机构的财产。"第十九条规定:"作为被执行人的公司,财产不足以清偿生效法律文书确定的债务,其股东未依法履行出资义务即转让股权,申请执行人申请变更、追加该原股东或依公司法规定对该出资承担连带责任的发起人为被执行人,在未依法出资的范围内承担责任的,人民法院应予支持。"第二十八条第三款规定:"执行法院应当自收到书面申请之日起六十日内作出裁定。有特殊情况需要延长的,由本院院长批准。"

2.《关于依法妥善审理涉及夫妻债务案件有关问题的通知》中规定:"未经审判程序,不得要求未举债的夫妻一方承担民事责任。"

监督方式:向人民法院提出非诉执行监督检察建议。

(十四)监督点十四:**违法终结本次执行程序,对不符合终本条件而采取终本方式结案**

监督依据:《最高人民法院关于严格规范终结本次执行程序的规定(试行)》第一条规定:"人民法院终结本次执行程序,应当同时符合下列条件:(一)已向被执行人发出执行通知、责令被执行人报告财产;(二)已向被执行人发出限制消费令,并将符合条件的被执行人纳入失信被执行人名单;(三)已穷尽财产调查措施,未发现被执行人有可供执行的财产或者发现的财产不能处置;(四)自执行案件立案之日起已超过三个月;(五)被执行人下落不明的,已依法予以查找;被执行人或者其他人妨害执行的,已依法采取罚款、拘留等强制措施,构成犯罪的,已依法启动刑事责任追究程序。"

监督方式:向人民法院提出非诉执行监督检察建议。

(十五)监督点十五:**终结本次执行后未采取规定的执行查询措施,符合恢复执行条件的未恢复执行**

监督依据:

1.《最高人民法院关于严格规范终结本次执行程序的规定（试行）》第九条第二款："终结本次执行程序后的五年内，执行法院应当每六个月通过网络执行查控系统查询一次被执行人的财产，并将查询结果告知申请执行人。符合恢复执行条件的，执行法院应当及时恢复执行。"

2.《人民法院规范执行行为"十个严禁"》（2017年4月19日发布实施）第五条规定："严禁违规适用终结本次执行程序及对纳入终结本次执行程序案件不及时定期查询、司法救济、恢复执行。"

3.《最高人民法院关于执行〈民事诉讼法〉相关问题的解释》第四百六十七条规定："一方当事人不履行或者不完全履行在执行中双方自愿达成的和解协议，对方当事人申请执行原生效法律文书的，人民法院应当恢复执行，但和解协议已履行的部分应当扣除。和解协议已经履行完毕的，人民法院不予恢复执行。"

4.《最高人民法院关于严格规范终结本次执行程序的规定（试行）》第九条规定："终结本次执行程序后，申请执行人发现被执行人有可供执行财产的，可以向执行法院申请恢复执行。申请恢复执行不受申请执行时效期间的限制。执行法院核查属实的，应当恢复执行。"第十六条第二款规定："终结本次执行程序后，当事人、利害关系人申请变更、追加执行当事人，符合法定情形的，人民法院应予支持。变更、追加被执行人后，申请执行人申请恢复执行的，人民法院应予支持。"

监督方式：对人民法院未及时采取执行查询措施，查询后未将结果及时告知申请人；对符合恢复执行条件，未及时恢复执行的，向人民法院提出非诉执行监督检察建议。对发现被执行人有可供执行财产、可以变更、追加当事人恢复执行的，行政机关未依法申请恢复执行的，可以提出改进工作、完善治理的检察建议。

（十六）监督点十六：违法采取以"终结执行"方式结案

监督依据：

1.《最高人民法院关于执行案件立案、结案若干问题的意见》第十七条规定："有下列情形之一的，可以以'终结执行'方式结案：（一）申请人撤销申请或者是当事人双方达成执行和解协议，申请执行人撤回执行申请的；（二）据以执行的法律文书被撤销的；（三）作为被执行人的公民死亡，无遗产可供执行，又无义务承担人的；（四）追索赡养费、扶养费、抚育费案件的权利人死亡的；（五）作为被执行人的公民因生活困难无力偿还借款,无收入来源,又丧失劳动能力的;(六)作为被执行人的企业法人或其他组织被撤销、注销、吊销营业执照或者歇业、终止后既无财产可供执行,又无义务承受人,也没有能够依法追加变更执行主体的;(七)依照刑法第五十三条免除罚金的;(八)被执行人被人民法院裁定宣告破产的;(九)行政执行标的灭失的;(十)案件被上级人民法院裁定提级执行的;(十一)案件被上级法院裁定指定由其他法院执行的;(十二)按照《最高人民法院关于委托执行若干问题的规定》,办理了委托执行手续,且收到受托法院立案通知书的;(十三)人民法院认为应当终结执行的其他情形。前款除第(十)项、第(十一)项、第(十二)项规定的情形外,终结执行的,应当制作裁定书,送达当事人。"

2.《最高人民法院关于执行案件立案、结案若干问题的意见》第三十条规定:"地方各级人民法院不能制定与法律、司法解释和本意见规定相抵触的执行案件立案、结案标准和结案方式。违反法律、司法解释和本意见的规定立案、结案,或者在全国法院执行案件信息管理系统录入立案、结案情况时弄虚作假的,通报批评;造成严重后果或恶劣影响的,根据《人民法院工作人员纪律处分条例》追究相关领导和工作人员的责任。"

监督方式:向人民法院提出非诉执行监督检察建议。

(十七)监督点十七:逾期发放、领取执行款物

监督依据:《最高人民法院关于执行款物管理工作的规定(试行)》第十条:"执行人员应当在收到财务部门执行款到账通知之日起三十日内,完成执行款的核算、执行费用的结算、通知申请执行人领取和执行款发放工作。有下列情形之一的,报经执行局局长或主管院领导批准后,可以延缓发放:(一)需要进行案款分配的;(二)申请执行人因另案诉讼、执行或涉嫌犯罪等原因导致执行款被保全或冻结的;(三)申请执行人经通知未领取的;(四)案件被依法中止或者暂缓执行的;(五)有其他正当理由需要延缓发放执行款的。上述情形消失后,执行人员应当在十日内完成执行款的发放。"

监督方式:对人民法院违规发放执行款物的,提出非诉执行监督检察建议;对行政机关未及时按照人民法院通知领取执行款物的,可以提出改进工作、完善治理的检察建议。

二、"穿透式"监督行政执法活动

(十八) 监督点十八: 行政行为本身违法

根据行政诉讼法及相关司法解释、行政复议法、行政强制法、行政处罚法及其实施细则、行政许可法的规定,对行政机关的非诉行政决定本身进行以下审查:(1)行政主体是否适格,行政执法人员是否具有执法资格,执法资格证书是否过期,调查取证时执法人员是否符合法定人数;(2)行政机关是否遵循"先取证、后行为"的基本原则,是否履行了告知义务且充分听取了当事人的意见;(3)抽样取证后需要扣押查封的,是否出具了物品清单;(4)进行证据保全时的内部审批手续,制作的处罚决定书是否符合法律规定;是否在宣告后向当事人当场送达了处罚决定书,当事人不在场的,是否在七日内送达;(5)对于责令停产停业、吊销许可证、较大数额罚款的行政处罚,行政机关是否在作出处罚决定前告知当事人申请听证的权利,并在七日前通知时间、地点等,且听证主持人是否与本案有直接利害关系,是否是本案调查工作人员以外的人;(6)行政处罚数额是否超出法律规定的上下限,有具体细化裁量标准的是否按照标准执行。

监督依据:

1. 中央政法委等五部门《关于政法机关依法保障疫情防控期间复工复产的意见》要求,加强对行政非诉执行案件的监督,对确有错误的裁定或行政决定提出检察建议予以纠正。

2. 《中华人民共和国行政强制法》第五十八条、《最高人民法院关于适用〈中华人民共和国行政诉讼法〉的解释》第一百六十一条规定:"被申请执行的行政行为有下列情形之一的,人民法院应当裁定不准予执行:(一)实施主体不具有行政主体资格的;(二)明显缺乏事实根据的;(三)明显缺乏法律、法规依据的;(四)其他明显违法并损害被执行人合法权益的情形。"

监督方式:对行政行为明显违法,人民法院裁定准予执行的,可以向人民法院提出非诉执行监督检察建议;对行政机关此类共性问题,可以提出改进工作、完善治理类检察建议。

(十九) 监督点十九: 行政决定内容不明确

申请执行的法律文书没有给付内容,或者执行标的、被执行人不明确。

监督依据：

1.《最高人民法院关于人民法院执行工作若干问题的规定（试行）》第十八条第一款第四项规定："人民法院受理执行案件应当符合下列条件：申请执行的法律文书有给付内容，且执行标的和被执行人明确。"如果内容不明确，可能导致法院不予受理。

2.《最高人民法院关于人民法院立案、审判与执行工作协调运行的意见》第十一条规定："法律文书主文应当明确具体：（1）给付金钱的，应当明确数额。需要计算利息、违约金数额的，应当有明确的计算基数、标准、起止时间等；（2）交付特定标的物的，应当明确特定物的名称、数量、具体特征等特定信息，以及交付时间、方式等；（3）确定继承的，应当明确遗产的名称、数量、数额等；（4）离婚案件分割财产的，应当明确财产名称、数量、数额等；（5）继续履行合同的，应当明确当事人继续履行合同的内容、方式等；（6）排除妨碍、恢复原状的，应当明确排除妨碍、恢复原状的标准、时间等；（7）停止侵害的，应当明确停止侵害行为的具体方式，以及被侵害权利的具体内容或者范围等；（8）确定子女探视权的，应当明确探视的方式、具体时间和地点，以及交接办法等；（9）当事人之间互负给付义务的，应当明确履行顺序。"

监督方式：人民法院已经受理的，可以向人民法院提出非诉执行监督检察建议；对行政机关法律文书中此类共性问题，可以提出改进工作、完善治理类检察建议。

（二十）监督点二十：未向行政相对人进行催告，或者催告内容与履行情况不一致

需要注意的是，行政机关作出的催告书中所载明的金额应当与生效行政非诉文书确定的履行义务一致；对相对人已经履行的内容，不需要再进行催告。

监督依据：《中华人民共和国行政强制法》第五十四条规定："行政机关申请人民法院强制执行前，应当催告当事人履行义务。催告书送达十日后当事人仍未履行义务的，行政机关可以向所在地有管辖权的人民法院申请强制执行。"第三十五条规定："行政机关作出强制执行决定前，应当事先催告当事人履行义务。催告应当以书面形式作出，并载明下列事项：（一）履行义务的期限；（二）履行义务的方式；（三）涉及金钱给付的，应当有明确的金额和给付方式；（四）当事人依法享有的陈述权和申辩权。"

监督方式：对未经催告或者催告内容与履行情况不一致的，可以向人民法院提出非诉执行监督检察建议；对行政机关此类共性问题，可以提出改进工作、完善治理的检察建议。

（二十一）监督点二十一：检察机关在审查其他行政检察案件时，发现行政机关无正当理由，逾期申请强制执行

监督依据：

1.《中华人民共和国行政强制法》第五十三条规定："当事人在法定期限内不申请行政复议或者提起行政诉讼，又不履行行政决定的，没有行政强制执行权的行政机关可以自期限届满之日起三个月内，依照本章规定申请人民法院强制执行。"

2.《最高人民法院关于适用〈中华人民共和国行政诉讼法〉的解释》第一百五十六条："没有强制执行权的行政机关申请人民法院强制执行其行政行为，应当自被执行人的法定起诉期限届满之日起三个月内提出。逾期申请的，除有正当理由外，人民法院不予受理。"

监督方式：对逾期申请，无正当理由，仍然受理的，可以向人民法院提出非诉执行监督检察建议；对行政机关此类共性问题，可以提出改进工作、完善治理的检察建议。

（二十二）监督点二十二：行政机关申请不规范

主要包括以下情形：未正确列明所有被执行人；遗漏法定执行内容，如迟延履行期间的债务利息、执行费等；未附财产线索；未在强制执行申请书上签名和盖章（负责人签名、单位盖章必须同时具备）。

监督依据：

1.《最高人民法院关于人民法院执行工作若干问题的规定（试行）》第十八条第一款第四项规定："人民法院受理执行案件应当符合下列条件：申请执行的法律文书有给付内容，且执行标的和被执行人明确。"

2.《最高人民法院关于适用〈中华人民共和国民事诉讼法〉若干问题的解释》第四百七十二条规定："依照民事诉讼法第二百三十二条规定，执行中作为被执行人的法人或者其他组织分立、合并的，人民法院可以裁定变更后的法人或者其他组织为被执行人；被注销的，如果依照有关实体法的规定有权利义务承受人的，可以裁定该权利义务承受人为被执行人。"第四百七十三条规定："其他组织在执行中不能履行法律文书确定的义务的，人民法院可以裁定执行对该其他组织依法承担义务的法人或者公民个

人的财产。"第四百七十四条规定:"在执行中,作为被执行人的法人或者其他组织名称变更的,人民法院可以裁定变更后的法人或者其他组织为被执行人。"第四百七十五条规定:"作为被执行人的公民死亡,其遗产继承人没有放弃继承的,人民法院可以裁定变更被执行人,由该继承人在遗产的范围内偿还债务。继承人放弃继承的,人民法院可以直接执行被执行人的遗产。"

3.《最高人民法院关于民事执行中变更、追加当事人若干问题的规定》第十三条规定:"个体工商户的字号为被执行人的,人民法院可以直接执行该字号经营者的财产。"

4.《中华人民共和国民事诉讼法》第二百五十三条规定:"被执行人未按判决、裁定和其他法律文书指定的期间履行给付金钱义务的,应当加倍支付迟延履行期间的债务利息。被执行人未按判决、裁定和其他法律文书指定的期间履行其他义务的,应当支付迟延履行金。"《最高人民法院关于执行程序中计算迟延履行期间的债务利息适用法律若干问题的解释》第一条规定:"根据民事诉讼法第二百五十三条规定加倍计算之后的迟延履行期间的债务利息,包括迟延履行期间的一般债务利息和加倍部分债务利息。迟延履行期间的一般债务利息,根据生效法律文书确定的方法计算;生效法律文书未确定给付该利息的,不予计算。加倍部分债务利息的计算方法为:加倍部分债务利息=债务人尚未清偿的生效法律文书确定的除一般债务利息之外的金钱债务×日万分之一点七五×迟延履行期间。"

5.《最高人民法院关于人民法院执行工作若干问题的规定(试行)》第二十条规定:"申请执行书中应当写明申请执行的理由、事项、执行标的,以及申请执行人所了解的被执行人的财产状况。"

6.《中华人民共和国行政强制法》第五十五条:"行政机关向人民法院申请强制执行,应当提供下列材料:(一)强制执行申请书;(二)行政决定书及作出决定的事实、理由和依据;(三)当事人的意见及行政机关催告情况;(四)申请强制执行标的情况;(五)法律、行政法规规定的其他材料。强制执行申请书应当由行政机关负责人签名,加盖行政机关的印章,并注明日期。"

监督方式:对申请不符合上述要求的,人民法院立案受理,并裁定准予执行的,可以向人民法院提出非诉执行监督检察建议;对行政机关此类共性问题,可以提出改进工作、完善治理的检察建议。

广东省人民检察院　广东省自然资源厅关于加强行政检察与自然资源行政执法衔接工作的若干意见

第一条　为推进落实《中共中央办公厅　国务院办公厅印发〈关于统筹推进自然资源资产产权制度改革的指导意见〉的通知》（中办发〔2019〕25号，以下简称《意见》），健全自然资源资产监管体系，为我省推进粤港澳大湾区建设国家战略，加快形成全面开放新格局提供有力保障，按照《意见》的有关要求，建立行政检察与自然资源行政执法衔接机制，通过法律监督促进依法行政、严格执法。

第二条　检察机关和自然资源部门开展自然资源资产监管工作应坚持各负其责、相互配合，形成监管保护合力。

检察机关履行自然资源资产监管法律监督，坚持依法监督、事后监督、有限监督原则，不得干预自然资源部门正常的行政执法活动。

第三条　各级检察机关和自然资源部门在履行自然资源资产监管保护职责过程中，应加强部门联动，建立年度会商沟通和常态信息共享机制，定期相互通报检察和执法办案情况、重大工作部署，实现信息共享、案情通报、案件移送渠道畅通、规范有序。

检察机关和自然资源部门可以联合制定自然资源资产监管保护工作计划，对自然保护地、永久基本农田、稀土等重点领域，有针对性地执法监督检查。

第四条　自然资源部门对行政相对人作出行政处罚决定，依法应当申请人民法院强制执行的，应依法及时提出申请并将申请执行法律文书同时抄送同级检察机关行政检察部门。检察机关在收到自然资源部门抄送的申请法院强制执行法律文书后，应当及时向人民法院跟踪了解案件办理情况，监督人民法院及时作出裁定、执行。

第五条　自然资源部门申请人民法院强制执行行政处罚决定案件，人民法院未在法定期限内做出裁定、执行决定的,检察机关应当依法予以监督纠正。

对人民法院裁定不予受理、不予执行、中止执行、终结本次执行或终结执行的,检察机关应依法对全案进行审查、听取自然资源部门意见,对人民法院裁定、决定确有错误的,或发现审判人员、执行人员行为涉嫌违法的,依法予以监督并将相关情况通报自然资源部门;对行政处罚决定实体或程序确有错误的,应当依法向自然资源部门提出纠正意见;对确因客观原因不具备执行条件的,应当与自然资源部门、人民法院共同研究,依法妥善处理。

在执行过程中,自然资源部门认为法院的执行活动违法或发现审判人员、执行人员行为涉嫌违法的,可以将相关线索移送检察机关。

第六条 检察机关办理申请监督和提请抗诉的自然资源行政诉讼监督案件,应当在受理案件七日内告知相关自然资源部门,听取自然资源部门意见,在三个月内告知办理过程或结果,将相关法律文书抄送自然资源部门。自然资源部门认为检察机关对案件处理的实体结果或程序确有错误的,可以书面向办理案件的检察机关提出异议,也可以向其上一级检察机关申请予以监督纠正。

第七条 检察机关履行自然资源资产监管法律监督职责,可以依法调阅自然资源部门的执法案卷,开展调查核实工作,调取相关证据等,自然资源部门及其相关人员应当予以配合。

第八条 检察机关在履行自然资源资产监管法律监督职责过程中,针对自然资源部门及其工作人员不履行或不正确履行法定职责的违法行为,可以商请自然资源部门予以监督纠正,也可以依法提出检察建议。检察建议应当同时抄送上级检察机关和自然资源部门。

检察机关向自然资源部门提出检察建议的,自然资源部门应当在二个月内予以书面回复。检察机关提出检察建议后,自然资源部门无正当理由拒不纠正违法行为或不履行法定职责,情节严重的,检察机关可将相关线索移送派驻该自然资源部门的纪检监察机关,并同时抄送上级检察机关。

第九条 被建议的自然资源部门认为检察机关的检察建议错误或明显不当的,可以书面提出异议;也可以通过上一级自然资源部门向上一级检察机关提出异议。

第十条 检察机关与自然资源部门应当加强在自然资源资产监管领域

的工作交流，在人员培训、法律政策咨询、复杂案件研究、重点问题研讨方面相互支持帮助，探索建立地方性法规等规范性文件审查、互派业务骨干挂职锻炼等工作协作机制，提升监管能力和水平。

第十一条 本意见由广东省人民检察院、广东省自然资源厅负责解释。

第十二条 本意见自发布之日起实施。

广东省人民检察院　广东省司法厅关于加强行政检察与行政执法监督衔接工作的规定（试行）

第一条　为了加强检察机关与司法行政机关的协作配合，健全行政权力监督机制，促进依法行政，根据《中华人民共和国行政诉讼法》《广东省行政执法监督条例》《人民检察院检察建议工作规定》等规定，结合我省实际，制定本规定。

第二条　检察机关和司法行政机关依法开展对行政执法的监督工作，各司其职、相互配合，通过信息共享、案情通报、联合检查、案件线索移送等方式，实现检察机关法律监督和政府层级监督有效衔接。

第三条　检察机关和司法行政机关定期相互通报行政检察和行政执法监督案件的受理、办理情况，相互抄送相关案件的法律文书。

积极推进信息共享数字化建设工作。省检察院牵头建设行政检察和行政执法信息衔接平台，各级司法行政机关推动本地区行政执法数据向各级政务大数据中心归集，实现行政执法数据信息资源的跨部门、跨层级、跨区域共享。

第四条　各级行政机关申请人民法院强制执行行政执法决定的，应当将执行申请书同时抄送同级检察机关。检察机关应当及时向人民法院跟踪了解案件办理情况，监督法院及时作出裁定、强制执行。行政机关对法院的执行裁定或者执行活动存在异议的，可以向同级检察机关提出监督申请。

对人民法院裁定不予受理、不予执行、中止执行、终结本次执行、终结执行的，检察机关应当对全案进行审查、调查核实，依法提出监督意见，并将审查结论和监督结果通报申请执行的行政机关和同级司法行政机关。

第五条　检察机关办理申请监督和提请抗诉的行政诉讼监督案件，应当在受理案件七个工作日内告知相关行政机关,三个月内告知办理过程或者结果,并将相关法律文书抄送同级司法行政机关。

行政机关认为检察机关的案件处理程序或者结果确有错误的,可以书面向办理案件的检察机关提出异议,也可以向其上一级检察机关申请予以监督纠正。

第六条 检察机关在办理案件过程中依法开展调查核实工作,凭工作证及法律文书调阅有关执法案卷,调取相关证据,询问相关执法人员;行政机关及其工作人员应当予以配合。

第七条 检察机关在履行行政诉讼监督职能过程中,认为行政机关及其工作人员存在行政违法行为的,依法提出检察建议,要求行政机关予以纠正,同时抄送同级司法行政机关。

第八条 检察机关在办案中发现行政执法存在的普遍性问题、规范性文件违法等问题,可以移送司法行政机关审查处理。司法行政机关应当将处理结果及时书面反馈检察机关。

第九条 除另有规定外,行政机关应当自收到检察建议之日起两个月内作出相应处理,并将处理情况书面回复检察机关,同时抄送同级司法行政机关。因情况紧急需要行政机关尽快处理的,检察机关可以根据实际情况确定回复期限。

第十条 有下列情形之一的,检察机关可以将检察建议和相关情况报告上级人民检察院、同级党委和人大常委会,通报同级政府、纪检监察机关,抄送同级司法行政机关:

(一)涉及事项社会影响大、群众关注度高、违法情形具有典型性的;

(二)行政机关及其工作人员对检察机关的调查核实工作不予配合的;

(三)行政机关在规定期限内对检察建议无正当理由不予回复、不予整改或者整改不到位的。

对于前款情形,司法行政机关按照《广东省行政执法监督条例》处理,并将处理结果抄送同级检察机关。

第十一条 行政机关认为检察建议错误或者明显不当的,可以向同级检察机关书面申请复查,也可以向上一级人民检察院书面申请复核。

第十二条 检察机关和司法行政机关可以共同制订年度计划,有重点地开展联合行政执法监督活动。

检察机关开展行政检察工作时,可以邀请同级司法行政机关参与。司法行政机关对社会反映集中、影响较大的行政执法事项开展专项调查时，可以邀请同级检察机关参与。

第十三条 检察机关和司法行政机关应当加强行政检察和行政执法监督领域的工作交流，定期举行座谈交流会议相互通报监督工作情况，在人员培训、法律政策咨询、复杂案件研究、重点问题研讨等方面相互支持，协作配合，共同提高监督能力。

第十四条 本规定由广东省人民检察院、广东省司法厅负责解释。

第十五条 本规定自印发之日起施行。

福建省高级人民法院 省人民检察院
关于加强行政执行活动法律监督的若干意见（试行）

为规范行政执行法律监督活动，支持和促进人民法院依法执行，根据《中华人民共和国行政诉讼法》《中华人民共和国民事诉讼法》《中华人民共和国人民检察院组织法》《最高人民法院最高人民检察院关于民事执行活动法律监督若干问题的规定》《人民检察院检察建议工作规定》和其他有关法律规定，结合我省工作实际，制定本意见。

第一条 人民检察院依法对人民法院执行生效行政判决、裁定、行政赔偿调解和行政决定等行政执行活动实施法律监督。

第二条 人民检察院对行政执行活动实施法律监督，应当遵循以事实为依据，以法律为准绳和严格依法、准确及时、必要审慎、注重实效等原则。

人民检察院履行法律监督职责要坚持监督和支持并重，既对人民法院、行政机关行使职权进行监督，又要尊重和支持人民法院、行政机关依法行使执行权，依法保护国家和社会公共利益，依法保护当事人的合法权益，保障国家法律的统一正确实施。

第三条 人民检察院对行政执行活动实施法律监督应当通过书面检察建议方式进行。人民检察院提出检察建议应当经检察长批准或检察委员会决定，检察建议书应当载明检察机关查明的事实、监督的理由、依据以及建议内容等。

第四条 人民检察院对行政执行活动监督，由执行法院所在地同级人民检察院管辖。

对人民法院行政执行异议、复议程序的监督，由作出异议、复议决定的同级人民检察院管辖。

对人民法院按照"裁执分离"有关规定，由行政机关负责组织实施的案件，由实施该执行行为的行政机关所在地的基层人民检察院管辖。

第五条 当事人、利害关系人认为人民法院行政执行活动存在违法行为的，可以向人民检察院提出监督申请。

第六条 人民检察院因履行职责需要，可以进行调查核实，有关单位应当予以配合。

人民检察院因办理监督案件需要，可以摘录、复制人民法院网络执行查控系统和执行案件信息管理系统中的相关信息，人民法院应当予以配合。

第七条 人民检察院经审查认为人民法院在行政执行中可能存在违法执行、不执行等行为，或者其他重大隐患的，可以向人民法院发出《说明执行情况通知书》，人民法院应当说明案件的执行情况及理由，并在十五日内书面回复人民检察院。人民检察院应在十五日内作出审查意见并告知人民法院，经审查后认为存在违法执行、不执行等行为的，应当向人民法院发出检察建议。

第八条 人民检察院经审查认为当事人、利害关系人申请监督的人民法院行政执行活动不存在违法情形的，应当作出不支持监督申请的决定，并在决定之日起十五日内制作《不支持监督申请决定书》发送申请监督人，并抄送同级人民法院，同时应向申请监督人阐明不支持申请的理由，并做好释法说理工作。

第九条 人民法院收到检察建议后应当在三个月内将审查处理情况以回复意见函的形式回复人民检察院，有特殊情况需要延长的，经本院院长批准可以延长一个月。逾期未回复或者处理结果不当的，提出检察建议的人民检察院可以依职权提请上一级人民检察院向其同级人民法院提出检察建议。上一级人民检察院认为应当跟进监督的，应当向其同级人民法院提出检察建议。

第十条 人民法院对检察建议提出异议的，人民检察院应当进行复核。经复核，异议成立的，应当对检察建议书作出修改或者撤回检察建议书；异议不成立的，向人民法院说明理由。

第十一条 人民检察院在履行职责中发现涉嫌构成拒不执行判决、裁定罪、妨害作证罪、帮助毁灭、伪造证据罪等刑事犯罪的案件线索，应当移送公安机关立案侦查。

公安机关对人民法院移送的涉嫌拒不执行判决、裁定罪、妨害作证罪、帮助毁灭、伪造证据罪等刑事犯罪的案件线索，应当依法立案而不立案的，人民法院可以向人民检察院控告检察部门移送相关材料，由人民检察院进行立案监督。人民检察院应当在作出决定后五个工作日内书面告知人民法院立案监督情况。

人民法院移送公安机关涉嫌拒不执行判决、裁定罪、妨害作证罪、帮助毁灭、伪造证据罪等刑事犯罪案件，经公安机关侦查后移送起诉的，人民检察院认为可不起诉或变更强制措施的，应事先与人民法院沟通后再作出决定，并将相关决定书送达人民法院和公安机关。

第十二条 人民检察院对行政执行活动实施法律监督，应当依法履行职责，不得滥用监督权力。司法人员违法行使职权的，应当依法追究相关人员的法律责任。

第十三条 上级人民检察院发现下级人民检察院发出的检察建议书确有不当的，应当指令下级人民检察院变更或者撤回，并及时通知有关单位。

第十四条 人民法院和人民检察院在履行职责中，应当加强沟通联系，密切配合，互相支持，建立信息通报和联席会议制度，并确定联系人，每半年相互通报行政执行工作和行政执行监督工作有关情况，协调解决工作中的重大问题和重要事项。

第十五条 有条件的人民法院和人民检察院可以加强教育培训方面的协作，共享课程资源，互相邀请师资授课，互相派员学习等。同时，也可以加强调研协作，对实践中出现的普遍性问题联合开展调研，促进行政执行法律监督工作依法有序稳妥开展。

第十六条 本意见自印发之日实施。

福建省人民检察院　福建省自然资源厅关于建立自然资源行政执法与行政检察相衔接工作机制的意见

为落实中办、国办印发的《关于统筹推进自然资源资产产权制度改革的指导意见》以及《福建省自然资源产权制度改革实施方案》，按照《福建省自然资源资产产权制度改革重点任务分工方案》安排，福建省人民检察院、福建省自然资源厅经研究决定建立自然资源行政执法与行政检察相衔接工作机制。

一、建立推进依法行政、规范执法协作机制

1. 建立自然资源行政执法督促机制。人民检察院在履职中发现自然资源主管部门不依法及时履行职责的，可以通过告知函、检察建议等方式进行督促纠正；对于自然资源领域易发高发的系统性、领域性问题及监管漏洞，可以集中提出检察建议。自然资源主管部门收到告知函、检察建议后，要认真自查，在2个月内书面反馈，确属履职不到位或者存在不作为的，应当积极采取有效措施进行整改；因客观原因难以在规定时限内整改完毕的，应当及时向检察机关说明情况。人民检察院根据工作需要可以查阅、复印行政执法卷宗等材料，自然资源主管部门应当配合。

2. 加强线索移送及协作配合。人民检察院在履职中发现涉及破坏自然资源的违法线索，应当及时移交自然资源主管部门调查处理。自然资源主管部门在执法过程中，发现自然资源领域违法问题及存在重大风险隐患的企业及个人，涉及其他职能单位协同执法，需要人民检察院协调的，可以商请人民检察院督促相关单位依法履职，必要时召开圆桌会议协调解决。双方可以选择涉及自然资源领域行政非诉执行、违法建筑非法占地查处等重点领域开展专项行动，发挥各自职能和专业优势，形成工作合力。

3. 建立案件抽查制度。各级人民检察院、自然资源主管部门可以选择群众反映强烈、社会密切关注等自然资源行政执法重点领域、重点问题联合开展专项执法监督检查，通过抽查行政处罚、行政许可等卷宗，查找行政执法中存在的苗头性、倾向性、趋势性问题，纠正执法不规范情形，促进提升执法水平和办案质量。

二、建立咨询与培训机制

4. 建立"双向"咨询制度。各级人民检察院和自然资源主管部门要加强业务交流，及时互通新颁布的法律法规、规章和政策，可以邀请对方参与有关规范性文件的起草和调研、评估、论证，也可以就法律、政策及专门技术性问题相互咨询交流。双方结合实际情况可以成立自然资源行政执法与行政检察工作专家库，为重大疑难复杂案件的办理提供咨询论证意见。

5. 建立联合培训制度。各级人民检察院和自然资源主管部门要加强教育培训方面的协作，举办相关业务培训时，可以为对方预留培训名额，通过联合组织培训、互相邀请师资授课、互相派员学习等方式共享教育培训资源，促进提高业务能力。

三、建立监督与支持并重机制

6. 加强立案监督工作。自然资源主管部门向公安机关移送涉嫌犯罪案件，应当将移送文书材料抄送同级人民检察院。对于公安机关应当立案侦查而不立案侦查的，人民检察院可以根据自然资源主管部门的建议依法予以监督，并反馈办理情况。人民检察院发现自然资源主管部门办理的行政案件涉嫌犯罪、应当移送公安机关而未移送的，应当建议其移送，自然资源主管部门应当立即移送，并将有关材料及时抄送人民检察院。

7. 加强行政诉讼监督工作。自然资源主管部门认为人民法院生效行政判决、裁定、调解书确有错误，或者认为人民法院行政执行活动存在违法情形以及行政审判程序中审判人员存在违法行为的，可以在法定期限内向人民检察院申请监督，人民检察院应当依法及时受理、审查并作出处理决定。人民检察院应当依法督促自然资源主管部门及时履行生效裁判。人民检察院根据办理涉及土地征收、不动产产权纠纷、违法建设处理等行政诉讼监督案件的需要，向自然资源主管部门调查核实案件有关情况，自然资源主管部门应予配合支持。

8. 加强行政非诉执行案件监督工作。自然资源主管部门根据《中华人民共和国行政诉讼法》第九十七条的规定向人民法院申请强制执行行政决定的，应当在5日内将申请强制执行的文书抄送同级人民检察院。对于人民法院依法应当受理而不受理、在法定期限内未执行完毕和其他不履行或者怠于履行执行职责的案件，以及对于"裁执分离"的行政非诉案件，人民法院裁定执行后，负有执行义务的主体不履行或者怠于履行的，自然资源主管部门可以向人民检察院申请监督，人民检察院经审查认为申请监督理由成立的，应督促有关单位依法及时受理或执行。人民检察院发现当事人不履行行政决定，自然资源主管部门未在法定的申请期限内向人民法院申请强制执行，致使国家利益或社会公共利益受侵害的，可以督促自然资源主管部门采取补救措施。

四、建立日常沟通联络机制

9. 建立联席会议和联络员制度。各级人民检察院和自然资源主管部门根据工作需要定期不定期召开联席会议，通报有关工作情况，研究解决自然资源行政执法、行政检察领域存在的具体问题。对于达成一致的事项，以会议纪要、会签文件、共同出台指导意见等形式予以明确。省检察院确定第七检察部、省自然资源厅确定执法处为固定联络机构，并指定专人负责日常信息沟通事务，协调衔接工作机制的具体运作与落实。

10. 建立信息沟通与共享制度。各级人民检察院和自然资源主管部门要加强行政执法、行政检察工作交流会商，可以互相派员参加对方的案情通报会、现场工作会、经验交流会等会议活动。建立重大情况通报制度，人民检察院或者自然资源主管部门发现涉及衔接配合的重大情况、重大案件和舆情，应及时互相通报，共同研究处置办法。人民检察院根据工作需要可以向自然资源主管部门了解行政执法信息、查询自然资源数据库，发现可能存在履职问题时可以提前进行预警。逐步推动自然资源行政执法与行政检察衔接信息共享平台建设，实现互联互通、共享对接。

11. 建立联合调研制度。各级人民检察院和自然资源主管部门应当围绕行政执法、行政检察工作相关理论和实务问题加强调查研究，促进统一执法司法标准，规范执法司法活动。必要时，双方可以就一些普遍性或热点问题联合开展专题调研，研究提出对策建议，以专项调研报告、白皮书等形式提交党委、政府供决策参考。党委、政府领导批示自然资源主管部门为主办理的,双方可以研究讨论,提出进一步解决问题的办法,自然资源主管部门要及时向人民检察院反馈办理结果。

内蒙古自治区检察院 内蒙古自治区司法厅行政检察与行政执法监督衔接办法

(内检发〔2020〕6号)

第一条 为充分发挥检察机关行政检察与司法行政机关行政执法监督职能，监督和促进行政机关依法行使职权，助推法治政府建设，根据有关法律法规，结合我区实际，制定本办法。

第二条 通过建立完善检察机关与司法行政机关在行政执法监督方面的协作配合机制，加强行政检察与行政执法监督的衔接，及时监督纠正行政机关违法行使职权或者不行使职权行为，推动依法行政、严格执法，为全面依法治区提供有力支撑。

第三条 坚持各司其职、相互配合；坚持突出重点、注重实效；坚持严格依法、有错必纠；坚持循序渐进、探索总结。

第四条 检察机关与司法行政机关通过加强工作衔接，重点加强对自然资源、住建、交通、城管、食品药品安全、社会保障、医疗卫生、生态环境、国资管理等人民群众关心、反映问题集中的行政执法领域的监督。

第五条 以行政执法监督平台及公益诉讼大数据平台为依托，实现行政执法案件信息共享。检察机关和司法行政机关可以相互协助调取监督工作需要的有关行政执法材料。

第六条 检察机关在行政检察监督过程中发现属于行政处罚、行政许可、行政强制等法律法规实施以及行政执法中存在的普遍性问题，应当移送司法行政机关处理。司法行政机关在行政执法监督检查中，发现相关行政机关的具体行政行为违法，侵害国家利益和社会公共利益，交由检察院处理更为适宜的，应当移送检察机关处理。

第七条 检察机关与司法行政机关可以适时组成联合检查工作组，开展对重点行政执法领域行政执法的监督检查。对于在联合监督检查中发现的行政机关违法行使职权或者不行使职权问题，检察机关可以提出检察建议。

第八条 司法行政机关在对重大行政规范性文件进行合法性审查过程中，可以邀请检察机关提出法律意见或建议。

第九条 司法行政机关组织开展法治政府建设考核及督查，可以邀请检察机关派员参加。

第十条 检察机关与司法行政机关建立工作会商机制，采取会议、通报等形式沟通开展情况，深入分析工作中存在的问题，研究提出进一步加强协作配合、健全长效工作机制的举措。

第十一条 检察机关与司法行政机关加强在行政执法监督领域的工作交流，在人员培训、理论研讨及法律政策咨询等方面相互支持和帮助。

第十二条 本办法由自治区检察院、自治区司法厅负责解释。

第十三条 本办法自发布之日起实施。

甘肃省人民检察院 省市场监督管理局关于在行政非诉执行工作中加强协作配合的暂行办法

(甘检会〔2020〕7号)

第一条 为加强全省检察机关、市场监督管理部门的协作配合，解决市场监督管理部门（含药品监督管理，以下简称市场监管部门）行政非诉执行工作中存在的问题，根据《中华人民共和国行政诉讼法》《中华人民共和国行政处罚法》《中华人民共和国行政强制法》等有关法律、法规规定，结合我省实际，制定本办法。

第二条 本办法所称行政非诉执行是指根据《中华人民共和国行政诉讼法》《中华人民共和国行政处罚法》《中华人民共和国行政强制法》等有关法律规定，市场监管部门作出行政决定后，行政相对人在法定期限内，不申请行政复议或者提起行政诉讼，催告书送达十日后仍然不履行行政决定的，市场监管部门申请人民法院强制执行，由人民法院采取强制措施，使行政决定的内容得以实现的执行方式。

第三条 检察机关和市场监管部门应当各司其职，相互配合、相互支持。双方开展的涉及对方工作范围的专项活动时，可以邀请对方参与，既要充分发挥检察机关行政检察的监督职能，又要充分发挥市场监管部门行政执法专业优势，共同推进行政非诉执行工作的开展。

第四条 检察机关与市场监管部门应当逐步建立行政非诉执行信息共享、联席会议、重大案件通报等机制。

第五条 检察机关应当在职权范围内开展工作，不得干扰市场监管部门的日常行政管理工作。市场监管部门应当积极作为，依法履行职责，提起行政非诉执行申请，并跟进非诉执行进展。

第六条 建立行政非诉执行案件信息共享机制，双方对行政非诉执行案件信息、人民法院立案执行信息、执行进展等情况实行信息互通共享。

市场监管部门应当按照有关规定将行政执法案件信息及时、准确、完整录入，检察机关有权对行政执法案件信息进行查阅。

第七条 检察机关对行政非诉执行活动进行监督时，可以持工作函件查阅、复制市场监管部门行政非诉执行案件材料，询问有关人员，咨询相关专业人士等，市场监管部门应当予以配合。

第八条 市场监管部门在行政非诉执行工作中发现存在下列情形的，应当在十五个工作日内书面通报同级检察机关，检察机关应当依法审查处理：

1. 对符合行政非诉执行受理条件的案件人民法院应当受理而不予受理的；

2. 对符合条件人民法院应当裁定准予执行而不准予执行的案件；

3. 人民法院未在法定期限内对行政非诉执行案件作出裁定的；

4. 超过法定期限人民法院未执行或者执行不到位又不作出书面回复的案件；

5. 人民法院作出的不予执行或者终结执行裁定确有错误的；

6. 人民法院在行政非诉执行中存在其他违法或不当行为的。

第九条 检察机关在行政非诉执行监督中查明人民法院存在违法或者不当情形的，应当向人民法院发出检察建议，同时通报相关市场监管部门。

第十条 检察机关在履行职责中发现市场监管部门行政行为存在违法或者不当时，可以通报市场监管部门。市场监管部门应当对通报认真研究并加以整改。

检察机关发出检察建议的，市场监管部门应当在规定的期限内书面回复检察机关。

第十一条 各级检察机关与同级市场监管部门应当建立联席会议制度，定期或不定期召开联席会议，通报涉及市场监管行政非诉执行相关情况，分析存在的问题及原因，研究制定工作措施。

第十二条 对食品、药品、特种设备、防疫物资等涉及身体健康、生命、财产安全的行政非诉执行案件，市场监管部门向人民法院申请强制执行后，同时向检察机关抄送行政决定书、行政非诉执行申请等相关材料，检察机关应当对相关案件及材料建档备案，并采取措施跟进监督。

对反映强烈、社会影响恶劣、舆论高度关注的重大违法案件，市场监管部门应当在作出生效的行政决定之日起五个工作日内将行政决定书送检察机关备案,并在法定时限内申请法院强制执行,执行情况及时通报检察机关。

第十三条 市场监管部门在执法工作中,发现其它属于检察机关监督范围的案件线索,应当及时向检察机关移送。发现涉嫌构成犯罪的,应当及时向检察机关通报情况,并将案件移送公安机关。

第十四条 市场监管部门认为检察机关的监督确有错误的,可以向检察机关提出书面意见,检察机关应当在一个月内将处理结果书面回复相关市场监管部门。

第十五条 检察机关、市场监管部门应加强沟通与配合,共同研究、协商解决执行中遇到的问题。意见分歧较大,难以达成一致的,层报省检察院和省市场监督管理局研究解决。

第十六条 本办法由甘肃省人民检察院、甘肃省市场监督管理局负责解释。

第十七条 本办法自印发之日起施行。

中共青岛市委办公厅
青岛市人民政府办公厅
关于印发支持检察机关依法开展行政非诉执行监督工作的意见

为深入贯彻落实中央全面依法治国委员会《关于加强综合治理从源头切实解决执行难问题的意见》（中法委发〔2019〕1号）等决策部署，积极适应市委推动全市法治化改革、建设法治政府要求的客观需要，根据《中华人民共和国行政诉讼法》《中华人民共和国人民检察院组织法》的有关规定，现就我市支持检察机关依法开展行政非诉执行监督工作提出以下意见。

一、充分认识检察机关开展行政非诉执行监督工作的重要意义

行政非诉执行，是行政机关作出行政行为后，行政相对人对行政机关作出的行政行为在法定期限内不提起诉讼又不履行的，有强制执行权的行政机关可以自行强制执行，没有强制执行权的行政机关向人民法院申请强制执行，人民法院对行政机关申请强制执行的行政行为进行受理、审查、裁定，通过执行程序使行政机关的行政行为得以执行的制度。检察机关对行政机关的行政非诉执行行为和人民法院的行政非诉执行活动实施监督。加强行政非诉执行监督，是贯彻落实市委"发起十五个攻势"重要部署，深化市场化、法治化改革的重要举措，对于积极回应社会公众对"执行难"等问题的关切，保障案件当事人合法权益，促进行政机关依法行政，维护法治权威和国家利益、社会公共利益具有重要意义。全市各级各部门要进一步提高政治站位，坚持以习近平新时代中国特色社会主义思想为指导，自觉提高对检察机关开展行政非诉执行监督工作重要性的认识，深入推动行政非诉执行工作不断向纵深发展，加快我市法治政府建设，营造良

好市场化、法治化环境的进程。

二、充分激发行政非诉执行监督各方的内生动力

（一）检察机关要切实发挥行政非诉执行监督作用。各级检察机关要坚持讲政治顾大局，秉持正确的监督原则和监督理念，重点围绕党委政府关心、社会各界关注、人民群众反映强烈的生态环境和资源保护、城乡建设管理、质量监督、交通运输管理、税务财政管理等领域开展行政非诉执行监督工作。要坚持依法规范监督，依法监督法院对行政非诉执行案件申请的受理、审查、裁定和执行，依法监督行政机关行政非诉执行案件的申请、移送和执行。对于人民法院和行政机关怠于或者违法履行行政非诉执行职责的，通过检察建议、跟进监督等方式，督促其依法履职。

（二）审判机关要配合检察机关监督，依法公正高效履行行政非诉执行职能。各级人民法院要积极支持检察机关开展行政非诉执行监督工作，加强沟通、密切合作。要配合检察机关的线索摸排、卷宗调取、调查取证等工作，探索建立全市法检行政非诉执行监督信息共享平台。对于检察机关发出的检察建议，要高度重视，按规定回复整改。对于检察机关跟进监督的案件，要及时反馈执行进度和执行效果。

（三）行政机关要借力检察机关监督，促进依法行政和规范执法。各级行政机关要与检察机关建立常态化沟通协调机制，及时将本部门行政强制执行情况、行政执行焦点问题等信息与检察机关共享。要积极配合检察机关的调查取证，提供相关材料，不得以任何方式和借口推诿拖延。对检察建议要高度重视，尽快回复整改。要借助检察机关的监督力量，规范履行行政非诉执行职责。对于应当催告的案件及时催告、应当申请法院强制执行的及时申请、应当自行强制执行或依据法院裁定强制执行的及时执行，推动行政非诉执行工作良性发展。

三、着力营造检察机关行政非诉执行监督的良好环境

（一）加强组织领导。各级党委要切实加强领导，定期听取检察机关对于行政非诉执行监督工作情况的汇报，帮助解决困难，排除干扰。各级政府加大支持保障力度，将行政机关对检察建议的回复整改情况纳入绩效考核。要强化问责，对于抵制、干扰检察机关调查取证，以及对检察建议拒不接收、回复、整改的责任人员，相关单位或部门要依规依纪严肃

问责。

（二）加强人大、政协监督。各级人大及其常委会要加强对检察机关行政非诉执行监督工作的监督，适时组织开展视察调研，督促检察机关不断改进和加强工作，督促人民法院和行政机关依法办理检察机关提出的检察建议。各级政协要加强民主监督，通过建议案、提案、社情民意信息等形式，及时提出意见建议，推动检察机关行政非诉执行监督工作取得实效。支持民主党派、无党派人士对行政非诉执行监督工作开展民主监督。

（三）加强与纪检监察机关的衔接。检察机关在办理行政非诉执行监督案件中发现涉嫌违纪违法、滥用职权、贪污腐败等行为的，要及时将相关证据材料移送纪检监察机关。纪检监察机关要对相关单位和个人依法问责，形成震慑效应。

（四）加强宣传引导。各级宣传部门要加大对检察机关行政非诉执行监督工作的宣传力度，突出宣传行政非诉执行监督工作的重要意义、主要内容、典型案例、经验做法和所取得的成效，广为社会熟知，提高全社会法治化水平。

青岛市依法治市委员会办公室 青岛市中级人民法院 青岛市人民检察院 青岛市司法局关于构建完善行政非诉执行联动机制的实施方案

(青司发〔2020〕44号)

为贯彻落实《关于建立完善行政非诉执行工作联动机制的指导意见》(鲁司〔2020〕13号)、《关于支持检察机关依法开展行政非诉执行工作的意见》(青厅字〔2019〕95号),推动行政执行权的规范高效合法运行,提高行政管理效能,全面提升法治政府建设水平,青岛市委依法治市委员会(以下简称市委依法治市委员会)、青岛市中级人民法院(以下简称市中院)、青岛市人民检察院(以下简称市检察院)、青岛市司法局(以下简称市司法局)就构建完善行政非诉执行联动机制,制订以下实施方案:

一、总体要求

(一)充分认识建立行政非诉执行工作联动机制的必要性。行政非诉执行是行政行为的最终封闭点,是以国家强制力为后盾保障行政决定实现的最后一道防线,其对于深化市场化、法治化改革,保障案件当事人合法权益,促进行政机关依法行政具有重要意义。但是实践中,案件数量增多、衔接沟通不顺畅、执行难度加大、制度功能发挥不充分等问题的存在严重制约行政非诉执行工作的开展。建立完善的行政非诉执行工作联动机制,加强行政机关与司法机关之间的监督配合,实现行政权、审判权、法律监督权的有机结合,不仅推动问题的解决,更是充分发挥行政非诉执行制度优势、助推法治政府示范市建设的重要支撑。

(二)明晰职责。行政机关通过作出行政决定、申请人民法院执行等方式履行职责，人民法院通过对行政机关申请强制执行的行政决定进行受理、审查、裁定、组织实施等方式履行职责，人民检察院通过检察建议、跟进监督等方式对行政机关和人民法院履行行政非诉执行职责的行为进行监督，督促其依法履职。

（三）基本原则。在市委及依法治市委员会统一领导下，坚持依法履职、信息共享、整体联动的原则，各尽其责，各司其职，相互配合；坚持高效执行、突出重点原则，针对自然资源领域违法占地、违法建设等突出问题加大工作力度，坚决执行到位；支持行政机关依法行政，法院、检察院在职权范围内开展工作，不干扰、不干预行政机关的日常行政管理工作。

（四）工作目标。全市行政非诉执行工作联动机制的制度基本健全，各项工作稳步推进，顺利实现积案的全面清理，同时行政非诉执行信息化平台上线并运行畅通，行政非诉执行全流程信息及时、全面归集和共享；行政机关、法院、检察院各自发挥自身职能作用，又有机衔接、紧密结合，且运行机制规范高效的基本格局全面形成。

二、重点任务

（一）建立联席会议制度

根据《关于建立完善行政非诉执行工作联动机制的指导意见》精神，进一步细化联席会议制度：

1. 会议形式及召开时间。联席会议分为定期会议和临时会议。定期会议原则上每年召开一次。因实际工作需要，经市中院、市检察院、市司法局协商一致可随时召开临时会议。

联席会议由市中院、市检察院、市司法局召集，原则上由提出议题方召集。召集方应在会议召开的两周前，向对方通知和征询议题。召集方负责协商确定会议举行的时间地点。

2. 会议记录与纪要。联席会议研究问题达成共识的，会议记录经市中院、市检察院、市司法局与会领导审签，严格控制会议纪要的制作及印发，对共性问题形成的会议纪要，由召集方负责起草，其他方会签，根据需要印发各相关单位。

3. 设立联络小组。为加强日常工作联系沟通，市中院、市检察院、市司法局分别设立联络小组，各确定一名联络员。联络小组负责日常联系、会议会务等工作。

（责任单位：市中院、市检察院、市司法局）

（二）建立信息沟通和共享机制

信息沟通和共享机制。深化科技应用，提升运行效率，全面实现法院审判专网、检察专网、行政执法专网的互联互通，由市司法局牵头，会同市中院、市检察院、市大数据局，制订具体的操作方案，根据全省的统一部署，上线全新的行政非诉执行全流程信息共享系统，构建人力与科技深度融合的案件信息共享和交流机制。因线上共享短期内暂时未打通，共享内容暂通过线下进行。

（责任单位：市中院、市检察院、市司法局）

（三）建立重要事项及案件协调机制

1. 服务前置。对行政机关确定的重大行政执法前，法院、检察院可应邀对行政执法活动提供建设性意见，发挥法治智囊的作用，帮助行政机关规范行政执法活动，夯实行政非诉执行的基础。

2. 组织开展积案清理。对现有的行政非诉积案，要分门别类研究对策，限时进行化解；确因法定原因导致无法执行的，人民法院要依法作出是否终结（中止）执行的裁定，形成法院、检察院、司法局依照各自职能共同参与、合力解决行政非诉执行积案的工作格局。

3. 提出工作建议。市中院、市检察院结合工作中发现行政非诉执行存在的普遍或者群众反映强烈的问题，及时通过联络员相互通报，并可向市司法局提供综合性、预警性、前瞻性信息，提出社会治理的工作建议；市司法局根据工作需要，结合行政非诉执行工作中发现的问题，及时通报市中院、市检察院，并可向法院、检察院提出工作建议。

4. 协调推动基层法院、检察院与各区（市）司法局展开互动联动。市中院、市检察院推动、指导各基层法院、检察院与司法局及相关政府部门的沟通联系，市司法局推动、指导相关政府部门、各区（市）司法局加强与法院系统、检察院系统的沟通联系，实现行政执法、行政审判、行政检察上下一体、左右互动、全方位衔接，形成全流程的行政非诉执行联动机制。

（责任单位：市中院、市检察院、市司法局、相关行政机关）

（四）建立行政非诉执行双向反馈工作机制

执行反馈。法院作出执行裁定后，对于确定由法院自身强制执行的案件,法院应当在执行过程中加强与行政机关的交流,及时通报执行进展,行政机关应当主动配合法院的执行,确保执行效果;对于适用"裁执分离"的案件,负责执行的行政机关应当及时向法院通报执行进展情况,并在执结后及时向法院反馈。

(责任单位:市中院、市检察院、市司法局、相关行政机关)

(五)建立强化行政非诉执行监督机制

1. 加大监督力度。检察院重点围绕党委政府关心、社会各界关注、人民群众反映强烈的财税金融管理、食药品质量监督、社会保障、交通运输管理、农业振兴等领域积极开展行政非诉执行监督工作。

2. 完善调查配合协作。检察院为履行职责需要,在办理行政非诉执行监督案件过程中,可以依法定程序调取法院、行政机关已经结案归档的案卷材料、法律文书;对于人民法院正在办理或者已结案尚未归档的案件,人民检察院可以商请到办理部门查阅、复制、拷贝、摘录案件材料,不调阅卷宗。法院、行政机关依法予以支持配合。

(责任单位:依法治市委员会办公室、市中院、市检察院、市司法局、相关行政机关)

(六)建立交流、调研、协调机制

1. 开展工作和学习交流。市中院、市检察院和市司法局加强工作交流和学习,可以邀请对方参加各自组织的工作考察、调研、业务培训等活动。

2. 统一法律适用标准。对于行政执法、行政审判、行政检察中遇到的带有普遍性的法律适用问题,市中院、市检察院、市司法局根据需要通过组织召开座谈会、研讨会等形式,深入研究,形成共识,统一法律适用标准。

(责任单位:市中院、市检察院、市司法局)

三、保障措施

(一)强化组织实施。各有关部门要认真贯彻落实本方案,切实加强组织领导,细化目标任务,落实工作机构、人员、项目经费等必要保障,确保联动机制的各项措施落实到位。

(二)加强协调指导。市委依法治市委员会加强指导力度,积极帮助各有关部门协调解决工作中遇到的矛盾和问题。各有关部门要主动作为，加强与市委依法治市委员会的沟通联系，扎实推进本单位联动机制构建工作。

（三）加大检查力度。市委依法治市委员会要加强对各有关部门的督促检查，及时掌握各项工作进展情况，对工作不力、进度滞后的及时通报。

贵州省铜仁市人民检察院 铜仁市自然资源局关于加强行政检察与自然资源行政执法衔接工作的若干意见

(铜检会〔2020〕4号)

第一条 为贯彻落实《中共中央办公厅 国务院办公厅印发〈关于统筹推进自然资源资产产权制度改革的指导意见〉的通知》(中办发〔2019〕25号,以下简称《意见》),健全我市自然资源监管体系,加快我市一区五地建设步伐,助推我市绿色发展先行示范区的创建,按照《意见》的有关要求,建立行政检察与自然资源行政执法衔接机制,通过法律监督促进依法行政、严格执法。

第二条 检察机关和自然资源部门开展自然资源资产监管工作应坚持各负其责、各司其职,相互配合,形成监管保护合力。检察机关履行自然资源资产法律监督职责,坚持依法监督、事后监督、有限监督原则,不得干预自然资源部门正常的行政执法活动。

第三条 检察机关和自然资源部门建立联席机制加强部门联动,相互通报检察和执法办案、重大工作部署等情况,实现信息共享。

原则上一年召开一次联席会议,根据工作需要,可以临时召开会议,检察机关和自然资源局分管领导担任联席会议召集人。为便于沟通,各单位确定一名工作人员为联络员。

第四条 检察机关和自然资源部门可以联合制定自然资源资产监管保护工作计划,对行业重点领域有针对性地开展专项监督活动。

第五条 自然资源部门分别于每年6月20日、12月20日前向市县检察机关通报一次本市或本部门对行政相对人作出行政处罚及申请人民法院强制执行情况。

自然资源部门向人民法院申请强制执行时,一并将申请执行法律文书、相关佐证材料同时抄送同级检察机关行政检察部门。检察机关在收到自然资源部门抄送的申请人民法院强制执行法律文书及材料后，应当及时向人民法院跟踪了解案件办理情况，监督人民法院及时作出裁定、执行。

第六条 自然资源部门申请人民法院强制执行行政处罚决定案件，人民法院未在法定期限内做出裁定、执行决定的，检察机关应当依法予以监督纠正。

对人民法院裁定不予受理、不予执行、中止执行或终结执行的，检察机关应依法对全案进行审查、听取自然资源部门意见，对人民法院裁定、决定确有错误的，或发现审判人员、执行人员行为涉嫌违法犯罪的，依法予以监督并将监督相关情况通报自然资源部门。

对确因客观原因不具备执行条件的，应当与自然资源部门、人民法院共同研究，依法妥善处理。

第七条 在执行过程中，自然资源部门认为人民法院的执行活动违法或发现审判人员、执行人员涉嫌违法犯罪的，应当将相关线索移送检察机关。

第八条 检察机关分别于每年6月20日、12月20日前向市县自然资源部门通报一次本院或本市检察机关办理的涉及自然资源的行政诉讼、公益诉讼、行政非诉执行及刑事案件办理情况。

检察机关办理申请监督和提请抗诉的自然资源行政诉讼监督案件，应当在受理案件三日内告知自然资源部门，听取自然资源部门意见，在三个月内告知办理过程或结果，将相关法律文书抄送自然资源部门。自然资源部门认为检察机关对案件处理的实体结果或程序确有错误的，可书面向办理案件的检察机关提出异议，也可以向其上一级检察机关申请予以监督纠正。

第九条 检察机关在履行法律监督职责中，可以依法采取调阅自然资源部门的执法案卷、查询、调取、复制相关证据材料等方式开展调查核实工作，自然资源部门及其相关人员应当予以配合。

第十条 检察机关在履行法律监督职责过程中，针对自然资源部门行政处罚决定实体或程序错误，或者自然资源部门及其工作人员不履行或不正确履行法定职责的违法行为，可依法提出纠正违法、改进工作或完善治理的检察建议。

第十一条 送达检察建议书，可以书面送达，也可以现场宣告送达。宣告送达检察建议书应当协商自然资源部门同意，可以在人民检察院、自然资源部门或者其他适宜场所进行。必要时，可以邀请人大代表、政协委员或者特约检察员、人民监督员等第三方人员参加。

区（县）人民检察院发出检察建议书后应当于五日内报市人民检察院和市自然资源局备案。

第十二条 自然资源部门应当自收到检察建议书之日起两个月以内作出相应处理，并将处理结果书面回复检察机关。自然资源局在规定期限内经督促无正当理由不予整改或者整改不到位的，作出检察建议的检察机关可以将相关情况报告上级检察机关和上级自然资源部门。

第十三条 自然资源部门认为检察机关的检察建议错误或明显不当的，可以书面提出异议。

对自然资源部门提出的异议，检察机关应当立即进行复核。经复核，异议成立的，应当报经检察长或者检察委员会讨论决定后，及时对检察建议书作出修改或者撤回检察建议书；异议不成立的，应当报经检察长同意后，向被建议自然资源部门说明理由。

市检察机关发现区（县）检察机关发出的检察建议确有不当的，应当指令区（县）检察机关变更或者撤回，并及时告知自然资源部门，说明理由。

第十四条 检察机关与自然资源部门开展的涉及对方工作范围的专项行动，双方应当相互支持配合，检察机关要充分发挥行政检察、公益诉讼、刑事检察职能作用，自然资源部门要充分发挥行政执法、勘验检查、卫星遥感等职能和技术优势，形成工作合力，共同促进自然资源领域依法行政工作。

第十五条 检察机关与自然资源部门举办相关培训时，可以为对方争取、预留名额，或邀请对方单位领导、办案骨干介绍情况，定期开展业务交流活动，共同提高行政执法和行政检察监督能力。

第十六条 各区（县）检察机关和自然资源部门要强化服务大局意识，高度重视检察机关与自然资源部门的衔接工作，主要负责人要亲自安排部署，为落实本意见提供必要的保障。市检察机关与市自然资源部门每年将落实本意见情况书面报中共铜仁市委依法治市委员会办公室。

第十七条 本意见由铜仁市人民检察院、铜仁市自然资源局负责解释。

第十八条 本意见自发布之日起实施。

山东省滨州市人民检察院 滨州市司法局关于加强行政检察与行政执法监督衔接工作的意见（试行）

第一条 为了加强检察机关与司法行政机关的协作配合，健全行政权力监督机制，促进依法行政，根据《中华人民共和国行政诉讼法》《山东省行政执法监督条例》《人民检察院检察建议工作规定》等规定，结合我市实际，制定本意见。

第二条 检察机关和司法行政机关依法开展对行政执法的监督工作，各司其职、相互配合，通过信息共享、案情通报、联合检查、案件线索移送等方式，实现检察机关法律监督和政府层级监督有效衔接。

第三条 检察机关和司法行政机关每季度相互通报行政检察、公益诉讼检察和行政执法监督案件的受理、办理情况，相互抄送相关案件的线索、法律文书。

第四条 行政机关认为确有必要的可以将申请法院强制执行行政执法决定的相关文书抄送同级检察机关，检察机关应当及时向人民法院跟踪了解案件办理情况，监督法院及时作出裁定、强制执行。行政机关对法院的执行裁定或者执行活动存在异议的，可以向检察机关提出监督申请。

对人民法院裁定不予受理、不予执行、中止执行、终结本次执行、终结执行的，检察机关应当对全案进行审查、调查核实，依法提出监督意见，并将审查结论和监督结果通报申请执行的行政机关和同级司法行政机关。

第五条 检察机关办理申请监督和提请抗诉的行政诉讼监督案件，可以在受理案件七个工作日内告知相关行政机关，三个月内告知办理过程或者结果，并将相关法律文书抄送同级司法行政机关。

行政机关认为检察机关的案件处理程序或者结果确有错误的，可以书面向办理案件的检察机关提出异议，也可以向其上一级检察机关申请予以监督纠正。

第六条 检察机关在办理案件过程中依法开展调查核实工作,凭工作证及法律文书调阅有关执法案卷,调取相关证据,询问相关执法人员;行政机关及其工作人员应当予以配合。

第七条 检察机关在履行行政诉讼监督职能过程中,认为行政机关及其工作人员存在行政违法行为的,依法提出检察建议要求行政机关予以纠正,同时抄送同级司法行政机关,司法行政机关加强对检察建议落实情况的跟踪监督。

第八条 检察机关在办案中发现行政执法存在的普遍性问题、规范性文件违法等问题,可以移送司法行政机关审查处理。司法行政机关及时将处理结果书面反馈检察机关。

第九条 除另有规定外,行政机关应当自收到检察建议之日起两个月内作出相应处理,并将处理情况书面回复检察机关,同时抄送同级司法行政机关。因情况紧急需要行政机关尽快处理的,检察机关可以根据实际情况确定回复期限。

第十条 行政机关认为检察建议错误或者明显不当的,可以向同级检察机关书面申请复查,也可以向上一级人民检察院书面申请复核。

行政机关及其工作人员对检察机关的调查核实工作不予配合,行政机关在规定期限内对检察建议无正当理由不予回复、不予整改或者整改不到位的,司法行政机关启动行政执法监督程序,并将处理结果抄送检察机关。

第十一条 检察机关开展行政检察工作时,可以邀请同级司法行政机关参与。司法行政机关对社会反映集中、影响较大的行政执法事项开展专项监督检查时,可以邀请同级检察机关参与。

第十二条 检察机关和司法行政机关应当加强行政检察和行政执法监督领域的工作交流。定期举行座谈交流会议,相互通报监督工作情况,在人员培训、法律政策咨询、复杂案件研究、重点问题研讨等方面相互支持,协作配合,共同提高监督能力。

第十三条 本意见由滨州市人民检察院、滨州市司法局负责解释。

第十四条 本意见自2020年6月1日起实施。

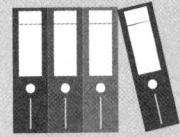

附录2：行政非诉执行监督要点索引

一、法院受理环节

（一）不受理违法

1. 江西某畜牧发展有限公司非法占用基本农田行政非诉执行监督案（130—135）

（二）超期未回复

2. 河南某页岩砖有限公司拖欠贫困户农民工工资行政非诉执行监督案（141—147）

（三）超期受理

3. 山东某机械有限责任公司违法用地行政处罚非诉执行监督案（20—26）

二、法院审查裁定环节

（一）准予执行违法

4. 湖北某洗衣有限公司环境违法行政处罚非诉执行监督案（3—10）

5. 湖北某房地产开发公司欠缴易地建设费行政处罚非诉执行监督案（11—14）

（二）超裁

6. 湖北某洗衣有限公司环境违法行政处罚非诉执行监督案（3—10）

（三）准予执行裁定不明确

7. 河北刘某某非法占用基本农田行政非诉执行监督案（116—118）

（四）网上公开的裁判文书不规范

8. 山东某机械有限责任公司违法用地行政处罚非诉执行监督案（20—26）

三、法院执行实施环节

（一）法院怠于执行

9. 黑龙江某汽车维修站环境违法行政处罚非诉执行监督案（59—61）

10. 云南某旅游公司拖欠 111 名农民工工资行政非诉执行监督案（73—76）

11. 云南胡某某等三人非法占用耕地行政非诉执行监督案（107—109）

12. 河北刘某某非法占用基本农田行政非诉执行监督案（116—118）

（二）违法采取信用惩戒措施

13. 河南某公司安全生产事故行政处罚非诉执行监督案（15—19）

（三）违法不采取信用惩戒措施

14. 湖北某劳务有限公司拖欠李某某等工资行政非诉执行监督案（83—86）

（四）暂缓执行违法

15. 江苏齐某某等28人非法占用耕地行政非诉执行监督案（110—115）

（五）违法执行和解

16. 江苏某金属制品有限公司等17家企业环境违法行政处罚非诉执行监督系列案（29—34）

（六）违法终结本次执行

17. 广东某市某混凝土搅拌中心环境违法行政处罚非诉执行监督案（35—48）

18. 北京某食府有限公司环境违法行政处罚非诉执行监督案（62—66）

19. 江西桂某某拖欠7名农民工工资行政非诉执行监督案（77—82）

20. 湖北某劳务有限公司拖欠李某某等工资行政非诉执行监督案（83—86）

（七）违法结案

21. 湖北某混凝土有限公司某分公司环境违法行政处罚非诉执行监督案（49—53）

22. 河南某文化传播公司拖欠王某某等工资行政非诉执行监督案（87—89）

23. 安徽汤某某与某县民政局信息公开行政裁判执行依职权监督案（148—155）

（八）"裁执分离"不当

24. 江苏某养殖场环境违法行政处罚非诉执行监督案（54—58）

25. 浙江某房地产开发公司拖欠619名农民工工资行政非诉执行监督案（69—72）

26. 湖北某房地产开发公司非法占用耕地行政非诉执行监督案（119—

129）

（九）不及时解除信用惩戒措施

27. 河南某公司安全生产事故行政处罚非诉执行监督案（15—19）
28. 江苏省某市环境保护局行政处罚非诉执行监督案（163—164）

（十）类案监督

29. 贵州某扶贫搬迁工程涉农民工讨薪事件行政检察监督案（90—95）
30. 河北刘某某非法占用基本农田行政非诉执行监督案（116—118）
31. 湖北某房地产开发公司非法占用耕地行政非诉执行监督案（119—129）
32. 山东季某某非法占用耕地行政非诉执行监督案（136—138）

四、穿透式监督行政机关执行活动

（一）行政处罚违法

33. 湖北某洗衣有限公司环境违法行政处罚非诉执行监督案（3—10）
34. 广东某市某混凝土搅拌中心环境违法行政处罚非诉执行监督案（35—48）

（二）行政处罚程序不规范

35. 山东某机械有限责任公司违法用地行政处罚非诉执行监督案（20—26）
36. 湖北某洗衣有限公司环境违法行政处罚非诉执行监督案（3—10）

（三）行政相对人救济期限未届至而申请执行

37. 湖北某房地产开发公司欠缴易地建设费行政处罚非诉执行监督案（11—14）

（四）行政机关怠于履职

38. 贵州某扶贫搬迁工程涉农民工讨薪事件行政检察监督案（90—95）
39. 云南某旅游装饰工程公司拖欠邹某某等工资行政检察监督案（96—98）
40. 福建某路桥建设公司拖欠57名农民工工资行政检察监督案（99—103）
41. 河南某页岩砖有限公司拖欠贫困户农民工工资行政非诉执行监督

案（141—147）

42. 安徽汤某某与某县民政局信息公开行政裁判执行依职权监督案（148—155）

（五）行政机关怠于履职（公益诉讼线索）

43. 湖北某混凝土有限公司某分公司环境违法行政处罚非诉执行监督案（49—53）

（六）政府承诺的信赖利益保护

44. 上海市某区生态环境局行政处罚非诉执行监督案（165—166）

五、其他

（一）检察机关司法救助

45. 广西张某某与某市人力资源和社会保障局行政确认裁判结果监督案（156—160）

图书在版编目（CIP）数据

人民检察院行政检察案例选. 行政非诉执行监督典型案例专辑 / 最高人民检察院第七检察厅编. —北京：中国检察出版社，2020.12
ISBN 978-7-5102-2505-5

Ⅰ.①人… Ⅱ.①最… Ⅲ.①行政诉讼-检察-案例-中国 Ⅳ.①D926.3

中国版本图书馆 CIP 数据核字（2020）第 215866 号

人民检察院行政检察案例选
——行政非诉执行监督典型案例专辑
最高人民检察院第七检察厅　编

出版发行：	中国检察出版社
社　　址：	北京市石景山区香山南路 109 号（100144）
网　　址：	中国检察出版社（www.zgjccbs.com）
编辑电话：	(010)86423709
发行电话：	(010)86423726　86423727　86423728
	(010)86423730　86423732
经　　销：	新华书店
印　　刷：	北京宝昌彩色印刷有限公司
开　　本：	710 mm × 960 mm　16 开
印　　张：	19.5
字　　数：	314 千字
版　　次：	2020 年 12 月第一版　2021 年 7 月第二次印刷
书　　号：	ISBN 978-7-5102-2505-5
定　　价：	68.00 元

检察版图书，版权所有，侵权必究
如遇图书印装质量问题本社负责调换

人民检察院
行政检察案例选

行政非诉执行监督典型案例专辑

扫码即可购买

扫码获取图书资讯

ISBN 978-7-5102-2505-5

定价:68.00元

责任编辑◎常嘉文
技术编辑◎王英英
美术编辑◎曹 晓

检察调研指导

2018年第2辑

贵州省人民检察院 / 编

2018年检察理论研究年会专辑

保护企业家合法权益

贵州省医疗系统内商业贿赂现状调查报告 ◎ 蒋 鹏
私营企业产权刑事司法问题研究 ◎ 范思力
基层检察机关保护企业家合法权益的思考 ◎ 汪 迅 程晓英 彭 杰
检察机关维护民营企业及企业家合法权益之路径分析 ◎ 宋勤学

扫黑除恶

论从宽区别对待黑恶势力犯罪中不同诉讼阶段的认罪认罚 ◎ 刘伟琦
论寻衅滋事罪在应用中存在的问题 ◎ 任 维 冉 强
当前黑恶势力犯罪的特征及防控对策分析 ◎ 秦 晔
扫黑除恶多方协作机制研究 ◎ 苏 维

JIANCHA
DIAOYAN
ZHIDAO

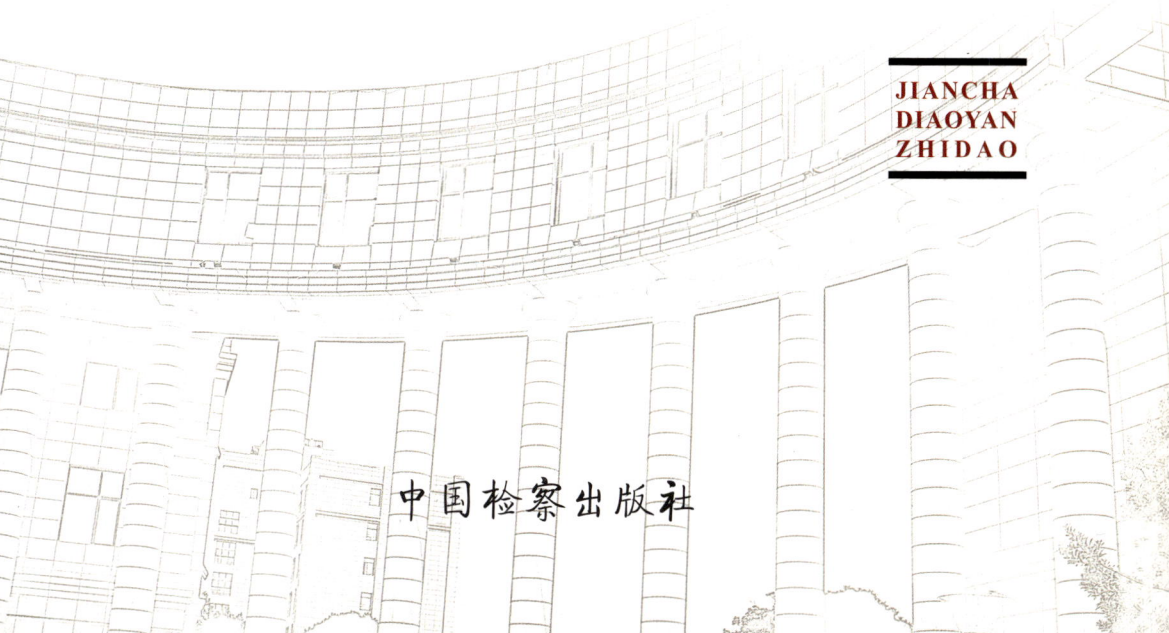

中国检察出版社